Preißner
Projekterfolg durch Qualitätsmanagement

Andreas Preißner

Projekterfolg

durch

Qualitätsmanagement

Projekte planen und sicher steuern

HANSER

Bibliografische Information Der Deutschen Bibliothek

Die Deutsche Bibliothek verzeichnet diese Publikation in der Deutschen Nationalbibliografie; detaillierte bibliografische Daten sind im Internet über <http://dnb.ddb.de> abrufbar.

© 2006 Carl Hanser Verlag München Wien
Internet: http://www.hanser.de
Lektorat: Lisa Hoffmann-Bäuml
Herstellung: Ursula Barche
Umschlaggestaltung: plan.it, Irene Drexl, unter Verwendung eines Bildmotives von Hartmut Keitel
Druck und Bindung: Kösel, Krugzell
Printed in Germany

ISBN 3-446-40223-3

Vorwort

Projekte machten in der jüngsten Vergangenheit oft Schlagzeilen, und zwar meist negative. Da war von weit überschrittenen Budgets die Rede, von verspäteter Fertigstellung und nicht zuletzt vom nicht selten fehlenden Sinn des Projekts. Insgesamt gesehen könnte man verzweifeln. Oder eben doch nicht, wenn man es richtig macht. Qualitätsmanagement kann zwar auch nicht die letzte Sicherheit bieten, aber richtig angewandt, lässt sich die Erfolgsquote deutlich steigern.

Dieses Buch zeigt, wie Qualitätsmanagement in Projekten eingesetzt werden kann und damit Kosten- und Zeitziele leichter einzuhalten sind und die gewünschte Leistung erreicht wird. Es beschreibt einen systematischen Weg dorthin, der Projektleitern die nötige Sicherheit gibt, ihr Projekt erfolgreich abzuschließen. Dabei wurde versucht, diesen Weg so einfach wie möglich zu beschreiben, d. h. auf komplizierte Verfahren zu verzichten. Eine wichtige Rolle spielen die zahlreichen Checklisten. Sie helfen dabei, keine relevanten Aspekte zu vergessen. Sie ersparen aber auch nicht die Eigenarbeit. Ein erfolgreiches Projektmanagement setzt immer noch ein hohes Maß an Engagement voraus, denn jedes Projekt ist anders und muss entsprechend behandelt werden.

Das erste Kapitel führt in die Thematik „Projekt" und „Qualität" ein, macht auf häufige Denkfehler aufmerksam und begründet die Bedeutung von Qualität für Projekte. Dabei werden einige Hintergründe für das Verständnis für Erfolg und Scheitern erläutert.

Das zweite Kapitel regt oft zum Schmunzeln an, auch wenn es eigentlich ein trauriges ist. Hier geht es um die Gründe für das Scheitern. Und wenn man sich mit der Schadenfreude zurückhält, kann man daraus schon einiges lernen.

Im dritten Kapitel werden mehrere Konzepte zum Qualitätsmanagement vorgestellt. Dazu gehören Klassiker wie die ISO 9000-Normen oder das EFQM-Modell, aber auch die Konzepte von Qualitätspreisen und als Sonderfall das Vorgehensmodell des Bundes für Softwareprojekte.

Das vierte Kapitel steht schließlich im Mittelpunkt. Hier wird ein Qualitätsmanagementkonzept vorgestellt, das auf die Projektarbeit ausgerichtet ist und sich für alle Arten von Projekten umsetzen lässt, seien es Software-, Management-, Beratungs- oder Entwicklungsprojekte. Es kann von Projektleitern oder -mitarbeitern ohne vorherige Kenntnisse des Qualitätsmanagements eingesetzt werden.

Der Aufbau orientiert sich am Entscheidungszyklus des Projektmanagements. Er beginnt mit den Aufgaben der Beteiligten und der zweckmäßigen Organisation, schließt dabei das wichtige Thema des Managements von Widerständen und die Erhebung der Projektanforderungen ein. Zu den laufenden Verantwortungen im Projekt gehören das Management der Ressourcen Zeit, Personal, Finanzen und externe Partner, die projektinterne Kommunikation, das Management von Risiken, die laufende Steuerung anhand der Zielkriterien und schließlich die Dokumentation und zusammenfassende Bewertung der Managementprozesse.

Für den Fall der Fälle finden Sie am Ende des Buchs ein Glossar mit den wichtigsten Fachbegriffen, die verwendet wurden.

Falls Sie mit mir Kontakt aufnehmen möchten, senden Sie bitte eine E-Mail an: andreas.preissner@web.de.

Herbst 2005   Andreas Preißner

Inhalt

Verzeichnis der Checklisten

1 Was sind Projekte und was ist Qualität? – Eine Bestandsaufnahme

1.1 Was sind Projekte?

Denken Sie bitte einen Moment lang an ein öffentlich bekanntes Projekt. Natürlich weiß ich nicht, für welches Projekt Sie sich entschieden haben. Die Wahrscheinlichkeit ist aber groß, dass es ein gescheitertes ist oder zumindest eines, das erhebliche Probleme verursacht hat. Vielleicht ist es Toll Collect, die Gesundheitskarte, der Bürokratieabbau, die Halbierung der Arbeitslosigkeit, ein neues TV-Format, eine gescheiterte Softwareeinführung oder was auch immer. Ein Erfolgsbeispiel vermute ich hier eher selten. Das Problem dabei ist einfach, dass sich schlechte Beispiele regelrecht im Gedächtnis einbrennen, während Erfolgsbeispiele wie selbstverständlich behandelt werden und damit auch schnell wieder in Vergessenheit geraten.

Dabei gibt es etliche Großprojekte, die es verdient hätten, bei einer solchen Frage erwähnt zu werden. Denken Sie an den neuen Flughafen in Hongkong, der in großartiger Weise auf und über Inseln gebaut wurde, die Umstellung von Software auf das Jahr 2000 und den Eurovision Song Contest, der bislang jedes Mal stattgefunden hat, auch wenn man aus deutscher Sicht nicht immer glücklich darüber sein konnte.

Aber dies wird als selbstverständlich angesehen. Wer dagegen sein Projekt an die Wand fährt, braucht für Hohn und Spott nicht zu sorgen. Dessen Namen merkt man sich. Und dies ist das Problem gescheiterter Projekte. Ihr Aufmerksamkeitswert ist wesentlich höher als der der gelungenen. Nicht nur die Öffentlichkeit interessiert sich für die schlechten Großprojekte, auch im Unternehmen bleiben die Katastrophen in den Köpfen verankert.

Beispiel Deutsche Bahn AG

Ein anschauliches Beispiel für die Öffentlichkeitswirkung eines gescheiterten Projekts ist die Einführung des „Neuen Preissystems" der Deutschen Bahn AG im Dezember 2002, das u. a. auf Tarifunterschieden je nach Buchungszeitpunkt beruhte. Den

Kunden war es schlichtweg zu kompliziert, die Buchungen gingen zurück und es entstand Handlungsbedarf bei der Bahn.

Wie sich das Preissystem in der Öffentlichkeit darstellt, lässt sich z. B. der Darstellung in den Medien entnehmen. Der Medienbeobachtungsdienst Landau Media erfasste die Berichterstattung über die Deutsche Bahn in den Medien, sowohl was die Thematik als auch was die Tonalität (positiv – neutral – negativ) angeht. Abbildung 1.1 zeigt die Verteilung nach Themen im relevanten Zeitraum.

Der Anteil nach Kernthemen im zeitlichen Verlauf

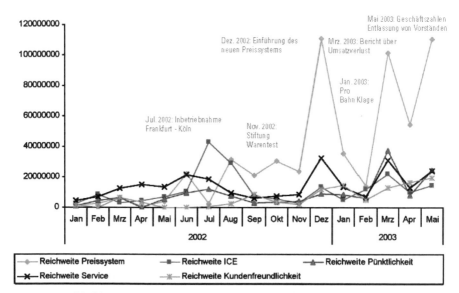

Abbildung 1.1: Thematik der Medienberichterstattung über die Deutsche Bahn AG (Quelle: Landau Media AG)

Seit September 2002 war das Preissystem das herausragende Thema (jeweils die oberste Linie). Die Berichterstattung über Umsatzverluste und die Entlassung von Vorständen erreichte eine ebenso hohe Beachtung wie die Einführung des Preissystems an sich. In Sachen Tonalität war bis etwa Oktober 2002 eine gewisse Neutralität festzustellen. Ab November dominierte dann die negative Berichterstattung, seit März 2003 sogar ganz deutlich (Abbildung 1.2). Das Projekt hatte über Monate hinweg eine deutlich negative Präsenz des Unternehmens in den Medien nach sich gezogen und somit über den wirtschaftlichen hinaus auch einen Imageschaden herbeigeführt.

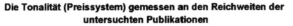

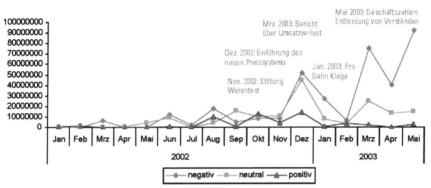

Abbildung 1.2: Tonalität der Medienberichterstattung über die Deutsche Bahn AG (Quelle: Landau Media AG)

Mit Projekten beschäftigt man sich schon lange, und zwar mit wachsender Begeisterung. Projekte sind aus der Unternehmenswelt und auch aus dem privaten Alltag nicht mehr wegzudenken. Dass dabei alle möglichen Aktionen, die früher zum „Klein-Klein" des betrieblichen Alltags gehörten, zum Projekt befördert werden, ist noch eine ganz andere Sache. Auch der Begriff und das Konzept der Qualität erfreuen sich großer Beliebtheit. Zum einen werden sie durch Nachfrager und Verbände immer stärker gefordert und gefördert, zum anderen sehen aber auch die Anbieter zunehmend ein, dass Qualitätssteigerung ein Erfolgsrezept ist.

Man sollte nun meinen, dass beides den Weg zueinander findet, das heißt dass Projekte in wachsendem Maße Qualitätsansprüchen genügen, ihre Kosten- und Zeitziele einhalten und natürlich auch die Leistung bringen, die ursprünglich gefordert war. Schließlich gelingt es in aller Regel auch, die Qualität von Produkten und Dienstleistungen zu verbessern, so dass die Kunden das bekommen, was sie wollten, und damit auch zufrieden sind.

Was die Abwicklung von Projekten angeht, ist eine solche Zufriedenheit nicht immer festzustellen, um nicht zu sagen: eher selten. In den letzten Jahren gab es eine Häufung von gescheiterten oder zumindest deutlich verspäteten und teurer gewordenen Projekten, die den Weg in die Öffentlichkeit gefunden haben. So muss man sich fragen, ob vor allem große Projekte mit Millionenbudgets überhaupt die Chance haben, erfolgreich zu Ende geführt zu werden.

Die Geschichte eines Projekts, Teil 1

Die Schöne Produkte GmbH ist ein alteingesessener Hersteller von Haushaltsprodukten. Man stellt im Wesentlichen so genannte Trendartikel her, die sich durch ein attraktives Design auszeichnen und für Küche, Wohnzimmer und Büros gekauft werden. Durch einen hohen Anteil zugekaufter Teile kann man schnell auf Marktveränderungen reagieren und ein modisches Sortiment anbieten. Zumeist werden Produkte oder Teile in Fernost eingekauft oder dort nach eigenen Entwürfen gefertigt. Im Werk in Deutschland finden dann noch Montage, Verpackung, ggf. Beschriftung oder Prägung, statt.

Zuletzt war im Unternehmen jedoch eine recht deutliche Umsatzschwäche festzustellen. Der Umsatzbericht vom Oktober 2004 ließ die Jahresziele in weite Ferne rücken. Der schlechten Branchenentwicklung konnte man lange Zeit auch aufgrund des guten Images trotzen, doch schien diese Zeit vorbei zu sein.

Die Geschäftsführerin des mittelständischen Unternehmens, Frau Bergmann, verlangte im Anblick der Umsatzzahlen im Treffen des Führungskreises, kurzfristig neue Produkte zu entwickeln und sie noch bis Mitte des Jahres 2005 auf den Markt zu bringen. Dies bedeutete, auf der nächsten Messe Ambiente im Februar 2005 präsent zu sein. Damit blieben noch gut drei Monate für die Vorbereitungen. Marketingleiter Schildt rief am nächsten Tag die üblichen Mitglieder der Neuproduktprojektteams zusammen und schilderte die Situation. In diesen Projekten sind neben dem Marketing regelmäßig Vertreter von Einkauf, Montage, Verpackung, Design und Vertrieb tätig. Man beschloss, sofort ein Projekt zu starten, um den Messetermin zu erreichen. Die Produktmanagerin Frau Weber wurde mit der Projektleitung beauftragt.

Bereits im ersten Brainstorming wurde die Idee entwickelt, Zimmerspringbrunnen in das Sortiment aufzunehmen. Ein solches Konzept gab es schon vorher einmal, wurde aber nicht realisiert. Frau Weber machte noch einmal deutlich, dass man nur mit einem äußerst straffen Zeitplan rechtzeitig lieferfähig sein könne. Der Vertreter des Einkaufs verwies darauf, dass aufgrund der üblichen Werksferien um Weihnachten und Neujahr innerhalb der folgenden zwei Wochen Aufträge an Lieferanten erteilt werden müssten. Bis dahin müssten die Produktkonzepte fertig sein.

Die Designerin sagte schnelle Entwürfe zu, vom Vertreter des Vertriebs kamen Bedenken. Er verwies auf die übliche Praxis, mit einigen Händlern und Ausstattern vorab über neue Konzepte zu sprechen. Aufgrund des herrschenden Drucks entschied sich Frau Weber jedoch dafür, den technischen Fragestellungen Vorrang einzuräumen und sofort mit den Entwicklungsarbeiten zu beginnen. Schließlich sei das Produkt nicht ganz „aus der Luft gegriffen".

Anschließend wurden die zentralen Aufgaben verteilt, eine Detailplanung sollte innerhalb der Abteilungen erstellt werden. Die Designabteilung sollte das Produkt unter Verwendung verfügbarer Bauelemente entwerfen, der Einkauf sollte mit möglichen Lieferanten Kontakt aufnehmen und eine Übersicht vorhandener Produkte erstellen. Die Fertigungsbereiche sollten erst nach Vorliegen der ersten Ergebnisse tätig werden. Das Gleiche galt für den Vertrieb.

Die Projektleiterin konzentrierte sich in den folgenden Monaten auf die wesentlichen Aktivitäten und versuchte vor allem, die Aktivitäten in einer linearen Abfolge zu erledigen. Der Vertrieb wurde erst wieder eingeschaltet, als es um die Planung der Messeaktivitäten ging. Anfang Januar erfuhr er, wie die neue Produktlinie aussehen würde, und konnte das Konzept vor allem für die Messepräsentation entwickeln. Anfang Februar, wenige Tage vor der Messe, wurden einige Hundert Stück für Präsentationen aus Vorablieferungen montiert. Auf der Messe konnte daher der Verkaufsstart der Zimmerspringbrunnen verkündet werden. Das Konzept, ein sehr stringentes Projektmanagement durchzuziehen, erwies sich als erfolgreich. Die ersten Bestellungen aus dem Handel waren „vielversprechend".

Über die vielen kleinen Projekte in den Unternehmen, die meist nur wenige Manntage in Anspruch nehmen und selten richtig geplant und kontrolliert werden, lassen sich keine empirisch gesicherten Erkenntnisse gewinnen. Es liegt jedoch der Verdacht in der Luft, dass es hier nicht besser aussieht.

Vereinzelt wurde der Versuch unternommen, den Schaden durch gescheiterte oder verzögerte Projekte zu ermitteln, was jedoch mangels statistischer Erfassbarkeit immer nur „wilde" Schätzungen sein können. Dabei bleibt jedoch die Erkenntnis, dass ein Unternehmen einen erheblichen Teil seiner Zeit mit unnützen Projekten verbringt oder nützliche in den Sand setzt. Zudem belasten die vielen Reparaturarbeiten, mit denen Fehler korrigiert werden und die die Mitarbeiter von der produktiven Arbeit abhalten.

In der ganzen Diskussion ist allerdings noch unklar, was Projekte sind und wie Qualität zu definieren ist.

Eine Definition für **Projekte** findet sich in der DIN 69901. Danach ist ein Projekt ein Vorhaben, das im Wesentlichen durch die Einmaligkeit der Bedingungen in ihrer Gesamtheit gekennzeichnet ist, wie z. B.

- Zielvorgabe,
- zeitliche, finanzielle, personelle und andere Begrenzungen,
- Abgrenzungen gegenüber anderen Vorhaben,
- projektspezifische Organisation.

DIN 10006 (Qualitätsmanagement in Projekten) definiert:

Ein Projekt lässt sich wie folgt charakterisieren:

- Es besteht aus einzigartigen, nicht wiederholbaren Abläufen, die aus Prozessen und Vorgängen bestehen.
- Es weist einen gewissen Grad von Risiko und Unsicherheit auf.
- Die Stakeholder erwarten von Projekten, dass sie spezifizierte und quantifizierte Ergebnisse innerhalb vorbestimmter Parameter liefern.
- Es hat einen geplanten Start- und Endtermin, innerhalb klar spezifizierter Kosten- und Ressourcen-Beschränkungen.
- Das benötigte Personal ist der Projektorganisation für die Dauer des Projekts zugeordnet.
- Es kann von längerer Dauer und im Zeitablauf wechselnden internen und externen Einflüssen ausgesetzt sein.

Das **Project Management Body of Knowledge** (PMBOK) definiert:

A project is a temporary endeavor undertaken to create a unique product or service.

Echte und Alibi-Projekte

Eine Reihe von Aktivitäten sind damit klar als Projekt zu bezeichnen, andere sind es wiederum nicht. Eine Abgrenzung vorzunehmen ist schon deswegen sinnvoll, weil Aktivitäten, die als Projekte bezeichnet werden, aber eigentlich gar keine sind, mit anderen Maßstäben gemessen werden müssen. Dabei geht es vor allem um die Identifikation von Alibi-Projekten, das heißt Aufgaben der Linieninstanzen, die z. B. aus Risikogründen zu einem Projekt gemacht werden, obwohl sie eigentlich Alltagsgeschäft sind.

Einige Beispiele für „lupenreine" Projekte

- Ein Handelsunternehmen möchte seine Produkte auch über das Internet anbieten, hat aber noch keine eigene Webseite. Es beauftragt eine Webdesign-Firma mit der Entwicklung eines Internetauftritts. Die laufende Pflege und Abwicklung des Handels soll intern vorgenommen werden. Das Vorhaben ist zeitlich begrenzt und hat ein klares Ziel. Es ist daher ein Projekt.

- In einem Werk soll die Produktion auf einen neuen Maschinentyp umgestellt werden, weil sich dadurch Fertigungskosten einsparen lassen. Auch hier handelt es sich um ein Projekt, weil es ein Ziel und einen definierten Endpunkt gibt. Weiterhin handelt es sich um eine Aufgabe, die nicht zu den üblichen Tätigkeiten im Werk gehört.

- Ein Unternehmen will sich moderner auf dem Markt präsentieren. Dafür soll die Corporate Identity umgestaltet werden. Im Einzelnen sind Briefpapiere, Prospekte, Anzeigenmotive, Firmenlogos und Dekomaterialien zu verändern. Auch wenn der Prozess länger dauern wird, ist er ein Projekt, denn es gibt ein Ziel, ein definiertes Ende und es müssen gesonderte Kapazitäten bereitgestellt werden.

- Weitere typische Beispiele: Neuproduktentwicklung, Börsengänge, Beratungsprojekte, Veränderungsprojekte in Abteilungen, Werbekampagnen, Showveranstaltungen, Entwicklung von Software, Verfassen eines Buches, Bau von Gebäuden, Umstellung auf neue Verfahren (Produktion, Rechnungslegung ...), Regierungswechsel.

Und dann gibt es noch die Alibi-Projekte, also Aufgaben, die die Überschrift „Projekt" bekommen, obwohl sie die Kriterien nicht erfüllen. Sie sollten schon deswegen nicht als Projekt betrachtet werden, weil es sich oft um unliebsame Aufgaben handelt, die gerade deswegen aus dem Verantwortungsalltag ausgelagert werden, weil man ein Scheitern befürchtet. Dieses Scheitern ist aber nicht dem „Projekt" an sich oder der Projektleitung zuzuschreiben, sondern der Entscheidung, dass es ein Projekt sein soll.

Einige Beispiele für Alibi-Projekte

- In der kaufmännischen Abteilung eines Unternehmens sollen die Kopierer durch neue Geräte ersetzt werden. Ein Mitarbeiter wird aufgefordert, innerhalb der nächsten vier Wochen Informationen über Kopiergeräte zu sammeln und Angebote einzuholen. Diese sollen dann in einer Sitzung der kaufmännischen Leitung präsentiert werden. Hier gibt es zwar eine zeitliche Vorgabe und es ist auch (hoffentlich) keine gewöhnliche Tätigkeit des Mitarbeiters, aber die Leistung ist nicht so definiert, dass man von einem Erfolg oder Misserfolg sprechen kann. Möglicherweise ist die Leitung mit den Ergebnissen unzufrieden, man weiß aber nicht, ob es „bessere" Informationen gibt. Also wird weiter geforscht und die Entscheidung aufgeschoben. Und das ist nicht das, was man sich unter einem Projekt vorstellt.

- Ein Hersteller verkauft Halbfabrikate an Unternehmen und verfügt über einen erfahrenen Außendienst mit sehr guten Kundenkontakten. Die Vertriebsleitung will ein umfassendes Informationssystem aufbauen und den Datenaustausch fördern. Die Außendienstmitarbeiter sollen dazu mit netzwerkfähigen Notebooks ausgestattet werden, um tagesaktuell ihre Daten an die Zentrale zu überspielen. Die Leitung weiß von früheren Versuchen, dass die Mitarbeiter dies nicht wollen und Widerstand leisten. Sie lanciert daher ein Projekt, das mit Unterstützung der Geschäftsführung durch einen Mitarbeiter der IT-Abteilung geleitet wird. Formal können hier die Projektkriterien durchaus bestätigt werden, es ist aber andererseits ein Bestandteil der Führungsaufgabe, die Mitarbeiter regelmäßig mit einer neuzeitlichen Infrastruktur auszustatten. Dass hieraus ein Projekt wird, hat nur mit Macht- und Managementaspekten zu tun. Geht es schief, kann dafür nicht die IT-Abteilung verantwortlich gemacht werden.

- In einem Unternehmen soll auf Beschluss des Vorstands der Verwaltungsaufwand innerhalb weniger Jahre um 30 % reduziert werden. In diesem Zusammenhang sollen Funktionen außerhalb der Kernaufgaben an Externe vergeben bzw. sollen einzelne Abteilungen zu eigenständigen GmbHs werden, die auch extern ihre Leistungen anbieten. Die Leitung der Marktforschungsabteilung sieht sich davon betroffen und fürchtet ihre Auflösung. Sie gibt daher bei einer Beratungsgesellschaft ein Projekt zur Bewertung der Gestaltungsalternativen für die Marktforschung in Auftrag. Den Beratern ist klar, dass der Nachweis, eine Aufgabe der Abteilung sei vorteilhaft, nicht gewünscht ist. Sie lehnen daher die Ausgliederung ab. Das Projekt ist einerseits erfolgreich, weil zu Ende gebracht, andererseits aber nicht erfolgreich, weil das Ergebnis falsch ist. Es ist daher besser, es nicht als Projekt aufzufassen.

Diese Abgrenzung hat also auch etwas mit Fairness gegenüber dem Projekt an sich und dem Projektleiter im Besonderen zu tun. Projektleiter sollten sich ggf. vorher fragen, wie es zu dem Projekt gekommen ist und ob nicht eher politische Überlegungen dahinter stehen.

Der Einfluss des Auftraggebers

Eine entscheidende Rolle für die Projektqualität spielt auch die Frage, wer der **Auftraggeber des Projekts** ist (Abbildung 1.3). Hier gibt es erhebliche Unterschiede, was die Bedeutung und Verfolgung von Zielen angeht. Wird das Projektergebnis (Produkt, Dienstleistung) extern verkauft, dann besteht ein Vertrag mit Regelungen über die Leistungen und eventuellen Schadensersatz bei Schlechterfüllung. Zudem kann ein besonderes Interesse an der Bindung eines Kunden bestehen, so dass die Einhaltung des Kostenziels als weniger wichtig angesehen wird, weil ein Folgeauftrag in Aussicht steht.

Wird der Projektauftrag im Rahmen innerbetrieblicher Aufgaben z. B. über die **Geschäftsführung** oder einen **Projektlenkungsausschuss** bzw. bei projektorientierten Unternehmen ein **Projektbüro** erteilt, dann besteht ein hohes Maß an Transparenz auf beiden Seiten und die Möglichkeit zur regelmäßigen Kontrolle, allerdings auch die Gefahr von Zieländerungen während der Projektlaufzeit. Für beide Seiten kann auch Personalpolitik eine Rolle spielen, weil Projekttätigkeiten als Karrieresprungbrett bzw. als Gelegenheit zur Beobachtung gesehen werden.

Projekte, die innerhalb einer Abteilung ablaufen und der Kontrolle der **Abteilungsleitung** unterliegen, werden oft „freihändig" vergeben, ohne formale Kontrolle und Zieldefinition. Es finden sich viele Alibi-Projekte, die inhaltlich ungeliebt sind oder deren Scheitern vorhergesehen wird. Die Grenze zur normalen Linientätigkeit verwischt, klare Prioritäten lassen sich kaum erkennen. Die Beurteilung der Projektqualität stellt sich als mehr oder weniger ausgeschlossen heraus.

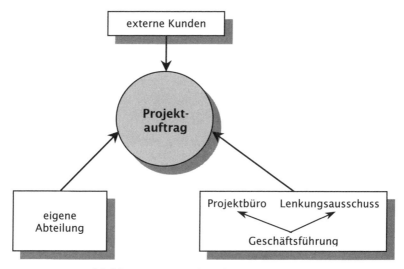

Abbildung 1.3: Projektauftraggeber

Projektmanagement als internes Outsourcing

Vor allem bei Projekten, die nicht für externe Kunden durchgeführt werden, findet mitunter ein **internes Outsourcing von Managementaufgaben** statt. Aufgaben aus der Linie werden aus verschiedenen Gründen in Projekte verlagert, für die Dritte verantwortlich sind. Gründe dafür können aus Unternehmenssicht rational, aber auch persönlich motiviert sein. Bei der Kontrolle des Projektergebnisses muss diese Motivationslage berücksichtigt werden. Folgende Motivationen lassen sich oftmals beobachten:

- In der eigenen Abteilung sind keine ausreichenden Personalkapazitäten vorhanden, so dass auf einen anderen Mitarbeiterpool zugegriffen werden soll.

- Ein Scheitern des Projekts wird vorhergesehen, so dass andere Personen dafür verantwortlich sein sollen.

- Die Projektthematik wird inhaltlich nicht beherrscht, obwohl es erwartet wird. Dies soll aber nicht transparent werden.

- Das Projektergebnis wird bereits vorhergesehen, und dies entspricht der eigenen Wunschvorstellung. Um eine höhere Glaubwürdigkeit zu erzielen, sollen andere Personen dieses Ergebnis erzielen.

- Einzelne Mitarbeiter, die sich nicht der Sympathie der Abteilungsleitung erfreuen, sollen „beschäftigt" werden.

Informationsasymmetrien in Projekten

Kommunikation und Informationsaustausch schreibt man sich heute gerne auf die Fahne, macht sie gar zum wesentlichen Prinzip des Managements. Gleichwohl: In vielen Projekten weiß nicht jeder dasselbe. Was das Fachliche angeht, ist dies kein Problem, vielmehr ein Grund für die Veranlassung eines Projekts. Was aber die Ziele und Gründe für ein Projekt angeht, gibt es oft bedeutende Wissensunterschiede, die eigentlich nicht existieren sollten.

In einigen Fällen führen Auftraggeber nicht die wahren Gründe und Rahmenbedingungen für ein Projekt an, in anderen lassen die Projektverantwortlichen ihre Auftraggeber im Ungewissen über Fähigkeiten, Risiken und den Projektstand. Diese Asymmetrien sind teilweise Ausdruck von Misstrauen dem Partner gegenüber, teilweise aber auch ein gezieltes Instrument der Beeinflussung. Je weniger sich Auftraggeber und Projektteam kennen, desto größer ist die Wahrscheinlichkeit der Asymmetrien.

Problematisch sind sie, weil die jeweilige Planung auf häufig falschen Annahmen beruht. Da Projekte einen individuellen und innovativen Charakter haben, können nicht alle Beteiligten in gleichem Maße Informationen suchen und nach dem Warum fragen. Sie müssen sich auf die Mitspieler verlassen und darauf vertrauen, dass alle mit offenen Karten spielen und an einem Strang ziehen. Da jeder um diese Abhängigkeit weiß, besteht ein Anreiz, sie gezielt für sich zu nutzen. Also werden bewusst, manchmal auch unbewusst, Asymmetrien aufgebaut.

Das Dilemma der Informationsasymmetrie

Projekte neigen wie sonst nicht einmal Bus und Bahn dazu, sich zu verzögern. Gründe dafür gibt es genug: die Angst, das Projekt ohne die ambitionierte Zeitvorgabe sonst nicht genehmigt zu bekommen, die fehlende Voraussicht über Risiken und Probleme im Laufe des Projekts, die mangelnde Fähigkeit, ohne Zeitdruck mit einer Nicht-Routinetätigkeit voranzukommen usw.

Projektleitungen neigen daher mehr oder weniger unbewusst dazu, die Zeitplanung eher zu ambitioniert anzusetzen und nicht ausreichende Pufferzeiten ein-
zukalkulieren. Über dieses Wissen lassen sie den Auftraggeber im Unklaren, so
dass eine Asymmetrie entsteht. Auftraggeber fallen aber meist nur einmal darauf herein und planen beim nächsten Mal gewisse Sicherheiten ein, das heißt
sie versuchen ihrerseits die durch die Projektleitung erzeugte Asymmetrie ab-
zuschätzen. Als Ausgleich geben sie einen „letzten Fertigstellungstermin" an,
der eigentlich zu früh liegt. Theoretisch könnte dadurch wieder eine Symmetrie
hergestellt werden, wenn die Zeitabweichungen einander entsprechen.

Es kann aber schief gehen, wenn die Projektleitung davon ausgeht, dass der
Auftraggeber solche Sicherheiten einplant. Sie kommt dann auf die Idee, diesen
Sicherheitspuffer in die interne Zeitplanung einzubeziehen. Man kann sich vorstellen, dass es leicht zur Katastrophe kommt, wenn sich hier eine Seite anders
verhält, als die andere denkt. Es kommt daher auf einen guten Bluff an, was
nicht gerade Vertrauen erzeugt. Den Vorteil der Asymmetrie genießt nur, wer es
schafft, ihre Existenz überzeugend zu verheimlichen.

1.2 Was ist Qualität?

Die zweite Frage betrifft nun die Qualität. Wann liegt Qualität vor? Hier gibt es
eine ganze Reihe unterschiedlicher Vorstellungen, angefangen von eher anekdoti-
schen Erklärungen wie „Wenn der Kunde zurückkommt, und nicht das Produkt"
bis zur umfassenden Forderung nach der Übereinstimmung der erbrachten Leistung mit den Anforderungen des Kunden. Projekte müssen nach anderen Kriterien beurteilt werden als Produkte. Daher kann die Qualität durchaus an unterschiedlichen Kriterien festgemacht werden. Dies hängt mit dem hohen Maß an
Individualität eines Projekts zusammen, aber auch mit der Komplexität.

So gibt es Projekte, die zwar die gewünschte Leistung erbracht haben, und das
noch zu den vorgegebenen Kosten, aber eben zu spät. Ist damit das ganze Projekt
gescheitert oder ist die Verspätung tolerierbar? Somit ist es auch nicht leicht, die
Grenze zwischen einem gescheiterten und einem erfolgreichen Projekt zu ziehen.
Vor allem im Bereich der Softwareprojekte kursieren zahlreiche Äußerungen zu
den Quoten gescheiterter Projekte. Sie liegen zwischen 40 und 80 %, es besteht
aber keine Einigkeit über die Abgrenzung zwischen „erfolgreich" und „nicht erfolgreich".

Dazu kommt noch die Spezies der Projekte, die zwar erfolgreich verlaufen sind
und damit das Prädikat „Qualität" verdienen, von denen man sich im Nachhinein

aber gewünscht hätte, sie wären gescheitert. Nicht alle Projekte sind wirklich sinnvoll, allerdings weiß man es nicht immer vorher.

Qualitätsdefinitionen

Nach DIN EN ISO 9000:2000:

Qualität = Grad, in dem ein Satz inhärenter Merkmale Anforderungen erfüllt.

(Anforderung = Erfordernis oder Erwartung, das oder die festgelegt, üblicherweise vorausgesetzt oder verpflichtend ist; Merkmal = kennzeichnende Eigenschaft.)

Nach Zink (2004, S. 44):

„Qualität ist die Erfüllung von (vereinbarten) Anforderungen zur dauerhaften
Kundenzufriedenheit."

Nach dem Qualitätsberater Joseph M. Juran:

„Quality is fitness for use."

Nach dem Bezugsobjekt kann unterschieden werden in:

a) Qualität von Produkten

Fähigkeit von Produkten, die Anforderungen der Kunden zu erfüllen.

b) Qualität des Unternehmens

Auch als Exzellenz (Business Excellence) bezeichnet.

Fähigkeit des Unternehmens, konsistent Produkte und Dienstleistungen zu
erstellen, die den Anforderungen der Kunden entsprechen. Neben den Leis-
tungsprozessen (Produktion, Einkauf usw.) sind auch die Managementprozesse
(Führung, Personal usw.) an der Qualitätserzeugung beteiligt.

c) Qualität von Dienstleistungen

Fähigkeit von (ergänzenden oder selbstständigen) Dienstleistungen, die Anforderungen der Kunden zu erfüllen. Teilweise bilden Produkt- und Dienstleis-
tungsqualität zusammen die Qualitätsleistung.

d) Qualität von Projekten

Übereinstimmung der Projektleistung bezüglich Kosten, Zeit, Leistung, Umset-
zungsfähigkeit mit den Anforderungen des Auftraggebers.

Einige Beispiele für Projekte, bei denen besser gleich am Anfang etwas schief gegangen wäre

- Rhein-Main-Donau-Kanal – Wird heute kaum noch erwähnt, ist aber eines der
  größten Unsinnsprojekte überhaupt. Die erhoffte Ausweitung des Schiffsverkehrs

hat nicht stattgefunden, so dass man sich gewünscht hätte, der Ausbau wäre aus technischen, politischen oder rechtlichen Gründen gescheitert. Ein gescheitertes Projekt wäre dann eine erfreuliche Sache gewesen.

- Die Lufthansa kam vor einigen Jahren auf die Idee, die gute alte Ferienfluggesellschaft Condor in Thomas Cook Airlines mit dem Zusatz Powered by Condor umzubenennen. Aus Sicht der Corporate Identity war dies sicher nachvollziehbar, doch die Kunden mochten es gar nicht. Konsequenterweise wurde wieder umbenannt. Hätte doch nur die Farbe gefehlt ... man hätte viel Geld sparen können.

Das magische Dreieck der Projektziele

In der Regel werden für den Erfolg eines Projekts drei globale Zieldimensionen angesetzt, so dass man zu einem „magischen Dreieck" kommt (Abbildung 1.4).

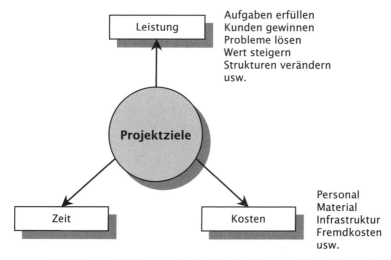

Abbildung 1.4: Das magische Dreieck der Projektziele

Erster Faktor ist die **Zeit**. Jedes Projekt hat eine Zeitvorgabe, die eingehalten werden soll. Dies ist oft nicht der Fall, was aber bei jedem kundigen Auftraggeber berücksichtigt wird. Damit wird zwar das Zeitziel entwertet, aber es steigt die Wahrscheinlichkeit, im Falle einer Verzögerung keinen Schaden zu erleiden. Wie wichtig die Zeitvorgabe ist, hängt vom Einzelfall ab. In manchen Fällen ist eine Verzögerung zu verschmerzen, wenn die Leistung verbessert wird, in anderen Fällen ist die Zeit der kritische Faktor (man denke an die Umbauten an Flughäfen, die vor der Ankunft des ersten Airbus A 380 abgeschlossen sein müssen – es sei denn, es wird die übliche Verzögerung solcher Projekte einkalkuliert).

Auch die **Kosten** sind eine zentrale Zielgröße mit unterschiedlicher Wichtigkeit. Da der genaue Arbeitsaufwand bei längeren und komplexen Projekten nicht exakt bestimmt werden kann, sind ohnehin Preisanpassungen üblich. In der Regel ist dies auch den Auftraggebern im Vorfeld klar. Diese Zielgröße ist aber insofern besonders problematisch, als Kalkulationen oftmals mit einer politischen Zielsetzung durchgeführt werden. Das heißt: Um den Projektauftrag zu erhalten, wird ein niedriger Preis kalkuliert, der im Laufe des Projektfortschritts mit unterschiedlichen Begründungen angehoben wird. Der Auftraggeber steht dann vor der Frage, ob er dies akzeptieren soll oder den Projektfortschritt gefährdet.

Das **Leistungsziel** ist somit das einzig „wahre". Die Leistung des Projekts kann, unter Berücksichtigung üblicher Unwägbarkeiten, vorab definiert werden. Im Gegensatz zu den anderen Zielen ist hier eine höchst individuelle Definition erforderlich, die natürlich die Frage aufwirft, wie etwas definiert werden soll, was zumindest für den Auftraggeber noch neu ist. Sinnvoll ist es daher oft, statt einer rein **technischen** Definition eine **nutzenorientierte** vorzugeben, die vorgibt, was durch das Projektergebnis erreicht werden soll. Der Vorteil (und letztlich die Falle für die Projektleitung): Der Erfolg des Projekts lässt sich anhand der Erreichung dieser Ziele messen und nicht nur daran, ob etwas physisch Greifbares auch fertig geworden ist.

Das magische Dreieck ist deswegen magisch, weil sich die Ziele nicht gleichzeitig und in gleichem Maße verfolgen lassen. Eine Konzentration auf das Leistungsziel führt tendenziell zu einer Vernachlässigung des Kosten- und Zeitziels. Stellt sich ein Problem bei der Einhaltung des Zeitplans heraus, dann kann meist durch höheren Mittelaufwand beschleunigt werden (gelegentlich wird auch einfach nur Chaos produziert), was das Kostenziel gefährdet. Die Projektleitung muss daher stets abwägen, in welcher Richtung sie sich im Falle von Abweichungen und neuen Einflüssen bewegen will. Manchmal ist eine Zeitverlängerung unproblematisch, manchmal sind bei allen Zielen kleinere Kompromisse gleichzeitig vertretbar.

Projekte, die keiner will

Es gibt aber auch Projekte, die alle vorgegebenen Ziele erreicht haben, damit als erfolgreich bezeichnet werden können, trotzdem jedoch nicht erfreuen. Dieser Fall kommt recht häufig vor, wenn nämlich die Umsetzung des Projekts nicht gelingt. So gibt es z. B. ausgebaute Flughäfen in strukturschwachen Gegenden, die aber nicht angeflogen werden, weil keine Fluggesellschaft das wirtschaftliche Risiko eingehen will. Das Projekt Flughafenausbau war erfolgreich, aber trotzdem hat niemand etwas davon. Gelegentlich wird Software in einzelnen Abteilungen in Unternehmen eingeführt, um die Arbeit zu unterstützen, aber von den Mitarbeitern nicht eingesetzt, weil sich zwischenzeitlich die Aufgaben verändert haben. Oder weil die Nutzung nicht erklärt wird. Auch hier sind die Ziele möglicherweise exakt eingehalten worden, das Projektteam hat eine gute Arbeit geleistet, kann das Ergebnis aber nicht als Referenz einsetzen.

Bei vielen Projekten ist nämlich ein weiterer Faktor zu berücksichtigen, der sich weitgehend dem Einfluss des Projektteams entzieht: Auftraggeber vergessen oft, die Frage der **Akzeptanz** bei Nutzern bzw. die **Umsetzung** in den alltäglichen Prozessen als Projektziel mit zu erfassen. Das Problem dabei: Die Verfolgung dieses Ziels ist zu einem nicht unerheblichen Teil Sache des Auftraggebers. Ist beispielsweise eine mangelnde Ergonomie von Software das Problem, dann liegt die Verantwortung beim Projektteam. Fehlt bei den vorgesehenen Nutzern die geeignete Hardware, dann muss sich der Auftraggeber darum kümmern. Das magische Dreieck ist daher um einen vierten Faktor zu erweitern, der die Umsetzung der Projektergebnisse repräsentiert. Er steht aufgrund der Verantwortlichkeiten etwas außerhalb des Schemas, stellt aber einen besonders kritischen Faktor dar, weil die Nichterfüllung auch ansonsten „gute" Projekte überflüssig werden lässt.

Das magische Viereck der Projektziele

Insofern ergibt sich ein **magisches Viereck der Projektziele**, das dann auch Ausgangspunkt für die notwendigen Steuerungsmaßnahmen ist (Abbildung 1.5). Das Projektteam muss bei allen Entscheidungen während der Projektlaufzeit daran denken, die Umsetzung bzw. Akzeptanz nicht zu gefährden. So kann es etwa geboten sein, Spezifikationen einer Leistung zu ändern, um Kosten zu senken. Oft finden sich bei Entwicklungsprojekten Details, die man nicht für wichtig erachtet und die in erster Linie Kosten und technische Risiken verursachen. Lässt man sie (in Absprache mit dem Auftraggeber) weg, dann lehnen möglicherweise seine Kunden das Ergebnis ab.

Beispiel eines Verkehrsprojekts

Das Verkehrsministerium eines Bundeslandes stellt erhebliche Verkehrsstaus in Gemeinden fest, die am Ufer eines Flusses liegen. Sie entstehen durch die Umwege, die Anwohner und der Durchgangsverkehr auf dem Weg zu einer weiter entfernt liegenden Brücke machen. Man beschließt, im Wege der Public Private Partnership einen Tunnel zu bauen, der über Mauteinnahmen finanziert wird. Der Tunnel wird rechtzeitig fertig gestellt, die Kostenziele werden eingehalten. Er wird aber wesentlich seltener genutzt als geplant. Viele Autofahrer fahren lieber weiter die Umwege, als dass sie die Maut zahlen. Es zeichnet sich ab, dass die Amortisation nicht im angestrebten Zeitraum erreicht wird.

In diesem Fall wurde nicht daran gedacht, dass die Autofahrer den Tunnel auch akzeptieren müssen. Das Zahlen einer Mautgebühr ist im Inland ungewohnt, zudem existiert die Macht der Gewohnheit. Parallel hätten Maßnahmen zur Verkehrslenkung ergriffen werden können, um das Fahren der Umwege zu erschweren.

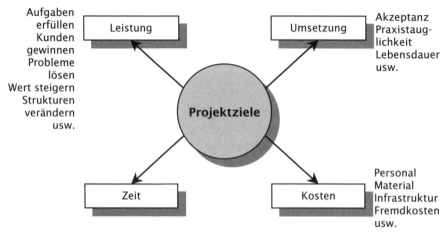

Abbildung 1.5: Das magische Viereck der Projektziele

Erfolgsfaktoren für Projekte

Auf der Grundlage dieser Zieldefinition können nun die Erfolgsfaktoren für Projekte zumindest allgemein beschrieben werden. Abbildung 1.6 gibt einen Überblick. Mit *Technologie* ist nicht nur die Produktionstechnologie gemeint, sondern auch Managementtechnologie sowie alle Arten von Fachwissen, die für die Leistungserstellung benötigt werden.

Die Benennung der Erfolgsfaktoren orientiert sich deutlich an den zuvor definierten Zielen. Ergänzt werden sie durch das **Risikomanagement**, das sich als Schutzring für den Projekterfolg verstehen lässt. Bei allen Erfolgsfaktoren ist an mögliche Störfaktoren zu denken, die durch ein System des Risikomanagements beobachtet und möglichst abgewiesen werden. Das Risikomanagement muss umfassend angelegt sein und Bedrohungen der Zeiteinhaltung, der Kosteneffizienz, der geforderten Leistung und der Akzeptanz berücksichtigen. Welche Instrumente zum Einsatz kommen, ist eine projektindividuelle Entscheidung.

Eine pragmatische Sicht des Projekterfolgs

Die Erfolgsfaktoren bestechen durch eher theoretische Eleganz, denn wenn wir ganz ehrlich sind, dann müssen bei der Beherrschung der Technologie, dem effektiven Zeitmanagement oder der effektiven Kostenkontrolle erhebliche Abstriche gemacht werden. Daher ist es nicht verkehrt, im Hinblick auf die Fehlbarkeit aller Projektmanager und Auftraggeber auch an die praktische Variante zu denken, die nicht Maßstab sein soll, aber oft dem Alltag entspricht.

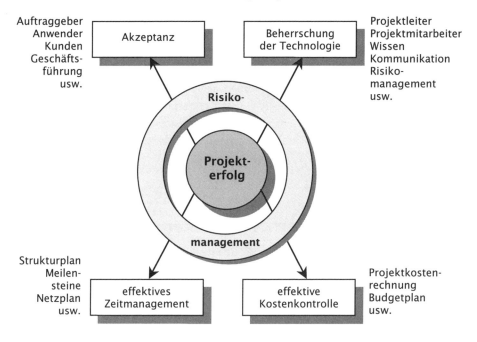

Abbildung 1.6: Erfolgsfaktoren für Projekte

Dies mag durchaus etwas zynisch erscheinen. Andererseits ist dieses Buch aber ein Projekt, das neben verschiedenen anderen Erfolgsmerkmalen auch nach Akzeptanz strebt. Dazu gehört es, nicht vor der teils widrigen Realität die Augen zu verschließen, sondern auf diese Einschränkungen hinzuweisen. Die Umsetzung eines Qualitätsmanagements für Projekte gelingt umso besser, je näher man an der alltäglichen Realität ist und nicht den Tücken der Wissensasymmetrie unterliegt.

Abbildung 1.7 zeigt die Erfolgsfaktoren für Projekte aus pragmatischer Sicht. Das heißt nicht, dass die o. g. Faktoren keine Rolle spielen. Vielmehr heißt es, dass ein Wettstreit zwischen der Erfolgskonzeption am Beginn des Projekts und unter optimalen Bedingungen sowie der Realität widriger Bedingungen besteht. Nach dem Projektstart gewinnen meist die in Abbildung 1.7 gezeigten Faktoren an Bedeutung, weil unvorhergesehene Einflüsse die ursprünglichen Pläne in Gefahr bringen.

Natürlich spielt immer ein effektives Zeitmanagement eine Rolle. Gerät der Zeit-plan aber ins Hintertreffen, ist oft genug **Improvisationstalent** gefragt und nicht selten auch erfolgreich, jenseits aller formalen Pläne.

Allein schon der innovative Charakter eines Projekts macht es notwendig, flexibel auf neue Anforderungen und Situationen zu reagieren. Nur selten können alle Fallen vorab identifiziert werden und lassen sich immer die richtigen Mitarbeiter für alle denkbaren Aufgaben finden. Kaum ein Projekt lässt sich ohne jegliches Improvisieren fertig stellen. Daran können aber gestandene Fachleute scheitern, wenn sie nicht zwischen individuellen Ansprüchen und ihren Konsequenzen für die Projektziele und der Bereitschaft, dabei zurückzustecken, angemessen abwägen. Gefragt sind damit auch Allround-Qualitäten, Zielorientierung, Flexibilität und Einsatzbereitschaft.

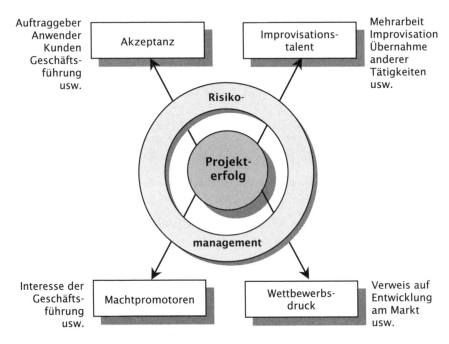

Abbildung 1.7: Pragmatische Sicht der Erfolgsfaktoren für Projekte

Engagierte und kreative Mitarbeiter und Führungskräfte entwickeln meist recht viele Projektideen, etwa für die Produktentwicklung oder den Einsatz neuer Tech-niken und Verfahren. Sie sind nicht immer aus der Not geboren, sondern voraus-schauend als Baustein zur Ertragssicherung gedacht. Unter diesen Voraussetzungen ein internes Projekt zu starten ist oftmals schwierig. Die Bereitschaft zur Genehmigung ist gering, weil dem letztlich unsicheren Nutzen des Projekts seine sicheren Kosten gegenüberstehen.

Es stellt sich jedoch regelmäßig heraus, dass Projekte auch unter solchen zunächst ungünstigen Bedingungen genehmigt und unterstützt werden, wenn nämlich ein entsprechender **Wettbewerbsdruck** existiert. Dabei mag es sich einerseits um eine betriebswirtschaftliche Notwendigkeit handeln, um die Wettbewerbsfähigkeit des Unternehmens zu sichern, andererseits ist es aber auch ein zentraler Motivationsfaktor. Der Gedanke an Wettbewerber, die bessere Ideen haben und/oder erfolgreicher sind, setzt Kräfte und Mittel frei. Wer ein Projekt durchsetzen will, setzt gerne dieses Argument bei der Genehmigungsinstanz ein, ebenso, wenn es um Nachschüsse bei der Finanzierung geht. Intern wird auf Wettbewerber verwiesen, falls das Engagement des Teams nachlässt oder die Ideen ausgehen.

Ein dritter Erfolgsfaktor ist die **Unterstützung durch einen Promotor**. Dies betrifft in erster Linie unternehmensinterne Projekte ohne vertragliche Verpflichtungen. Hier besteht eine latente Gefahr, dass sich unternehmerische Zielsetzungen, die Finanzierungssituation oder personelle Gegebenheiten ändern und das Projekt infrage stellen. Es liegt in der Natur des Projekts, dass es schneller als alle Aktivitäten in der Linie beendet oder neu ausgerichtet werden kann. So wird es schnell zum Spielball der Interessen bzw. erübrigt es sich auch. Die Wahrscheinlichkeit, ein Projekt auch gegen ungünstige Rahmenbedingungen im Unternehmen erfolgreich zu beenden, steigt mit dem Commitment eines Promotors.

Der Vollständigkeit halber sei noch die **Akzeptanz** als Erfolgsfaktor erwähnt, die auch aus rein pragmatischen Erwägungen eine ebensolche Rolle spielt wie aus theoretischen.

Stellt man die beiden vorgestellten Erfolgskonzepte nebeneinander, so entsteht keine Konkurrenzbeziehung, sondern ein Sowohl-als-auch. Sie repräsentieren nämlich auch jeweils eine Betrachtungsweise: einmal von außen auf das Projekt bzw. vor dem Projektstart und einmal von innen bzw. während des Projekts. Je weiter das Projekt fortgeschritten ist und je mehr Abweichungen von den Zielen bereits eingetreten sind, desto wichtiger werden die zuletzt genannten Faktoren. Das Qualitätsmanagement eines Projekts muss solche Faktoren auch berücksichtigen, weil sie unmittelbar auf die Zielerfüllung einwirken. Das Problem besteht aber darin, dass sie stark individuell geprägt sind und sich einer schematischen Erfassung entziehen. Hier sind insbesondere die Projektleiter mit ihrer Erfahrung und ihrem Gespür gefragt, um diese Faktoren einzuschätzen und in den Griff zu bekommen.

Die Bedeutung frühzeitigen Qualitätsmanagements

Vielfach werden qualitätsbezogene Maßnahmen als Reparaturarbeit durchgeführt, auch mit der Intention, nur dann etwas investieren zu müssen, wenn es wirklich erforderlich ist (der Kunde etwas merkt, Prüfungen nicht bestanden wurden o. Ä.). Dieses Verhalten erscheint dann oft noch wirtschaftlich, weil ein an sich überflüssiges Qualitätsniveau vermieden wird. Das Bestreben, ein Projekt möglichst schnell „über die Bühne zu bringen", zieht oft eine möglichst knappe Vorbereitung und kurze Startphase nach sich.

Bei der Entwicklung von Produkten stellt sich dann oft heraus, dass diese Annahmen falsch sind, weil etwa teure Rückrufaktionen erforderlich sind, weil bei der Entwicklung zu sehr ans Sparen gedacht oder bestimmte Materialtests ausgelassen wurden. Aufgrund der Vielzahl erforderlicher Nachbesserungen ist der wirtschaftliche Vorteil einer sorgfältigen Entwicklung leicht nachvollziehbar. Dieser Zusammenhang besteht auch bei Projekten, die nicht auf die Entwicklung eines Serienprodukts ausgerichtet sind. Allerdings ist er meist schwerer nachweisbar.

Beispiel Prozesstests

Im Rahmen eines Projekts soll ein neues Prozedere zur Bearbeitung von Bestellungen entwickelt werden. Ziel ist die Vereinfachung und Verkürzung der Abläufe. Dieses neue Konzept wird schnell entwickelt und in die Tat umgesetzt. Praktisch wöchentlich entstehen aber neue Probleme: Es stellt sich immer wieder heraus, dass bestimmte Vorgänge (Sonderbestellungen, Stornierungen usw.) nicht geregelt wurden und aufwändige Zusatzprozesse nach sich ziehen (individuelle Anfrage am System vorbei, Kontrolle von Hand, Ausfertigung zusätzlicher Belege). Dadurch entstehen Kosten, die die geplanten Vorteile überkompensieren. Hätte man am Anfang länger getestet, wären diese Fälle aufgetreten und hätten in dem Konzept berücksichtigt werden können.

Abbildung 1.8 stellt diese Zusammenhänge grafisch dar. In der Definitionsphase kann mit wenig Aufwand viel erreicht werden. Der Nutzen qualitätsfördernder Maßnahmen ist erheblich. Mit fortschreitender Projektdauer kehrt sich das Verhältnis um. Ist die Genehmigung bereits erfolgt, muss z. B. für eine Änderung des Plans eine neue Genehmigung eingeholt werden. Dadurch steigen die Kosten und es wird fraglich, ob sich die Änderungsvorhaben umsetzen lassen, da sich der Auftraggeber möglicherweise auf den vereinbarten Ablauf eingerichtet hat. Werden Änderungen nach deutlichem Projektfortschritt vorgenommen, muss möglicherweise in bereits erledigte Abschnitte nachträglich eingegriffen werden, was wiederum höhere Kosten verursacht und die Umsetzung erschwert. Wurde das Projekt abgeschlossen, dann bleiben nur noch Reparaturarbeiten, bei denen Einzelfälle nachgebessert werden müssen, ohne dass das Projektergebnis insgesamt verbessert wird.

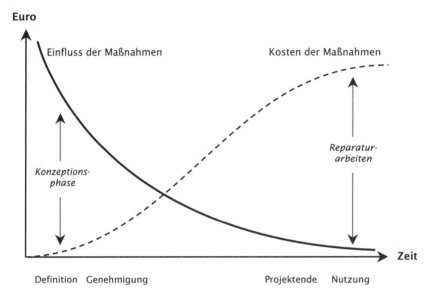

Abbildung 1.8: Qualitätskosten und -einfluss in Abhängigkeit von der Projektphase

Gibt es unterschiedliche Qualitätsniveaus bei Projekten?

Bei der Betrachtung der Qualität von Projekten spielt die Schwelle von Nicht-Qualität zu Qualität eine zentrale Rolle. Ab welcher Grenze wird ein Projekt erfolgreich, bis wann gilt es als gescheitert? In diesem Kapitel wurde bereits an mehreren Stellen auf subjektive Faktoren hingewiesen, die in der Realität immer vorhanden sind, sich aber schwer in ein Qualitätskonzept einbinden lassen. So ist vor allem die Frage zu stellen, ob und, wenn ja, welche Abweichungen von den Zielen tolerierbar sind und die Qualität des Projekts nicht in Frage stellen.

Durch Informationsasymmetrien, Veränderungen im Managementumfeld, geänderte Spezifikationen usw. kann schnell ein Scheitern hervorgerufen werden. Projektleiter und -teams haben einen Anspruch auf eine faire Bewertung, aber auch die Verpflichtung, ihr Projekt anhand der relevanten Zielgrößen zu steuern. Dies funktioniert nur, wenn die Ziele auf realistischen Niveaus vorgegeben werden. Wer bestimmt aber, welches Niveau realistisch ist? Vor allem dann, wenn die Beteiligten keine Erfahrung mit dem Thema haben?

Beispiel eines Coachingprojekts

Ein Konzern der Elektrobranche verfügt über recht starre, hierarchische Strukturen. Die Abläufe werden allgemein als sehr bürokratisch angesehen, die Führungskräfte gelten als konservativ. Dies betrifft vor allem auch den Umgang mit Mitarbeitern, unter denen eine deutliche Unzufriedenheit mit dem Arbeitsklima, dem Führungsverhalten sowie den Karrieremöglichkeiten festzustellen ist. Dadurch verliert das Unternehmen auch viele ambitionierte Fachkräfte, so dass sich wenig Führungsnachwuchs heranbilden lässt. Parallel dazu finden auf dem Markt Veränderungen statt, die mehr Flexibilität und Innovativität der Führung wünschenswert erscheinen lassen.

Der Vorstand beschließt in Zusammenarbeit mit der Personalentwicklung ein Schulungs- und Coachingprogramm, mit dessen Hilfe die zweite Führungsebene zu einem modernen Verhalten angeleitet werden soll. Neben der Förderung der kooperativen Führung soll es um Motivationstechniken und Innovationsmanagement gehen. Es wird ein Budget von 200.000 EUR bereitgestellt. Nach sechs Monaten soll eine erste Bestandsaufnahme zeigen, ob das Verhalten beeinflusst werden konnte bzw. sich Erfolge bei der Mitarbeiterzufriedenheit und der Fluktuation zeigen.

Der Leiter der Abteilung Personalentwicklung übernimmt das Projekt und beauftragt ein bekanntes Beratungs- und Coachingunternehmen mit der Durchführung der Seminare, Trainings und Einzelcoachings. In diesem Zusammenhang sollte auch aus externer Sicht eine Kurzdiagnose des Führungsverhaltens vorgenommen werden. Hierzu sollte der Auftragnehmer einen Bericht verfassen.

Die vereinbarten Maßnahmen wurden durchgeführt, das Budget wurde eingehalten. Der Zeitrahmen wurde leicht überschritten, weil sich wechselseitig Terminprobleme ergaben und Einzelcoachings teilweise erst mit Verzögerung stattfinden konnten. Die geschulten Mitarbeiter bescheinigten den Trainern weitestgehend eine gute Arbeit und waren insgesamt sehr zufrieden. Der Diagnosebericht blieb nach Ansicht der Projektleitung recht oberflächlich und brachte kaum neue Erkenntnisse.

Insgesamt wurde das Projekt „vertragsgemäß" abgewickelt. Der Kostenrahmen wurde eingehalten. Die Projektlaufzeit war länger, jedoch ließ sich nicht feststellen, wer in welchem Maße dafür verantwortlich war. Zudem war dieses Problem nicht entscheidend. Die Inhalte des Berichts wurden nach Abschluss näher diskutiert. Die Berater verwiesen dabei auf die Problematik, im Rahmen nur einiger weniger Coachingtage intensive Einblicke in die Strukturen des Unternehmens zu erhalten und Vertrauen zu den Führungskräften aufzubauen. Für eine eingehendere Diagnose hätte ein größerer Projektrahmen bereitstehen, zudem hätte man stärker eingebunden werden müssen.

Der Vorstand erhält zum Abschluss den Bericht der Berater sowie eine Einschätzung der Personalentwicklung. Darin wird auf erste Reaktionen bei den Mitarbeitern eingegangen. Aufgrund der kurzen Zeit seit Abschluss des Programms wurden nur einzelne Gespräche geführt, Angaben über einen Einfluss auf die Mitarbeiterzufriedenheit oder die Fluktuation liegen nicht vor.

Der Vorstand zeigt sich leicht enttäuscht, auch wenn ihm klar ist, dass letztlich Langzeitwirkungen entscheidend sind. Ihm geht es aber auch um die Frage, ob man mit solchen Programmen zukünftig arbeiten könne. Der Projektleiter rät zu einer Fortführung, sieht erste Erfolge. Er weist aber auch darauf hin, dass die Wirkungen kontinuierlich erfasst werden müssten, etwa durch Mitarbeiterbefragungen.

Kann man bei diesem Projekt von Qualität sprechen? Die Beantwortung dieser Frage kann an zwei Seiten ansetzen: Zum einen an der Erfüllung der klassischen Zielkriterien (magisches Viereck), zum anderen an der Frage, ob der Auftraggeber seine Erwartungen erfüllt sieht, das Projekt auch ein weiteres Mal durchführen würde.

Was die Kriterien Zeit und Kosten angeht, war das Projekt letztlich erfolgreich. Bei der Leistung lässt sich darüber streiten, wie sie definiert war. Formal hat der Auftragnehmer seine Arbeit „ordnungsgemäß" erledigt. Erwartet war teilweise mehr, und zwar unterschiedlich nach Projektleiter und Vorstand. War dies der Beratungsgesellschaft bekannt oder bewusst? Sicher nein, denn auch unternehmensintern gab es keine klaren Vorstellungen. Man hatte die Leistungsziele nicht explizit definiert. Zudem wurde nur am Rande berücksichtigt, dass die Resultate erst nach mehreren Monaten z. B. im Rahmen von Befragungen festzustellen sind. Die dabei zu erhebenden Merkmale hätten bei der Projektdefinition vorliegen müssen. Die Trainer hätten dann die Gelegenheit gehabt, sich gezielt darauf einzustellen. Insofern können keine objektiven Leistungsmängel festgestellt werden.

Bleibt noch die Frage der Umsetzung. Akzeptanzprobleme bei den geschulten Führungskräften gab es nicht, auch keinen Unwillen der Unternehmensleitung, in dieser Richtung weiterzuarbeiten. Damit kann auch hierfür ein „o. k." gegeben werden.

Insgesamt sind die Zielkriterien also erfüllt worden, dennoch gibt es Unsicherheiten beim Auftraggeber. Die Gesamteinschätzung kann dadurch negativ sein, obwohl dem Projekt „Qualität" zu bescheinigen ist. Macht man das Qualitätskriterium daran fest, ob der Auftraggeber zufrieden ist bzw. den Auftrag wieder erteilen würde, sieht es nach einem enttäuschten Qualitätsanspruch aus. Aus theoretischer Sicht ließe sich hier ein Urteil in der einen oder anderen Richtung fällen, aus praktischer Sicht ist damit niemandem so recht geholfen. Der Auftragnehmer bekommt möglicherweise keinen Anschlussauftrag trotz guter Leistungen; das Projekt wird vielleicht nicht weitergeführt, obwohl schon ein guter Anfang gemacht wurde.

Dieses Dilemma zeigt, wie wichtig es ist, seitens des Projektteams die möglichen Problemfelder zu antizipieren und gezielt auf den Erfolg hinzuarbeiten. Dabei hilft die in Abbildung 1.7 gezeigte Systematik. Bei diesem Coachingprojekt wurde die „richtige" Einschätzung der Leistung nicht als Problem erkannt. Zudem wurden nicht die unterschiedlichen Interessen der beiden Vertreter der Auftraggeberseite berücksichtigt. Der Projektleiter war zwar formal der Auftraggeber, aber nicht der Machtpromotor, denn er benötigte die Initiative bzw. Zustimmung des Vorstands.

Dies ist eine klassische Überlegung für das **Risikomanagement** von Projekten: Gibt es unterschiedliche Zielsetzungen bei verschiedenen Parteien des Auftraggebers? Die Projektleitung war hier nur die Vertretung des Vorstands, dessen Interessen (und sicher auch Irrtümer) über die Rahmenbedingungen hätten antizipiert werden müssen. Dieser Fallstrick erschließt sich aber auch über das Erfolgskriterium Akzeptanz. Dabei wäre zu fragen, für wen das Projektergebnis von Bedeutung ist und wie diese Parteien das Ergebnis einschätzen könnten. Während von einer Fachabteilung eine realistische Einschätzung aufgrund der Erfahrungen erwartet werden kann, ist dies bei der allgemeinen Führung nicht der Fall.

Nach diesen Überlegungen lässt sich nun ein differenziertes Bild der Angelegenheit zeichnen. Das Projekt war handwerklich in Ordnung. Damit wurde eine gewisse Grundqualität erreicht. Mangels einschlägiger Vorgaben kann kein weiter gehender Anspruch erhoben werden. Es wäre aber eine Qualitätssteigerung möglich gewesen, wenn die latenten Anforderungen, also die nicht geäußerten, berücksichtigt worden wären.

> Dadurch entsteht ein **Quality Gap**, eine Differenz zwischen der geforderten und der Mindestqualität. Dieses Gap korreliert mit der Unsicherheit in der Qualitätsbeurteilung eines Projekts. Je kleiner es ist, desto höher wird die Kunden-(Auftraggeber-)Zufriedenheit sein. Es gibt dann auch keine latenten unerfüllten Anforderungen. Dabei kann es sogar zu der Situation kommen, dass zwar ein hohes Maß an Projektqualität erreicht wird, aber keine vollständige Zufriedenheit auf Seiten des Auftraggebers.

 Projektteams, insbesondere solche, die für einen externen Auftraggeber arbeiten, sollten daher versuchen, Differenzen in der Qualitätsbeurteilung (zwischen geforderter und Mindestqualität) frühzeitig zu erkennen. Dies sollte ein wesentlicher Bestandteil des Risikomanagements sein.

Abbildung 1.9 stellt diese Situation noch einmal in einem Leistungs-/Anforderungsdiagramm dar. Die Projektqualität wird als Diagonale dargestellt, da sie immer durch die Übereinstimmung von Leistung und Anforderungen bestimmt ist. Die Linie ist also nicht so zu interpretieren, dass links unten keine bzw. mangel-

hafte und rechts oben vollständige Qualität dargestellt würde. Bei geringen Anforderungen ist Qualität mit geringer Leistung zu erstellen, der Auftraggeber des Projekts wollte es ja so. Werden hohe Leistungen zur Erfüllung hoher Anforderungen erbracht, so liegt ebenso Qualität vor, allerdings auf höherem Niveau. Man kann sich das etwa anhand eines Discounters und eines Delikatessengeschäfts vorstellen. Beide erbringen eine jeweils erwünschte Qualität, jedoch auf unterschiedlichen Niveaus.

Wenn das Projekt „maximale Qualität" liefert, seine Leistung damit aber über das Anforderungsniveau hinausgeht, dann liegt eine „Über-Leistung" vor. Einzelne Leistungskomponenten werden also nicht nachgefragt, das Team hat zu viel geleistet. Solche **Über-Leistung** verbraucht Ressourcen, die nicht honoriert werden. Die Qualität wird nicht gesteigert. Sie sollte daher vermieden werden.

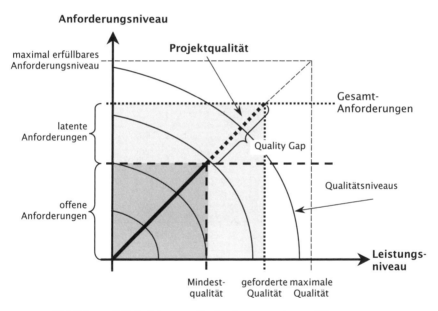

Abbildung 1.9: Leistungs-/Anforderungsniveau-Diagramm

Ursächlich sind oft implizite Annahmen über mögliche Anforderungen des Auftraggebers, die aber gar nicht existieren. Beispiele:

- Funktionen in einer Software, die nicht angefordert wurden.
- Detaillierter Projektbericht, obwohl nur eine kurze Zusammenfassung gewünscht wurde.

- Inhaltliche Ausweitung des Schulungsprojekts über die vereinbarten Inhalte hinaus („da wir ja schon einmal dabei sind …").
- Besonders hochwertige Gestaltung einer Broschüre, die in erster Linie der Produktinformation dienen soll.

Die maximale Qualität liegt im gezeigten Diagramm über dem Niveau des Gesamtanforderungsniveaus. Dies muss allerdings nicht so sein. Aufgrund von Erfahrungen, Kapazitäten und Kompetenzen kann es möglich sein, dass das Projektteam nur ein Leistungsniveau anbieten kann, das unter dem Anforderungsniveau liegt (Abbildung 1.10). (Ebenso kann es sein, dass dies niemandem vorher bewusst ist.)

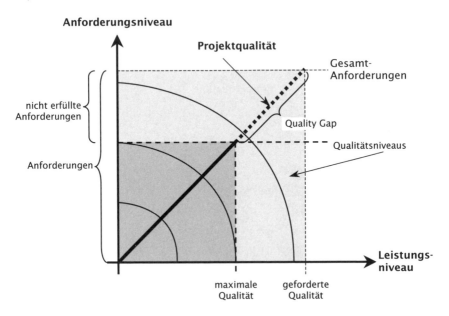

Abbildung 1.10: Leistungs-/Anforderungsniveau-Diagramm

In einem solchen Fall besteht das Quality Gap (Qualitätsstörung) in der Differenz aus der geforderten und der für das Projektteam maximal zu erbringenden Qualität. Diese Darstellungen zeigen, dass es unterschiedliche Gründe gibt, warum nicht die optimale Projektqualität erzielt wird. Es lassen sich prinzipiell weitere Konstellationen darstellen, worauf hier aber verzichtet wird. Das sich ergebende Quality Gap weist auf ein Erfordernis für das Projektteam hin, seine Leistung anzupassen bzw. auf die Formulierung von Anforderungen einzuwirken.

Allgemein lassen sich folgende **Quellen für eine „Qualitätsstörung"** erkennen:

* Das Leistungspotenzial des Projektteams entspricht nicht dem Anforderungsniveau.
* Die Anforderungen des Auftraggebers sind objektiv nicht erfüllbar.
* Ein Teil der Anforderungen an das Projekt wird nicht offen kommuniziert bzw. ist dem Auftraggeber nicht bewusst.
* Das Team erbringt Leistungen, die über die Anforderungen hinausgehen.

Welchen Einfluss hat das Genehmigungsverfahren?

Wenn es auch Unternehmen und Situationen gibt, in denen Projekte ohne mehr oder weniger formale Genehmigungsverfahren gestartet werden, so müssen doch meist bestimmte Kriterien durch das Projekt erfüllt werden. Dies ist z. B. der Fall, wenn für einen Kunden ein Projekt durchgeführt wird, mehrere Projektangebote vorliegen, von einer zentralen Stelle finanzielle Mittel beschafft werden müssen oder ein Projekt unterschiedlich inhaltlich definiert werden kann.

Die entscheidende Instanz (Kunde des Unternehmens, Vorstand, Abteilungsleitung, Projektausschuss o. Ä.) will eine Grundlage für die Go- oder No-go-Entscheidung erhalten. Durch ein solches Genehmigungsverfahren soll insbesondere verhindert werden, dass Projekte mit übermäßigen Risiken, ungenügender Wirtschaftlichkeit, unklarer Zielsetzung usw. ablaufen.

Genehmigungskriterien sind gleichzeitig auch Bewertungskriterien, da idealerweise zum Projektende geprüft wird, inwieweit die ursprünglichen Zielsetzungen und Pläne eingehalten wurden. Indem Projektantragsteller geplante Eigenschaften und Leistungsmerkmale ihres Projektes während des Genehmigungsverfahrens benennen, definieren sie auch Erfolgskriterien und damit Qualitätsmerkmale.

> **!** Aus Furcht vor einer Ablehnung des Projektantrags wird ein Projekt vielfach zu optimistisch beschrieben. Dabei werden höchst ambitionierte Zusagen in Sachen Zeit und Kosten gemacht, weiterhin werden Leistungsmerkmale in Aussicht gestellt, deren Erfüllung nicht sicher ist. Risiken werden verschwiegen oder zumindest heruntergespielt. Das Verfahren ist allerdings höchst gefährlich, weil damit Bewertungskriterien vorgegeben werden, die möglicherweise über die ursprünglichen Anforderungen hinausgehen. Werden sie nicht erfüllt, liegt ein Qualitätsmangel vor. Wäre man weniger ambitioniert gewesen, wäre das nicht passiert.

Die Genehmigungskriterien treten somit in eine Art Konkurrenz zu den Projektzielen (siehe „magisches Viereck") und sind damit auch Merkmale der Qualitätsbeurteilung. Im Gegensatz zu den Projektzielen ist hier die Sichtweise jedoch nicht die des Projekts bzw. des Projektteams, sondern die des Auftraggebers. Je höher die Transparenz über die Genehmigungskriterien ist, desto größer ist die Wahrscheinlichkeit, eine optimale Qualität zu erzielen.

Beispiel Organisationsberatung

Ein Hersteller von Elektrogeräten verfügt in Deutschland über acht Verkaufsbüros, die jeweils die Vertriebspartner in ihrer Region betreuen. Sie sind alle gleichberechtigt der Vertriebsleitung unterstellt. Zu jedem Verkaufsbüro gehören ein regionaler Verkaufsleiter und mehrere Reisende. Jedes Büro wird als Kostenstelle geführt, die Mitarbeiter erhalten zu ihrem Fixgehalt jeweils eine umsatzabhängige Provision.

Die Vertriebsleitung stellt fest, dass die Umsatzentwicklung in den Regionen recht unterschiedlich ist. Zudem steigen die Kosten kontinuierlich. Die Geschäftsleitung erhöht aufgrund der allgemeinen Verschlechterung der Ertragslage im Unternehmen den Druck auf die Vertriebsleitung und verlangt strukturelle Änderungen, da alle Versuche, verbal auf die Verantwortlichen einzuwirken, fehlgeschlagen sind. Sie schlägt vor, eine Umstrukturierung der Verkaufsbezirke vorzunehmen und die Mitarbeiter stärker anhand der Ertragsentwicklung zu entlohnen. Die Vertriebsleitung habe dabei freie Hand, wie die Büros zukünftig organisiert werden sollten. Auf jeden Fall sollten aber Profit Center entstehen, so dass die Büros für Kosten und Erlöse verantwortlich sind und in Abhängigkeit ihrer eigenen Profitabilität entlohnt werden können.

Da die Aufgabe recht komplex erscheint, möchte die Vertriebsleitung eine Beratungsgesellschaft darauf ansetzen. Sie nimmt Kontakt zu drei Beratern auf, schildert die Situation und bittet um ein Angebot für die Durchführung des Projekts. Für die Berater ist dies ein interessanter Fall mit umfangreichem Aufgabenspektrum, das Controlling, Organisation und Schulung einschließt.

Sie erkennen auch die wirtschaftliche Situation des Unternehmens und die Tatsache, dass drei Gesellschaften ein Angebot erstellen sollen. Daraus vermuten sie einhellig, der Preis spiele ein zentrale Rolle bei der Auftragserteilung. Sie sehen auch die Möglichkeit, einzelne Aktivitäten wie Schulung erst einmal aus dem Projektplan herauszulassen, um sie später zu verhandeln. Alle erstellen ein knapp kalkuliertes Angebot mit abgespeckten Leistungen und relativ wenigen Beratertagen.

Die Vertriebsleitung ist vornehmlich daran interessiert, das Projekt sicher durchzuziehen und später nicht für Fehler verantwortlich gemacht zu werden. Sie prüft die Angebote daraufhin, ob es sich um Full-Service-Pakete mit einer Begleitung der Umsetzung handelt. Da die Geschäftsführung ein grundsätzliches Interesse an der Problemlösung hat, sieht sie keine wesentlichen finanziellen Probleme.

Die Angebote überzeugen sie nicht. Sie fürchtet, mit wichtigen Aufgaben alleine gelassen zu werden. Daher erteilt sie keiner der Beratungsfirmen einen Auftrag.

Im Einzelfall kann das Genehmigungsverfahren höchst unterschiedlich ablaufen, wobei jedes Unternehmen seine eigenen Kriterien einsetzen kann. Oft werden diese Kriterien nicht kommuniziert, um eine gezielte Beeinflussung der Genehmigungsentscheidung zu verhindern. Dies mag aus politischer Sicht gerechtfertigt sein, führt aber zu Unsicherheiten bei der Qualitätsbewertung des Projekts nach Abschluss. Ist das Projektteam im Irrtum über relevante Kriterien (es liegt wieder eine Informationsasymmetrie vor), orientiert es sich möglicherweise an irrelevanten, so dass nicht die optimale Qualität erzielt werden kann. Dies liegt auch nicht im Interesse des Auftraggebers.

Die konkrete inhaltliche Formulierung der **Genehmigungskriterien** hängt von den individuellen Projektanforderungen ab. Bei besonders zeitkritischen Projekten (Einhaltung einer durch Kunden gesetzten Frist, Fälligkeit zu einem Messetermin usw.) spielen Vorkehrungen zur Einhaltung des Zeitplans eine große Rolle. Das Projekt wird dann z. B. nur genehmigt, wenn Reserven eingeplant oder die Prozesse besonders zuverlässig sind. Im Falle eines Rationalisierungsprojekts wäre etwa der wirtschaftliche Nutzen besonders zu prüfen. (Wann amortisieren sich die Aufwendungen? Welche Einsparungen sind realistisch?) Eine umfassende Projektbewertung bezieht aber mehrere Kriterien ein.

Um die individuellen Projektanforderungen herum bilden sich situationsspezifische Genehmigungskriterien, die dann für die Zustimmung zu einem Projekt oder dessen Ablehnung verantwortlich sind.

Diese Kriterien werden in unterschiedlichem Maße offen eingesetzt. Beispielsweise lassen sich die Kriterien Strategiekompatibilität, wirtschaftlicher Nutzen und Wettbewerbsdruck objektiv erfassen und bearbeiten. Bei der Beurteilung der Erfolgswahrscheinlichkeit kommen zudem subjektive Einschätzungen aufgrund von Erfahrungen mit zum Einsatz. Die Bereitschaft, dies dem Auftragnehmer transparent zu machen, ist zudem gering. Grundsätzlich haben beide Seiten eine andere Einstellung, so dass auch intensive Diskussionen nicht unbedingt weiterhelfen. Der Faktor Macht und Prestige entzieht sich weitgehend der offenen Prüfung, weil er eher zu den persönlichen als den Unternehmenszielen gehört.

Allgemein stehen folgende **Genehmigungskriterien** im Mittelpunkt (siehe Abbildung 1.11):

Strategiekompatibilität – Verfolgt das Projekt Ziele, die die Verfolgung der Unternehmens-/Bereichs-/Abteilungsstrategie unterstützen? Ist es ein Beitrag zur Erfüllung von Unternehmenszielen? Beseitigt es Störungen bei der Strategieumsetzung? Verbessert es die Leistungsfähigkeit des Managements bei der Strategieumsetzung?

Wirtschaftlicher Nutzen – Welchen Ergebnisbeitrag leistet das Projekt? Wie hoch ist seine Rendite? Welche Kosten fallen an?

Erfolgswahrscheinlichkeit – Kann das Projekt im vereinbarten Zeitrahmen fertig gestellt werden? Bestehen technische oder Wissensrisiken? Ist die Verfügbarkeit von Projektmitarbeitern sichergestellt? Ist mit Störungen aus dem unternehmerischen oder wirtschaftlichen Umfeld zu rechnen?

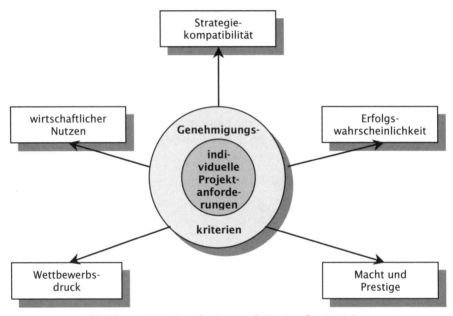

Abbildung 1.11: Genehmigungskriterien für Projekte

Wettbewerbsdruck – Kann durch das Projekt ein relevanter Wettbewerbsvorteil erzielt werden? Werden Wettbewerbsnachteile aufgeholt? Hat ein relevanter Wettbewerber ein solches Projekt erfolgreich durchgeführt und damit wirtschaftlichen Nutzen erzielt?

Macht und Prestige – Stärkt der erfolgreiche Projektabschluss das Ansehen des Unternehmens und/oder Managements? Dokumentiert das Projekt die Innovativität/Durchsetzungsfähigkeit usw. des Auftraggebers? Unterstützt das Projektergebnis eine bestimmte Meinung oder Strategie?

Die dargestellten Kriterien stehen in einem Zusammenhang, der zwar komplex ist, aber den Weg zu einem erfolgreichen Projekt recht gut darstellt. Dabei werden drei Ebenen berücksichtigt:

Ebene 1 – Der Weg zur Projektentscheidung

– Anforderungen an das Projekt und Bedingungen seiner Genehmigung –

- Was will der Auftraggeber?
- Unter welchen Bedingungen/nach welchen Kriterien wird es genehmigt?

Diese Ebene wird nicht berücksichtigt, wenn das Projekt ohne Alternativenprüfung unternehmensintern veranlasst wird.

Ebene 2 – Definition des Projekts

– Anforderungen an das Projekt –

- Welches Leistungsziel ist zu erreichen?
- Wie soll das Projektergebnis umgesetzt werden?
- Wann muss das Projekt fertig gestellt sein?
- Welcher Kostenrahmen ist einzuhalten?

Ebene 3 – Management des Projekts

– Erfolgreiche Verfolgung der Projektziele durch das Projektteam –

- Technologieeinsatz
- Akzeptanz
- Zeitmanagement
- Kostenkontrolle

Abbildung 1.12 zeigt, wie die genannten Faktoren zusammenhängen. Die als letztes Ziel zu erreichende Projektqualität besteht aus einem Geflecht an Einflussfaktoren, an dem sowohl Auftraggeber als auch Projektteam beteiligt sind. Neben rein rationalen Faktoren wie Leistungsmerkmalen und Kosten sind auch subjektive zu beachten, etwa die Prestigewirkung eines Projekts. Auch dies hat Auswirkungen auf die Erreichung von Qualität, wenn sie sich auch einer offenen und objektiven Erörterung entzieht.

Beide Seiten (Auftraggeber bzw. Genehmigungsinstanz und Projektleitung bzw. -team) müssen im Vorfeld versuchen, diese Zusammenhänge zu durchschauen. Sonst entstehen Asymmetrien, die der Erzielung von Projektqualität entgegenstehen. Man sollte daran denken, dass Qualität letztlich symmetrisch definiert ist, nämlich als Übereinstimmung von Anforderungen und Leistungen.

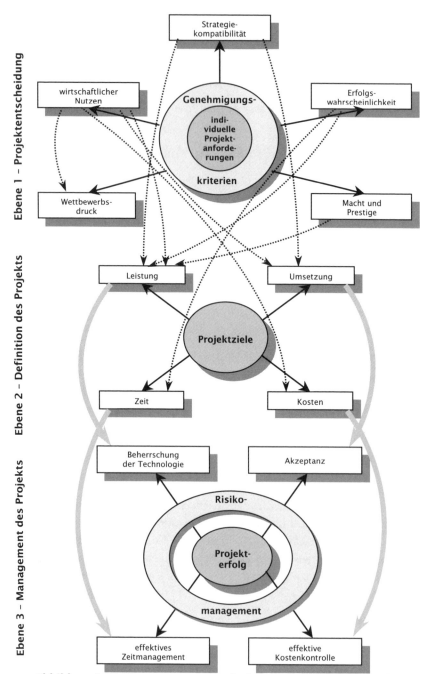

Abbildung 1.12: Zusammenhang zwischen Genehmigungskriterien, Projektzielen und Projekterfolgskriterien

Zusammenfassung Kapitel 1

Nicht alles, was als Projekt bezeichnet wird, ist auch wirklich eines. Es existieren zahlreiche Alibi-Projekte, die von vornherein zum Scheitern verurteilt sind und daher nicht als Beispiel für Probleme mit Projekten herhalten dürfen.

Bei der Betrachtung von Projektqualität ist stets der Auftraggeber zu berücksichtigen. Er hat Auswirkungen auf die Art der Auftragsvergabe und die Verfügbarkeit relevanter Informationen. Gegebenenfalls spielen interne Machtverhältnisse oder sonstige politische Ziele eine Rolle.

Bei den projektbezogenen Informationen, insbesondere den Zielen und Rahmenbedingungen, entstehen oft Asymmetrien, die einer Erreichung der Ziele im Wege stehen können.

Neben der Leistung, der Zeit und den Kosten ist auch die erfolgreiche Umsetzung als Projektziel zu betrachten, weil sich oft erst bei vorhandener Akzeptanz des Projektergebnisses bei den Nutzern/Endkunden ein wirtschaftlicher Nutzen einstellt.

Als Projekterfolgsfaktoren lassen sich Akzeptanz, Beherrschung der Technologie, effektives Zeitmanagement und effektive Kostenkontrolle identifizieren. Zudem ist ein umfassendes Risikomanagement erforderlich.

Nach Projektstart ergibt sich aufgrund veränderter Umfeldbedingungen und des Projektfortschritts meist eine pragmatische Sichtweise, die neben der Akzeptanz vor allem Improvisationstalent, das Vorhandensein von Machtpromotoren und Wettbewerbsdruck als Erfolgsfaktoren identifiziert.

Projektqualität kann auf unterschiedlichen Niveaus entstehen. Entscheidend ist die Übereinstimmung des Anforderungsniveaus (aus Kundensicht) mit dem Leistungsniveau (aus Projektsicht). Wird eine zu hohe Leistung (mehr als gefordert) erbracht, entsteht genauso ein Quality Gap, wie wenn die Anforderungen nicht erfüllt werden. Die Gründe können in fehlendem Leistungsvermögen, aber auch intransparenter Anforderungsdefinition liegen.

Um ein Projekt starten zu können, müssen ggf. die Genehmigungskriterien des Auftraggebers/Lenkungsausschusses erfüllt werden. Projektteams müssen daher bei ihrer Zieldefinition berücksichtigen, nach welchen Kriterien über die Auftragsvergabe entschieden wird.

2 Woran scheitern Projekte?

Auf der Suche nach wirksamen Methoden zur Erzielung des Projekterfolgs stellt es sich als schwierig heraus, sich an erfolgreichen Projekten zu orientieren. Das Problem ist, regelmäßig zu entscheiden, welche Faktoren nun wirklich relevant waren. Entweder man neigt dazu, alles aufzuzählen, was irgendwie im Zusammenhang mit dem Projekt steht, oder man beschränkt sich auf die Erkenntnis, dass eben nichts dem Projekterfolg entgegenstand. Damit findet man auch nicht heraus, was denn die relevanten Hürden sind.

Also ist es erforderlich, sich mit fehlgeschlagenen Projekten auseinander zu setzen. Dabei stößt man immer wieder auf eine Frage, die schon im ersten Kapitel angesprochen wurde: nämlich die, ab wann von einem Scheitern gesprochen werden muss. Da die Abgrenzung immer situativ ist, behelfen wir uns mit der allgemein gehaltenen Formel:

> Ein **Scheitern des Projekts** liegt vor, wenn für den Initiator wesentliche Ziele nicht erfüllt wurden und das Projekt deswegen nicht den geplanten Nutzen/die geplante Qualität erbringt. Geringfügige Abweichungen von den Zielen, die sich nicht als kritisch erweisen, stehen dem Projekterfolg nicht entgegen. Unvorhersehbare Einflüsse (*nicht: unvorhergesehene!*), die die Zielerreichung verhindern, werden dem Projekt nicht zugerechnet.

Beispiele gescheiterter Projekte

Eine Stadtverwaltung führt seit einem halben Jahr ein Projekt zur Förderung Jugendlicher aus Problemfamilien durch. Dazu werden Fördermittel des Landes verwendet. Aufgrund politischer Veränderungen werden die Mittel gestrichen, so dass die dafür eingesetzten Honorarkräfte nicht mehr beschäftigt werden können. Die Jugendlichen werden wieder sich selbst überlassen, ein Erfolg im Hinblick auf eine Vermittlung in Ausbildungsverhältnisse oder eine Senkung der Kriminalitätsrate lässt sich nicht nachweisen. Das Projekt ist damit aber nicht gescheitert, weil ein Erfolg nach einem halben Jahr nicht zu erwarten war.

Eine andere Stadtverwaltung sieht wirtschaftliche Chancen in der Vermarktung als Tagungsstandort. Dazu wird ein Projekt beschlossen, das Tagungsangebote entwickeln und kommunizieren soll. Neben städtischen Einrichtungen sollen vor allem Hotels eingebunden werden. Beim Tourismusamt wird eine spezielle Stelle für den Tagungstourismus geschaffen, die u. a. Kontakte zu Kongressveranstaltern und

Unternehmen aufbauen soll. Der gesamte Tagungsmarkt im Land wächst in der fraglichen Zeit. In dieser Stadt sind die Bemühungen aber nicht von Erfolg gekrönt. Die Einnahmen durch die zusätzlich akquirierten Veranstaltungen decken kaum die Projektkosten. Das Projekt ist als gescheitert zu bezeichnen, da keine generelle Krise des Marktes vorliegt, die Ablehnung auf den konkreten Standort bezogen ist.

Zum Scheitern von Projekten liegen zwischenzeitlich zahlreiche Erhebungen vor. Vor allem Beratungsgesellschaften beschäftigten sich in den letzten Jahren mit den Gründen des Scheiterns. Der Schwerpunkt liegt im Bereich der IT-Projekte, die relevanten Kriterien stimmen aber weitgehend über die Fachgrenzen hinweg überein.

Was den Anteil gescheiterter Projekte angeht, findet sich ein empirischer Wildwuchs mit höchst unterschiedlichen Ergebnissen. So stellen einige Studien fest, dass 40–50 % der Projekte scheitern, andere kommen auf 80 % und mehr. Eine genaue Prüfung solcher Ergebnisse scheitert meist schon an der Abgrenzung zwischen „gescheitert" und „erfolgreich". Prinzipiell kann man sich aber darüber einig sein, dass weder 50 noch 80 % Misserfolgsquote akzeptabel sind, gleichgültig, wie hoch die Rate wirklich ist.

Auf die Frage, warum sich an dieser Situation trotz aller Erkenntnisse über die Jahre nichts geändert hat, lässt sich keine zufrieden stellende Antwort finden. Dieses Buch versucht, einen nachvollziehbaren, wenn auch nicht mühefreien Weg zu mehr Projektqualität und damit -erfolg aufzuzeigen. Es soll einen Beitrag zu einer Verringerung der Misserfolgsquote und mehr Zufriedenheit auf Seiten des Initiators beitragen.

Empirische Befunde zum Scheitern und Gelingen von Projekten

GPM/PA-Studie

Eine Studie zum Projektmanagement wird regelmäßig von der GPM Deutsche Gesellschaft für Projektmanagement e. V. und der PA Consulting Group durchgeführt. Im Rahmen der 2004er-Studie wurden 98 Fragebögen von Projektleitern, Geschäftsführern und Vorständen verschiedener Branchen ausgewertet (vgl. Engel/ Holm 2004). Überdurchschnittlich waren die Branchen Automobil und IT/Telekommunikation vertreten. Aufgrund der Rücklaufquote kann nicht von Repräsentativität ausgegangen werden.

Ein wesentliches Ergebnis ist die Bedeutung der Kommunikation von Fehlern in Projekten. In diesem Punkt unterscheiden sich die bei Projekten besonders erfolgreichen von den weniger erfolgreichen am stärksten. Frühzeitige Problemkommunikation kann dabei als signifikanter Erfolgsfaktor angesehen werden. Recht deutlich ist auch der Unterschied bei der Durchführung von Projektreviews zur Schwachstellenerkennung. Die erfolgreichen Unternehmen führen sie häufiger durch.

Auf die Frage nach den Ursachen für das Verfehlen der Projektziele wurde am häufigsten „unklare Anforderungen und Ziele" genannt (knapp 70 % der Nennungen; Mehrfachnennungen waren möglich). Mit etwas Abstand und 40–50 % der Nennungen folgten „fehlende Ressourcen bei Projektstart", „fehlende Projektmanagement-Erfahrung auf Leitungsebene" und „Politik, Egoismen, Kompetenzstreit". 30–40 % der Nennungen entfielen auf die Kriterien „schlechte Kommunikation", „unzureichende Projektplanung" und „Mangel an qualifizierten Mitarbeitern". Im Bereich von 20–30 % waren die Kriterien „fehlende Projektmanagement-Methodik (z. B. kein Risikomanagement)", „fehlende Unterstützung durch Top-Management/Commitment" und „mangelhaftes Stakeholder Management". Am wenigsten wichtig mit unter 10 % der Nennungen war „technische Anforderungen zu hoch".

Gröger/MBA-Studie

Eine fachübergreifende Studie von Manfred Gröger im Auftrag der MBA-Unternehmensberatung, für die 962 Führungskräfte befragt wurden, kam zu dem mittlerweile vielleicht nicht mehr ganz so erschütternden Ergebnis, dass 13 % der Projekte zur Wertsteigerung beitragen und 87 % als Wertvernichtung zu bezeichnen sind. Nicht einmal die Hälfte aller Projekte (43 %) wurde von den jeweils Beteiligten als strategisch sinnvoll eingeschätzt.

Aufgrund der wachsenden Projektorientierung der Unternehmen lässt sich ein Anteil von 29 % der Kosten als durch Projektarbeit gebunden schätzen. Hochgerechnet auf die Gesamtwirtschaft ergebe sich ein Projektanteil von mehr als einer halben Billion Euro. Ob nun 87 % davon vernichtet werden oder auch etwas weniger, entzieht sich ohnehin dem Vorstellungsvermögen Normalsterblicher.

Für die mehr oder weniger unsinnigen Projekte entwickelte Gröger Bezeichnungen, die die jeweilige Motivation kennzeichnen. Danach gibt es „Alibi-Projekte", deren Sinn darin besteht, zu zeigen, dass man sich mit einem Thema beschäftigt. Aus unternehmensinterner Sicht sind sie jedoch eigentlich nicht sinnvoll. Projekte, die aufgrund einer Modeströmung in Angriff genommen werden, bezeichnet er als „Prestige-Projekte". Mit ihnen versucht das Unternehmen, auf dem aktuellen Stand zu sein. Ein weiteres Phänomen sind die „U-Boot-Projekte", die so lange unerkannt bleiben, bis sie erfolgreich werden. Dann tauchen sie auf, sonst erfährt niemand etwas davon. Als besonders gefährlich erscheinen dem Autor die „Dürre-Projekte", die sich über einen längeren Zeitraum hinziehen, über zu wenig Ressourcen verfügen und sukzessive ihren Sinn verlieren (vgl. Pohl 2004).

CRM-Projekte

Mehrere Studien beschäftigten sich zuletzt mit der Einführung von CRM(Customer Relationship Management)-Systemen, die gegenwärtig viele Unternehmen umtreibt. Die Beratungsgesellschaft Trust Consult in Wien veröffentlichte 2003 Ergebnisse zu den Schwierigkeiten bei der Einführung von CRM (dazu wurden 234 CRM-Manager, Marketingleiter, IT-Leiter und Geschäftsführer befragt). Dabei stand die „Akzeptanz der Nutzer" (rund 65 % der Nennungen) an erster Stelle, gefolgt von „fehlenden Funktionen" (55 %) und weiteren technischen Kriterien. „Schlechte Beratung" war mit 12 % vertreten, der Betriebsrat wurde von 11 % der Befragten als Problem angesehen.

Outsourcing-Projekte

Ein anderes so genanntes Megathema ist das Outsourcing. Während auf der einen Seite kräftig für Outsourcing als universellem Instrument der Kostensenkung geworben wird, weisen andere Stimmen auf die damit verbundenen Probleme hin und berichten auch von gescheiterten Projekten. Klassisch sind inzwischen IT-Outsourcing-Projekte mit Schwerpunkt Indien. Prinzipiell gelten sie immer noch als vorteilhaft, doch zeichnen sich zunehmend auch Schwierigkeiten ab. Die räumliche Trennung erschwert ebenso die Kommunikation wie der unterschiedliche Umgang mit den Hierarchien. Zudem müssen auf Auftraggeberseite zusätzliche Kosten für Planung und Kontrolle aufgewendet werden. Von IT-Verantwortlichen werden als Problembereiche in erster Linie die Entfernung und Sprachprobleme genannt. Es steht also wiederum die Kommunikation im Vordergrund (vgl. o. V. 2005, S. 18)

Projekte in der Automobilindustrie

Eine Untersuchung des Fraunhofer-Instituts für Arbeitswirtschaft und Organisation bei 140 Entscheidungsträgern der Automobilbranche beschäftigte sich mit dem Erfolg von Projekten in der Automobilindustrie. Es stellte sich heraus, dass zwar die Leistungsziele in den meisten Fällen erreicht wurden, bei den Kosten und Zeiten ergaben sich jedoch ausgesprochen schlechte Ergebnisse. Als Gründe für die Abweichungen ergaben sich in erster Linie eine „unrealistische Zeitplanung" in etwa zwei Dritteln der Fälle, in mehr als einem Drittel der Fälle wurden „unrealistische Produktkostenziele" genannt und zwischen 20 und 30 % lagen jeweils

„Mängel in der Projektorganisation", „unrealistische technische Ziele", „unrealistische Entwicklungskostenplanung" sowie „ungeeignete Qualifikation der Partner" (vgl. Bullinger/Kiss-Preußinger/Spath 2003).

Standardsoftware-Einführungsprojekte

Im Rahmen seiner Diplomarbeit „Risikomanagement von Standardsoftware-Einführungsprojekten" an der FH Würzburg stellte Andreas Weber fest, dass nur 18 % der Unternehmen, die ein SAP-System einführten, ihre Ziele vollständig erreicht hatten. 19 % hatten sie eher oder vollständig verfehlt. Basis waren rund 150 Mitglieder der deutschsprachigen SAP-Anwendergruppe. Mehr als drei Viertel der Unternehmen verzichteten auf ein Risikomanagement, erkannten aber, dass sie damit wesentliche Probleme hätten vermeiden können. So gaben 58 % der Befragten an, die Probleme hätten sich im Vorfeld angekündigt.

Als Erfolgsfaktoren bei der Einführung von Standardsoftware wurden in erster Linie genannt: „Unterstützung durch die Geschäftsführung" (82 %), „kompetentes Projektmanagement" (78 %), „gute Zusammenarbeit" (67 %), „strukturierte Vorgehensweise" (67 %) und „Einbeziehung der Fachabteilung" (66 %). Die wesentlichen Risiken bei diesem Projekttyp wurden im fehlenden Einsatz von Risikomanagement, der mangelnden Zeit in der Planungsphase, in unklaren Anforderungen, der Mehrbelastung der Mitarbeiter, permanenten Änderungswünschen während der Projektphase und schlechter Planung im Vorfeld (jeweils zu mehr als zwei Dritteln genannt) gesehen (vgl. Weiss 2005).

Chaos Report

Zu den Klassikern der Dokumentation von IT-Projektproblemen gehört der „Chaos Report" der Standish Group, der seit 1992 in mehrjährigen Abständen veröffentlicht wird. In der 1996er-Ausgabe wurden nur 16 % aller Software- und IT-Projekte als im Kosten- und Zeitplan erfasst. 53 % waren teurer und verspätet, 31 % wurden eingestellt. Die Kostenziele wurden im Durchschnitt kräftig überschritten, nämlich um 189 %. Schlimmer war es noch bei den Zeitverzögerungen. Sie lagen bei durchschnittlich 222 %. Für das Jahr 2000 waren die Zahlen schon etwas besser. 28 % der Projekte waren zielgerecht, bei 49 % gab es Kosten- oder Zeitüberschreitungen und „nur" noch 23 % waren komplett gescheitert.

Neben der Erfassung des (Miss-)Erfolgs von Projekten werden auch Erfolgsfaktoren ermittelt (vgl. The Standish Group 2001). Die Top Ten der Faktoren mit Gewichtung (Summe: 100) sind:

Erfolgsfaktor	Anteil in %
Executive Support	18
User Involvement	16
Experienced Project Manager	14
Clear Business Objectives	12
Minimized Scope	10
Standard Software Infrastructure	8
Firm Basic Requirements	6
Formal Methodology	6
Reliable Estimates	5
Other	5

IT-Projekte allgemein

Das Internet-Portal für IT-Projekte www.gulp.de führte 2002 eine Befragung unter seinen Nutzern durch, an der 235 Personen teilnahmen. Als Hauptgrund für das Scheitern von IT-Projekten sahen sie fehlendes Know-how (11 %), Kommunikationsprobleme (18 %), mangelnde Soft Skills (7 %), Starrheit und Dogmatik (19 %), unpräzise Vorgaben (36 %) und Mangel an Zeit und Geld (9 %) an. In dieser Befragung gab es immerhin einen eindeutigen Spitzenreiter, nämlich die Vorgaben, womit die Projektauftraggeber angesprochen sind.

Zahlreiche weitere mehr oder weniger umfassende Studien über IT-Projekte wurden in den Jahren 1999 bis 2001 durchgeführt. Die Quoten des Scheiterns lagen jeweils zwischen 40 und 80 %. Sie betreffen allerdings die Blütephase der New Economy, in der unzählige, vor allem auf das Internet bezogene Projekte initiiert wurden. Nicht immer war die Finanzierung ein Problem, so dass sicher auch das eine oder andere Projekt gestartet wurde, das heute nicht mehr genehmigt würde. Insofern sollen diese Erhebungen nicht näher berücksichtigt werden.

Insgesamt lässt sich feststellen, dass im Bereich der IT-Projekte zahlreiche Befragungen durchgeführt wurden, die zu weitestgehend konsistenten Ergebnissen führen. Da in diesem Fachgebiet letztlich vergleichbare Anforderungen an Projekte gestellt werden, lassen sich auf recht sicherer Basis Schlussfolgerungen für die praktische Arbeit an IT-/Softwareprojekten ziehen. Auf einige wichtige wird im Folgenden noch eingegangen.

Wesentlich dünner ist die empirische Basis für Managementprojekte bzw. alle außerhalb des IT-Bereichs. Dies verwundert insofern nicht, als kaum eine Vergleichbarkeit gegeben ist und die einzelnen Erfolgs- und Misserfolgsfaktoren höchst individuell zu ermitteln und zu bewerten sind.

Neuprodukteinführungen

Den IT-Projekt-Flopquoten vergleichbar sind die der Produkteinführungen im Nahrungsmittel- und Drogerieartikelbereich. Betrachtet man die Markteinführung eines neuen Produkts als Projekt, das sich innerhalb einer bestimmten Zeit (meist ein Jahr) bewiesen haben muss, dann lassen sich Raten des Scheiterns in der Größenordnung von 40–70 % feststellen. Das Euro Handels Institut veröffentliche 2001 Zahlen, wonach im Bereich Körperpflege 64 % aller Neuprodukte scheitern, bei Süßwaren 59 %, bei alkoholfreien Getränken sowie Tiefkühlkost 53 % (vgl. KPMG 2003).

Solche Floapraten sind seit langem üblich und werden regelmäßig durch eine wachsende Zahl mehr oder weniger neuer Produkte beantwortet. Bei annähernd 600 neuen Feinkostsaucen und 2.500 alkoholfreien Getränken pro Jahr in Deutschland bleiben in absoluten Zahlen noch genügend erfolgreiche Produkte übrig, um den Gaumen zu erfreuen ...

Beratungsprojekte für die öffentliche Hand

Beratungsprojekte im Bereich privater Unternehmen entziehen sich weitgehend einer empirischen Kontrolle, da sie nicht nur selten vergleichbar sind, sondern weil vor allem auch kein Interesse daran besteht, Details in die Öffentlichkeit zu bringen. Es gibt jedoch einen Bereich, in dem in gewissem Umfang eine Überwachung besteht, nämlich den der öffentlichen Hand. Ministerien, Länder, Kommunen vergeben Aufträge für Gutachten, Analysen und Strategien an Beratungsunternehmen und unterliegen dabei z. B. der Kontrolle des Parlaments oder der Rechnungshöfe.

Regelmäßig wird in diesem Zusammenhang untersucht, welche Mittel für welche Projekte ausgegeben wurden und welcher Erfolg dabei erzielt wurde. Während Rechnungshöfe eine objektive Kontrolle vornehmen, wie Aufträge vergeben wurden und in welchem Maße sie als notwendig und erfolgreich angesehen werden können, wenngleich sie keinerlei Weisung erteilen dürfen, verhalten sich Parlamentarier der jeweiligen Opposition subjektiv und nutzen die Gelegenheit, das Erteilen von Beratungsaufträgen mit dem Eingeständnis des Nicht-Könnens zu verbinden.

In seiner „Beratenden Äußerung zur Vergabe von Gutachten durch die Ministerien" kam der Rechnungshof des Landes Baden-Württemberg im Januar 2005 zu einem, vorsichtig ausgedrückt, skeptischen Ergebnis. Er hatte insgesamt 336 Gutachtenaufträge der Ministerien an externe Dienstleister im Umfang von 22 Mio. EUR aus dem Zeitraum von Anfang 2000 bis April 2004 untersucht. Nach Angaben der Ressorts konnten die Ergebnisse von 57 % der Gutachten vollständig, 13 % teilweise und 10 % gar nicht umgesetzt werden. 20 % der Fälle waren noch nicht abschließend umgesetzt.

Zwei Auszüge aus der Kommentierung:

„Wirtschaftlichkeitsuntersuchungen im Rahmen der Planung und Entscheidung wurden selten durchgeführt. Erfolgskontrollen fehlten generell." (S. 1)

„Viele der im Zuge der Untersuchung festgestellten Mängel könnten vermieden werden, wenn die Gutachtenvergabe von der beauftragenden Dienststelle von Beginn bis zur Abnahme, ggf. bis zur Umsetzung und abschließenden Evaluation, nach Projektgrundsätzen behandelt würde. Durch eine begleitende Kontrolle und Steuerung des Beratungsprojektes kann der Auftraggeber viel zu einem erfolgreichen Abschluss beitragen. Fehlentwicklungen während des Projektverlaufs lassen sich frühzeitiger erkennen und erleichtern die Abnahme und Beurteilung der Beratungsleistung am Ende des Projektes. Dabei kommt den vereinbarten Terminen, zu denen der Auftraggeber Zwischenberichte vorzulegen hat, besondere Bedeutung zu. In diesem Stadium sind oft inhaltliche und zeitliche Korrekturen noch möglich." (S. 8)

Solche Ergebnisse sind regelmäßig Ausgangspunkt für umfassende Kritik an der Vergabepraxis für Beratungsaufträge einerseits und das Volumen erteilter Aufträge andererseits. Vor allem große Beratungsaufträge werden nicht selten mit recht kläglich gescheiterten Projekten in Verbindung gebracht. Solche finden sich etwa bei der Privatisierung der Bundeswehr, bei der Einführung von Informations- und Kommunikationstechnologien und im Gesundheitswesen. Dass viele Gutachten ohnehin nicht umsetzbar sind oder überhaupt etwas Neues ergeben, wird von den Auftraggebern oft hingenommen. Als Grund, warum der Auftrag denn überhaupt erteilt wurde, wird u. a. genannt, man wolle einfach Druck auf die Bürokratie ausüben, die wenig reformfreudig sei und Anregungen von außen brauche. Außerdem wird es als einfacher und schneller angesehen, wenn Berater ein Konzept erarbeiten, anstatt dies vom Ministerium erledigen zu lassen.

Kritiker heben hervor, dass mangels einschlägigen Wissens auf Beraterseite oft nur etwas präsentiert würde, was das Ministerium ohnehin schon wisse. Andere Konzepte erwiesen sich schnell als unrealistisch, etwa bei den Vorstellungen von den Verkaufserlösen niedersächsischen Waldes. Im Rahmen der Diskussion über zahlreiche Gutachteraufträge der niedersächsischen Landesregierung wurde der Verdacht geäußert, es handle sich vielfach um Gutachten mit „Wunschergebnis", die zudem freihändig vergeben würden (vgl. Bittner/Niejahr 2004).

Urteile über Beratungsgesellschaften von Unternehmen

Der Bonner Professor Dietmar Fink führt in regelmäßigen Abständen ein Ranking von Beratungsgesellschaften durch, zuletzt 2004. (Da der Beratermarkt sehr zerklüftet ist und natürlich die Frage besteht, inwieweit objektiv und realistisch über Beratungsprojekte Auskunft gegeben wird/werden kann, lassen empirische Erhebungen bei Auftraggebern allerdings nur allgemeine Urteile für die größten Beratungsgesellschaften zu.)

Im Hinblick auf den Erfolg von Beratungsprojekten spielen zwei Aspekte eine Rolle, nämlich die Zufriedenheit der Kunden allgemein und die Erfolgseinschätzung. Im Jahr 2004 stellte sich heraus, dass 13 % der Beratungsprojekte „überwiegend sehr erfolgreich" und 43 % als „überwiegend erfolgreich" eingeschätzt wurden. Gegenüber der Befragung zwei Jahre zuvor war dies eine deutliche Verbesserung. 32 % der Projekte wurde ein mittlerer Erfolg attestiert, 11 % erwiesen sich gar als weniger oder nicht erfolgreich.

In Sachen Kundenzufriedenheit erhielt das bestbewertete Beratungsunternehmen 420 von 500 möglichen Punkten (die schlechteste Note waren 100 Punkte). Das fünftbeste Unternehmen kam gerade noch auf 360 Punkte. Werden die Ergebnisse nach Befragten aufgeschlüsselt, dann ergibt sich für die fünf besten Berater bei Top-100-Unternehmen eine Bandbreite von 437–380 Punkten, bei Mittelständlern eine von 400–340 Punkten. Letztere scheinen den Erfolg deutlich kritischer zu sehen (vgl. o. V. 2004).

Die genannten Zufriedenheitsniveaus sind durchaus nicht mit den Zufriedenheitsraten von Kunden bezüglich Dienstleistern und Handel zu vergleichen, Letztere fühlen sich meist besser bedient (siehe z. B. die Befragungen im Rahmen des Kundenmonitors Deutschland). Dass immerhin die Mehrzahl der Beratungsprojekte als überwiegend erfolgreich eingeschätzt wird, kann durchaus als positiv interpretiert werden.

Die Soda-Projekte

Eine bestimmte Art von Brücken hat zwischenzeitlich schon Kultstatus, nämlich die Soda-Brücken. Sie heißen so, weil sie einfach so dastehen, gebaut wurden, obwohl sie nicht gebraucht werden, oder weil die Anschlussstücke noch fehlen. Da sie weithin sichtbar sind, eignen sie sich besonders als Beispiel städtischer oder staatlicher Planungsfehler. Sie sind Projekte, die zwar abgeschlossen wurden, aber letztlich nicht erfolgreich sind.

Neben den Brücken gibt es noch viele weitere Projekte, denen Akzeptanz oder Umsetzung fehlt, die ein Beispiel für Geldverschwendung und die Notwendigkeit sind, auf den praktischen Einsatz des Ergebnisses zu achten. Ein Projekt ohne Umsetzung ist nicht besser als die Brücke, auf die man nicht hinaufkommt und die einfach so dasteht.

Nicht annähernd so berühmt wie jetzt wäre ein Projekt in Bochum geworden, hätte es einen Sinn ergeben. Gemeint sind die Hundegitter, die Hunde von Spielplätzen fernhalten sollten. Die Gitter, über die man zum Spielplatz laufen muss, sollten Hunde von diesem fernhalten. Der Zwischenraum zwischen den Metallstreben sollte zu groß für die Hundepfoten sein. Während sich diese aber wider Erwarten nicht abhalten ließen, hatten Gehbehinderte, Rollstuhlfahrer und Blinde mit ihren Hunden Schwierigkeiten. Um nun diese Personengruppe nicht vom Besuch der Spielplätze abzuhalten, baute man zusätzlich Klapptore ein, so dass sich die Gitter umgehen lassen. Der Sinn der Gitter konnte nun aber noch weniger vermittelt werden, aber es war wohl zu peinlich, sie einfach wieder herauszunehmen.

Im Jahr 2002 leistete sich die Stadt Heilbronn ein Eishockeystadion, insbesondere für den damaligen Zweitligaverein Heilbronner Eishockey Club. Vorsichtshalber wurde das Stadion so ausgelegt, dass es auch für den Erstligabetrieb bestens geeignet war. Sicher muss kaum erwähnt werden, dass der Club in der Folge in die dritte Liga abstieg und die Kosten und damit das Defizit für die Stadt erheblich stiegen.

Die Deutsche Bahn kämpft seit einiger Zeit bei neuen Zuggenerationen mit technischen Problemen, die bis zum Stillstand der Züge führen. Auf Nebenstrecken sollten Anfang des Jahrtausends neu entwickelte Diesel-ICE eingesetzt werden, die Komfort und Schnelligkeit in die Region bringen sollten. Leider gab es häufige technische Probleme, die die durchschnittliche Fahrzeit auf den neuen „Rennstrecken" schnell über die frühere ansteigen ließen. Die Kunden wandten sich ab, die Züge wurden konsequenterweise ausgemustert. Auch als die technischen Probleme behoben waren, wurden die Züge nicht mehr eingesetzt, weil man sie schon aus Imagegründen den Kunden nicht mehr zumuten wollte.

Der Bau des Frankfurter Polizeipräsidiums, 1998 begonnen, wurde wesentlich teurer als geplant. Im Bereich Elektrobau wurden die geplanten Kosten um mehr als 40 % überschritten. Der Bund der Steuerzahler beklagt eklatante Planungsmängel, angefangen bei einem falschen Maßstab für die Ausschreibungen, zahlreichen Änderungen aufgrund fehlender Bauplanung bei Baubeginn und ständigen neuen Anforderungen seitens der Nutzer.

Wer einmal ein Projekt in den Sand gesetzt hat, kann sich Trost im Schwarzbuch des Bunds der Steuerzahler holen. Dort finden sich solche und viele weitere Beispiele von Fehlplanung, Geldverschwendung oder Soda-Projekten.

Die Lehren öffentlichkeitswirksamer Großprojekte

In den vergangenen Jahren machten zahlreiche Großprojekte auf sich aufmerksam, allerdings weniger durch ihren Erfolg als vielmehr durch ihr öffentlichkeitswirksames Scheitern. Besonders häufig sind Softwareprojekte vertreten, vor allem in Verbindung mit wesentlichen Verfahrensinnovationen. Die interessanteste Frage dabei ist, ob man für das Qualitätsmanagement in Projekten aus diesen Erfahrungen etwas lernen kann. Sieht man sich die Qualitätsentwicklung bei solchen Projekten an, dann lautet die Antwort sicher „nein". Schließlich gab es teure Fehlschläge schon immer, und auch wenn man eigentlich weiß, welche Fehler man damals machte, macht man sie heute immer noch. Das eine oder andere Softwaredesaster zieht sich auch schon einige Jahre hin, allen voran das Bundeswehr-Projekt „Herkules". Gelernt wurde also offensichtlich nichts.

Doch zeigt sich an diesen Beispielen, dass immer wieder die gleichen Fallen auftauchen, in die Auftraggeber und -nehmer tappen. Einige davon sind typisch für Aufträge der öffentlichen Hand, andere finden sich mehr oder weniger überall. Vieles wirkt für Außenstehende völlig absurd, etwa wenn Freizeiteinrichtungen geplant werden, ohne eine realistische Schätzung der Besucherzahlen vorzunehmen, oder wenn Fernsehsender einen Quotenflop nach dem anderen produzieren und nicht erkennen lassen, in der Zielgruppe nach so etwas wie Akzeptanz, geschweige denn Interesse, gefragt zu haben.

Leider finden sich aber auch intern in den Unternehmen viele Projekte, die an Offensichtlichem scheitern, jedoch auf kleinerem Niveau. Da es viel schönere Gründe für ein Scheitern gibt, sollten zumindest diejenigen zu vermeiden versucht werden, die man schon von Anfang an hätte erkennen können.

Anhand der im Folgenden aufgeführten, öffentlich bekannten und von privaten Unternehmen wie staatlichen Stellen „verbrochenen" Projekte können viele der regelmäßig vorkommenden Ursachen für das Scheitern verdeutlicht werden. Wir wagen daher hier einen kleinen Rundumschlag.

Toll Collect

Sicherlich eines der berühmtesten Projekte in ganz Deutschland. 2002 kurz vor
Ende der Legislaturperiode mit einer gewissen Eile beschlossen, sollte Ende 2003
das wohl modernste Verfahren zur Mauterfassung in Betrieb gehen. Ein zukünfti-
ger deutscher Exportschlager sollte es werden. Im Sommer 2003 sollte mit dem
Probebetrieb begonnen werden, jedoch stellten sich immer wieder neue Verzögerungen heraus. Zu einer für die Finanzierung von Infrastrukturprojekten wichtigen Frage wurden die möglichen Schadensersatzzahlungen, zu denen das
Betreiberkonsortium verpflichtet sein sollte. Doch darüber gab es immer wieder
Diskussionen; unklar war, ob überhaupt und wenn, in welcher Höhe. Eindeutige
Aussagen fanden sich nicht, dafür wurde immerhin für Ende 2004 der Start angekündigt – und der klappte dann auch. Die Unklarheiten auf der Vertragsseite
waren umso unverständlicher, als das Verkehrsministerium für Beratungsprojekte
bei der Vorbereitung des Ausschreibungsverfahrens, der Begleitung der Einführung usw. mehr als 15 Mio. EUR Beraterhonorare zahlte.

Neben der neu zu entwickelnden Technik, für die ganz einfach nicht genügend
Zeit zur Verfügung stand, waren auch organisatorische Mängel zu beklagen, u. a.
war der Chef von Toll Collect gleichzeitig noch bei seinem Stammarbeitgeber
beschäftigt. Ein Wechsel im Management, die Führung durch Vertreter eines Unternehmens (T-Systems) und die Einbeziehung eines weiteren Partners für die
Softwareentwicklung brachten das Projekt dann auf die Zielgerade (vgl. Krempl
2004).

Herkules

Auf eine längere Geschichte kann das Projekt zur Modernisierung der IT der Bundeswehr zurückblicken. Der Name Herkules deutet an, wie groß die Aufgabe ist,
um die es geht. Erste Diskussionen des Projekts fanden 1999 statt, im Sommer
2004 zog sich dann das bis dahin favorisierte Konsortium dreier Unternehmen
zurück. Man monierte, durch die ständigen Änderungswünsche der Bundeswehr
sei die Einhaltung des festgeschriebenen Budgets nicht mehr sicherzustellen gewesen.

Ein weiteres Konsortium gab daraufhin seine Entscheidung bekannt, ein eigenes
Angebot abzugeben. T-Systems, Mitglied des zweiten Konsortiums, entschied später aber wieder seinen Ausstieg aus dem Konsortium, weil man sich nicht auf
einen einzelnen Konsortialführer festlegen wollte. Die Ausschreibung habe dies
nicht zugelassen. Da man aber einschlägige Erfahrungen bei Toll Collect gemacht
hatte, wollte man sich auf diese Lösung nicht einlassen. Wenige Monate später, im

Mai 2005, legten dann die verbliebenen Siemens und IBM ein Angebot vor. Für die Bundeswehr ist der Projektfortschritt insofern kritisch, als man für 2007 die Einführung von SAP-Software vorgesehen hat, was die Verfügbarkeit moderner Hardware aus dem Herkules-Projekt voraussetzt (vgl. Kersting/Nonnast/Wiede 2005).

Fraport: Flughafen Manila

Der Frankfurter Flughafenbetreiber Fraport versucht, u. a. im Ausland zu wachsen, indem man sich an Bau- und Betreiberkonsortien beteiligt. Schließlich lässt sich das Know-how aus dem Betrieb des Frankfurter Flughafens weltweit gewinnbringend einsetzen. Während einige Projekte erfolgreich verlaufen, entwickelte sich der Flughafen Manila zum Desaster. Um den neuen Flughafen in Manila bauen und später betreiben zu können, wurde 1999 das Joint Venture Piatco mit den chinesischen Unternehmern Cheng gegründet. Daran war Fraport allerdings indirekt mit 61 % beteiligt, offiziell aber nur mit 30 %. Die philippinische Verfassung lässt dies aber nicht zu. Der damals von den Chengs mit dem damaligen und später gestürzten Präsidenten Estrada ausgehandelte Vertrag sah hervorragende Bedingungen für den Betrieb des Terminals vor.

Fraport investierte rund 400 Mio. EUR, die Regierung wechselte und es kamen Korruptionsvorwürfe auf. Die neue Präsidentin verlangte Nachbesserungen des Vertrages, Fraport stellte die Zahlungen an das Joint Venture im Frühjahr 2002 ein. Zum Ende des Jahres wurden die Verträge von der philippinischen Regierung für nichtig erklärt. Das Terminal steht seitdem leer, Fraport schrieb die Investitionen ab.

Neue TV-Formate des Jahres 2004

Heute spricht man von TV-Formaten, früher waren es einfach Sendungen. Das Jahr 2004 kann durchaus als das Jahr der Pleiten bezeichnet werden, so gut wie kein neues „Format" konnte sich durchsetzen, so gut wie jeder Sender war daran beteiligt.

Misserfolgskriterium ist der durch eine neue Serie erreichte Marktanteil. Liegt er unter dem durchschnittlichen Marktanteil des Senders, ist sie ein Flop. Warum die ersten zehn Fehlschläge nicht ausreichen, um die Projektleiter zu präventivem Nachdenken zu bewegen, bleibt den Zuschauern wohl schleierhaft. Die Frankfurter Allgemeine Sonntagszeitung brachte sogar am 2. 12. 2004 das „ABC der vermeidbaren Katastrophen" heraus, wobei die Auflistung der erfolglosen Projekte für sich genommen ein unterhaltsames und damit erfolgreiches Projekt ergibt.

Als Phänomen stellt sich heraus, dass auch die Erkenntnis schlechter Quoten manche Verantwortliche kaum davon abhält, eine solche Idee zu imitieren. So gab es eine Reihe von Tauschgeschichten wie „Ich tausche meine Familie" bei RTL, „Urlaubstausch" bei ProSieben oder „Familie hin, Familie her" bei kabel eins, Kuppelshows wie „Bachelor" und „Bachelorette" bei RTL oder „Deutschlands beste Partien" bei RTL II, verschiedentlich musste um irgendetwas gekämpft werden, etwa um die eigene Frau bei „Kämpf um deine Frau" (Sat.1), einen Job bei „Big Boss" (RTL) oder „Hire or Fire (ProSieben) oder um das Überleben bei „Unser Bauernhof – Hilfe, die Großstädter kommen" (kabel eins) bzw. der „Burg" (ProSieben) (vgl. Niggemeier 2004, Rosenbach 2004). Auf die Erwähnung diverser Baumarkt- und Heimwerkerserien sei rein aus Platzgründen verzichtet.

Chipfabrik Frankfurt/Oder

2001 wurde im Land Brandenburg verkündet, in Frankfurt/Oder solle mit Landesmitteln eine Chipfabrik von Intel und dem Emirat Dubai gebaut werden. In dieser Fabrik sollte eine an der Uni Frankfurt/Oder entwickelte Technologie zum Einsatz kommen. Trotz Warnung der Finanzministerin des Landes wurde das Projekt vom Wirtschaftsminister durchgesetzt. Der Bau wurde 2001 ohne gesicherte Finanzierung begonnen. Rund ein Jahr nach der Ankündigung wurde die Landesbeteiligung beschlossen, die Investoren schlossen Vorverträge ab. Die Finanzierung wurde in der Öffentlichkeit als wackelig wahrgenommen. Dubai war zu weiteren Finanzierungszusagen nicht bereit, forderte Bürgschaften von Land und Bund. Ende Oktober 2002 genehmigte die EU staatliche Beihilfen von mehr als 370 Mio. EUR. Der Bürgschaftsausschuss von Bund und Ländern zögerte seine Entscheidung lange hinaus und stellte sie schließlich unter erheblichen Auflagen in Aussicht. Die Einhaltung dieser Auflagen wurde im November 2003 von der Landesregierung nicht als möglich angesehen, das Projekt ist gescheitert, die Fabrik wird nicht in Betrieb gehen (vgl. Gehrke 2003).

Fiscus

Wenn es nur um die Entwicklung eines trefflichen Marken- oder Projektnamens gegangen wäre, dann wäre Fiscus sicher in die Spitzengruppe gekommen, schließlich steht es für „Föderales integriertes standardisiertes computerunterstütztes Steuersystem" und hört sich als Akronym viel schöner an. 13 Jahre wurde an diesem Projekt, das ein einheitliches Programm für alle Finanzämter entwickeln sollte, gebastelt. 2004 wurde endgültig erkannt, dass es nie erfolgreich sein würde. Die Kosten für diese Erkenntnis wurden auf 330 bis 900 Mio. EUR geschätzt, ursprünglich sollte es mal für 170 Mio. zu haben sein.

Ganz erfolglos war Fiscus allerdings auch nicht. So gelang es der Fiscus GmbH immerhin, im Herbst 2004 ein Programm für die Online-Stammdaten-Abfrage zur Ermittlung von Hinterziehungstatbeständen für die hessische Verwaltung fertig zu stellen. Wer will da noch meckern?

Als Gründe für das Scheitern wird vor allem die Uneinigkeit der Auftraggeber (Bundesländer und Bund) angegeben. Diese konnten sich nicht auf einheitliche Anforderungen einlassen; das Argument, mehr Transparenz zu schaffen, verfing offensichtlich nicht. Zudem stellte sich das Vergaberecht als eine wesentliche Hürde dar, die von Jahr zu Jahr noch wächst. Danach sind Änderungen an der Ausschreibung nicht mehr zulässig, häufig wird dann ein technisch überholtes Projekt verwirklicht (oder auch nicht) (vgl. Asendorpf 2004, Krempl 2004).

Programme gegen Rechtsextremismus und Fremdenfeindlichkeit

Im Zuge des „Aufstands der Anständigen" aus dem Jahr 2000 sind in den Folgejahren jährlich 45 Mio. EUR in Programme gegen Rechtsextremismus und Fremdenfeindlichkeit geflossen. Während auf allen politischen und gesellschaftlichen Ebenen der Sinn solcher Projekte grundsätzlich anerkannt wird, stellte jedoch der Politikwissenschaftler Roland Roth 2003 in einer Studie für die Friedrich-Ebert-Stiftung fest, dass sie letztlich erfolglos geblieben seien (vgl. Roth 2003). Unter anderem kritisierte er, dass

- die Programme in erster Linie auf Jugendliche ausgerichtet sind, obwohl vielfach auch ältere Menschen „ein geschlossenes rechtsextremes Weltbild" haben,
- diskriminierende Praktiken in Schulen und Verwaltungen ausgespart würden,
- in der ersten Programmphase Haupt- und Realschüler nicht erreicht würden,
- lokale Maßnahmen mangels personeller und konzeptioneller Grundlagen nicht koordiniert würden,
- die besondere Lage in Ostdeutschland nicht berücksichtigt würde,
- unzureichende Zeitrahmen gesetzt würden, die für eine ordentliche Vorbereitung und Durchführung unzureichend sind und der Nachhaltigkeit im Weg stehen,
- keine Mittel für die Qualitätsevaluation der Projekte und Wirkungsanalysen vorgesehen sind usw.

Aufgrund dieser Mängel der Programme entstand vielfach der Eindruck, es handle sich eher um eine Form von Aktionismus als den ernsthaften Versuch, langfristig wirksam gegen rechtsextreme Tendenzen in Deutschland vorzugehen. Der Nachweis, etwas in die Wege geleitet zu haben, scheint wichtiger als der tatsächliche Erfolg im Sinne einer Beeinflussung des Verhaltens. Zudem verwundert, dass die

Mängel eigentlich nicht besonders heimtückisch erscheinen. Auch Beobachter, die nicht im Thema stecken, hätten wohl vorab die wesentlichen Schwachstellen des Programms erkannt und sich mit ihrer Beseitigung beschäftigt.

Quam

Quam gehörte zu den eigentümlichsten Gründungen in der Mobilfunkbranche. Zum Beginn des Jahrtausends trat das Tochterunternehmen eines finnischen (Sonera) und eines spanischen (Telefonica Moviles) Telekommunikationsunternehmens in Deutschland an, u. a. mit luxuriösen Shops in Innenstädten Kunden zu gewinnen. Man erwarb eine UMTS-Lizenz und investierte kräftig in Werbung. Von einem Budget von 50 Mio. EUR war die Rede.

Das Marketing stand eindeutig im Vordergrund, der Markenauftritt erregte Aufsehen. Ebenso die Tatsache, dass man, da ohne eigenes Netz, ausreichende Kapazitäten bei den Netzbetreibern hätte beschaffen müssen, was aber offensichtlich übersehen wurde. So mussten Gespräche aus anderen Mobilfunknetzen handvermittelt werden, was dem Begriff „Handy" eine völlig neue Bedeutung verlieh. Über Weihnachten 2001 wurde sogar aus Protest gegen die angebliche Verzögerungstaktik von Telekom und Mannesmann ein Verkaufsstopp verhängt. Beratung und einen Kaffee gab es in den Läden zwar, aber keinen Vertrag. Damit ging die wichtigste Geschäftszeit des Jahres verloren.

Später gab es dann Gratishandys für Neukunden, was aber tendenziell die falschen Kunden anlockte, jedenfalls nicht die Vieltelefonierer. Nicht verwunderlich ist, dass Quam 2002 seinen Betrieb wieder einstellte, man hatte nur 200.000 Kunden anwerben können. Damit diese Marketingleistung nicht ganz in Vergessenheit gerät, wurde Quam noch mit dem Preis „Goldener Marketing-Flop des Jahres 2001" von der Uni Duisburg ausgezeichnet.

Weltausstellung 2000 in Hannover

Nein, das Thema ist noch nicht abgehakt. Zum einen ist die Weltausstellung immer noch ein Paradebeispiel für Fehlplanungen (anstatt der ursprünglich geplanten 40 Mio. Karten wurden 18 Mio. verkauft, 1,1 Mrd. EUR minus blieben übrig), zum anderen ist immer noch ungeklärt, was man nach der EXPO mit der Fläche macht. Während frühere Weltausstellungen herausragende Sehenswürdigkeiten wie das Atomium oder den Eiffelturm zurückließen, bleibt in Hannover die EXPO-Plaza, weit außerhalb der Stadt und ohne angemessene Nutzung. Im SPIEGEL wurde sie als „Zentrum einer Geisterstadt, einer Einöde" bezeichnet, als „Lehrstück für die Eitelkeit von Politikern, für Größenwahn, Fehlkalkulation, Verschwendung von Steuergeldern und Täuschung der Steuerzahler". Was man nach einem halben Jahr des Feierns mit dem Gelände machen kann, wurde kaum beachtet (vgl. Schumacher 2004).

Volkswagen Phaeton

Wenn man ein neues Produkt auf den Markt bringt, dann recherchiert und prüft man vorher genau, ob die Voraussetzungen gegeben sind, alles durchdacht wurde usw. Besonders, wenn es sich um ein Fahrzeug der Oberklasse handelt. Volkswagen dachte Ende der 90er Jahre über ein Luxusfahrzeug nach und nannte es schließlich Phaeton. Phaeton schien ein guter Name, bedeutete er doch „der Leuchtende" (aus der griechischen Mythologie). Phaeton war Sohn des Sonnengottes Helios, durfte sich dereinst den geflügelten Sonnenwagen ausleihen, den er allerdings nicht beherrschte. Er stürzte aus dem Wagen auf die Erde und verbrannte. Keine gute Assoziation für ein luxuriöses und auf Sicherheit bedachtes Fahrzeug, aber schließlich kennt sich kaum jemand in der griechischen Mythologie aus ....

Kaum jemand hat allerdings auch Interesse am VW Phaeton entwickelt. Obwohl der Wagen in Tests gut abschneidet und gute „innere Werte" hat, liegen etablierte Marken wie Audi, BMW und Mercedes weit vor ihm. Hier zeigt sich wieder, dass ein technisch gutes Projekt nicht erfolgreich ist, wenn ihm die Akzeptanz versagt bleibt. Erfolgskriterium ist auch, die erforderlichen Imagewerte zu erreichen.

Space Park in Bremen

Das kleinste Bundesland Bremen ist aufgrund der Werftenkrise bereits arg gebeutelt, Arbeitslosigkeit und Soziallasten sind traditionell hoch. So stellte man sich in den 90er Jahren die Frage, wie Impulse für die Stadt und vor allem Arbeitsplätze geschaffen werden könnten. Der Tourismus wurde als Wunderwaffe gesehen, sollte Arbeit schaffen und Besucher anlocken. Da schon eine gewisse Nähe zu Luft- und Raumfahrtthemen bestand, wurde die Einrichtung eines „Space Parks" mit einer amerikanischen Betreiberfirma beschlossen. 2000 war Baubeginn für das Projekt, das 22.000 Quadratmeter Entertainmentbereich und nicht weniger als 44.000 Quadratmeter Einzelhandelsfläche umfasste. Diese Kombination sollte täglich 4.000 Gäste anlocken, die für eine Amortisation erforderlich wären. Unglücklicherweise funktionieren Synergien nur sehr selten, hier konnten sie sich schon deswegen nicht entfalten, weil die Ladenflächen nie vermietet werden konnten. Nur für den Spaß kamen aber zu wenige Besucher, so dass der Space Park 2004 seine Tore schloss. Insgesamt wurde eine Investitionssumme von 500–600 Mio. EUR versenkt, davon gingen rund 200 Mio. zu Lasten der Steuerzahler.

Beschaffungsmarktplatz der Automobilindustrie: Covisint

Es gab einmal eine Zeit, da man versuchte, möglichst alle Geschäfte über das Internet abzuwickeln. Dazu gehörte u. a. die industrielle Beschaffung. Im Jahr 1999 schlossen sich die drei größten Autohersteller, DaimlerChrysler, Ford und General Motors, zusammen, um gemeinschaftlich einen Marktplatz für ihre Beschaffung aufzubauen. Er sollte die Abwicklung der Geschäfte mit ihren Lieferanten übernehmen. Diese witterten vorrangig das Bestreben, die Preise zu drücken, und bezweifelten u. a. die Rechtmäßigkeit wegen Kartellbildung.

Das „Problem" erledigte sich aber von alleine. Die Konstruktion mit drei gleichberechtigten Gründern erwies sich als wenig stabil, die Führungsmannschaft wechselte mit schöner Regelmäßigkeit. Es stellte sich aber auch die Frage nach dem Sinn dieses Marktplatzes. In anderen Bereichen, wo viele kleine Unternehmen zusammenarbeiten, erbringen solche Einrichtungen deutliche Kostensenkungen. Hier ging es aber um das Geschäft unter Großen, bei dem viel weniger zu automatisieren und standardisieren war. Und wenn, dann bestanden dafür schon individuelle Lösungen. Ursprünglich war geplant, ein Umsatzvolumen von 230 Mrd. USD über Covisint abzuwickeln, geworden sind es 2002 gerade 80 Mrd. USD. Man sah ein, dass die ambitionierten Ziele nicht zu erreichen waren und verkaufte den Marktplatz in zwei Teilen an andere Anbieter (vgl. Baumgärtner 2003).

E.ON: Mix it, Baby

Ein paar Jahre ist es schon her, als verschiedene Stromkonzerne erste Gehversuche auf dem zaghaft liberalisierten Strommarkt unternahmen. Wesentliches Problem war: Wie macht man den Privatverbrauchern klar, dass sie sich jetzt für einen Anbieter entscheiden können? Bekanntheit und Markenbildung waren gefragt. Während ein Anbieter auf die Farbe Gelb setzte, schickte E.ON Arnold Schwarzenegger mit der Aufforderung „Mix it" ins Rennen. Der Verbraucher sollte sich dabei entscheiden, aus welchen Energiequellen er Herd, Fernseher und Heizdecke speisen wollte und in welchem Verhältnis.

Ein tolles Projekt aus Marketingsicht, aber um mit den anderen Projekten dieser Seiten mithalten zu können, musste es ein Desaster werden. Ende 2001 gab es eine Abmahnung des Hamburger Wettbewerbers Hansenet, der feststellte, dass die individuelle Zusammenstellung des Stroms gar nicht möglich ist. Wäre die Abmahnung allerdings früher gekommen, hätte E.ON einiges an Kosten sparen können. Nach 22,5 Mio. EUR für die Kampagne konnte man 1.100 neue Kunden begrüßen. Der SPIEGEL rechnete hoch, dass bei durchschnittlicher Kalkulation nach

gerade einmal 1.291 Jahren kontinuierlichen Strombezugs eine Amortisation erreicht worden wäre.

Die Welt AG von Daimler

Die gute wirtschaftliche Entwicklung in den 90er Jahren sorgte für einige Eupho-
rie in den Unternehmenszentralen, insbesondere was Fusionen und Aufkäufe
angeht. So beschloss Daimler-Chef Schrempp, ein als „Welt AG" bezeichnetes
Unternehmen aufzubauen, das in Europa, den USA und Asien vertreten sein sollte. Erster Schritt war 1998 die Übernahme von Chrysler, woraus sich die DaimlerChrysler AG ergab. Man versprach sich Kostensenkungen in der Produktion,
diagnostizierte aber einen erheblichen Sanierungsbedarf in Amerika. Es entstanden
also zunächst Kosten.

Zwei Jahre später, im Jahr 2000, war dann die Beteiligung an Mitsubishi angesagt.
Auch hiervon versprach man sich Ersparnisse durch die Verwendung gleicher
Teile bei allen Marken. Nicht berücksichtigt war aber, dass Mercedes als Marke
ganz woanders angesiedelt ist als Mitsubishi, Mercedes-Käufer also wenig Interesse
an Mitsubishi-Teilen haben. Auch hier war das Projekt aber durch wesentlichen
Sanierungsbedarf geprägt, der Zustand des japanischen Unternehmens erwies sich
als wesentlich schlechter als geahnt. So entstanden wieder erst einmal Kosten für
die Sanierung.

Parallel dazu ließ die Autokonjunktur nach, zusätzlicher Druck vom Markt entstand. Der Aktienkurs vermittelt seit langem ein Bild der Tristesse, an der Aufhol-
jagd der Börsen seit 2003 nahm man nicht teil. Die Welt AG geriet zunehmend in
die öffentliche Kritik. Der Erfolg werde sich eher langfristig einstellen, hieß es
immer wieder. Mitsubishi wurde inzwischen abgestoßen. Bei Chrysler wurden
immerhin so große Profitabilitätsfortschritte gemacht, dass Verluste bei der Hei-
matmarke Mercedes kompensiert werden konnten. 2005 stellten sich dann noch
erhebliche Probleme mit der Kleinstwagenmarke Smart heraus.

Die Welt AG wurde zu einem Synonym für überzogenes Expansionsstreben, den
Verlust des unternehmerischen Augenmaßes und allzu geradlinige Entscheidungs-
strukturen, die Widerspruch verhindern. Ihr symbolisches Ende nahm sie mit dem
Rücktritt von Schrempp zum Jahresende 2005.

Was es noch gab ...

Eine abschließende Auflistung aller prominenten Fehlschläge ist praktisch nicht
möglich. Dafür dürfte auch ein ganzes Buch nicht reichen. Die wesentlichen Ursachen für das Scheitern von Projekten wiederholen sich aber. Vor allem sind es

selten rein technische Probleme, vielmehr Probleme der Führung und Akzeptanz. Für Projektleiter und -auftraggeber ergibt sich daraus auf jeden Fall auch eine positive Erkenntnis: Man kann die Probleme in den Griff bekommen, wenn man bei den zentralen Fragen ansetzt. Gelingt es, die bislang schon dargestellten Misserfolgsquellen auszuschließen, dann steigt die Wahrscheinlichkeit eines Projekterfolgs deutlich.

Nur kurz sollen die folgenden populären Fehlschläge erwähnt werden:

- Der Börsengang des Halbleiterherstellers X-Fab wurde 2004 abgesagt. Das Unternehmen befand sich nicht einmal in der Gewinnzone, die Preisvorstellungen wurden als zu hoch angesehen und zum Zeichnungsbeginn fehlte der Emissionsprospekt. Offiziell wurde auf die schlechte Stimmungslage an der Börse verwiesen, die einen Börsengang nicht möglich mache.

- Als Verbindung vom Entwicklungsgebiet im Hamburger Hafen in die Innenstadt wurde 2004 die Kibbelsteg-Brücke gebaut. Sie gesellt sich zu drei weiteren Brücken, die vor einigen Jahren angehoben wurden, um den Barkassenverkehr in der Speicherstadt zu erleichtern. Ausgerechnet unter der neuen Brücke passen die Barkassen aber nur bei Niedrigwasser durch. Sie ist schlichtweg zu niedrig gebaut.

- Die Deutsche Bank wollte sich vor einigen Jahren gezielter auf einzelne Zielgruppen ausrichten. Nur die etwas wohlhabenderen Privatkunden sollten umfangreich beraten werden, alle anderen sollten sich möglichst selbst bedienen. Dafür wurde die Deutsche Bank 24 gegründet. Da dies aber auch als Herabstufung empfunden wurde, löste man kurze Zeit später die Zweiteilung wieder auf.

- Der zu Metro gehörende Kaufhauskonzern Kaufhof entwickelte ein neues Konzept für die Belebung des Warenhauses. Unter dem Namen „emotions" wurden gezielt Kaufhäuser für Frauen eingerichtet, die sich auf Bekleidung und Kosmetik konzentrierten. Drei Häuser gab es insgesamt, bis Ende 2005 sollen sie wieder geschlossen werden.

Die Geschichte eines Projekts, Teil 2

Auf der Messe konnte sich die Schöne Produkte GmbH über eine recht ordentliche Zahl von Bestellungen aus dem Handel freuen. Man hatte mit weniger Erfolg gerechnet und fühlte sich nun ermutigt, die Prognosen nach oben anzupassen. Also wurden bei den Lieferanten gleich größere Mengen bestellt, um noch „ganz nebenbei" einige Kostenvorteile realisieren zu können.

Die Vertriebsmannschaft war hoch motiviert und malte sich eine signifikante Steigerung der Provisionserlöse aus. Die Außendienstler gingen selbstbewusst ans Werk und verkauften recht offensiv, immer mit Hinweis auf die guten Bestellungen auf der Messe. Im späten Frühjahr wurden die ersten Springbrunnen ausgeliefert.

Zu den kleineren Geschäften hat der Vertrieb einen guten Draht und erhält schnell Rückmeldungen. Diesmal waren sie überwiegend negativ. Einige Händler berichteten, die Springbrunnen stünden „wie Blei". Andere hatten zwar einige verkauft, aber auch Reklamationen erhalten. Die Rücksendung sei besonders schwierig, weil die Ware nicht mehr ordentlich zu verpacken sei, außerdem auch recht schwer. Vielfach scheinen die Produkte auch nicht den Geschmack der Kunden zu treffen, selten würde mal einer genauer angesehen.

Im Kundendienst stapeln sich derweil die Rückläufer. Häufig wird der Ausfall der Wasserpumpe reklamiert, manchmal passen auch Teile nicht zusammen, so dass die Käufer den Brunnen nicht wackelfrei montieren können. Die Geschäftsführerin glaubt in erster Linie an technische Probleme und weist den Einkauf an, stärkere Pumpen nachzubestellen und auf entsprechende Kompensation bei den Lieferanten zu drängen. Den Händlern solle man mit Kulanz begegnen.

Die Geräte werden nach und nach mit besseren Pumpen ausgestattet, nach Teilen, die die Toleranzen überschreiten, wird verstärkt Ausschau gehalten. Reklamationen werden kostenfrei bearbeitet, mitunter werden auch Geräte zurückgenommen.

Im Handel bessert sich das Bild allerdings nicht. Die Zimmerspringbrunnen sind weiterhin schwer verkäuflich, die Reklamationen haben nur leicht nachgelassen. Die ersten Händler möchten ihre Vorräte zurückgeben, und zwar gegen Erstattung. Der Außendienst versucht dies zu umgehen und kündigt verstärkte Werbemaßnahmen an, was allerdings nicht mit der Produktmanagerin abgesprochen ist.

Auch nach Wochen merken die Händler nichts von Werbemaßnahmen oder sonst wie anziehenden Verkäufen. Sie fühlen sich schlecht behandelt und halten sich auch mit Bestellungen anderer Waren der Schöne Produkte GmbH zurück. Viele verlangen hohe Sonderrabatte „wegen des besonderen Absatzrisikos". Die Ertragssituation im Unternehmen verschlechtert sich deutlich. Die Geschäftsführerin überlegt, wie sie hier gegensteuern kann.

Zusammenfassung

Einige Lehren lassen sich aus den Kurzberichten jetzt schon ziehen:

1. Projekte scheitern selten an der Technik. In der Regel sind die Technologien beherrschbar, manchmal dauert es allerdings etwas länger.

2. Projekte sind oft viel zu komplex. Auftraggeber neigen dazu, die Koordinierungsaufgabe an das Projektteam zu delegieren und dadurch das Projekt allumfassend zu definieren. Die Auftragnehmer können aber oft keine geeignete Struktur für die Projektkoordination herstellen, weil unterschiedliche Unternehmen beteiligt sind.

3. Projektkonzepte werden oft nicht zu Ende gedacht. Sie hören oft an dem Punkt auf, an dem man etwas „in der Hand hat". Was damit zu tun ist, wie sich Kunden oder sonst Betroffene verhalten werden, wird kaum noch beachtet. Dass der Projekterfolg aber gerade an der langfristigen Wirkung hängt, leuchtet nicht immer ein.

4. Der Faktor Zeit spielt meist die überragende Rolle. Das Ergebnis soll schnell vorliegen, auf das Projektteam soll ein gewisser Druck ausgeübt werden. Viele Probleme werden damit aber aus dem Projekt herausgedrängt. Ein Projekt kann zwar beschleunigt werden, dafür fallen aber später Nachbesserungen an. In der Summe steigt der Projektaufwand dadurch.

5. Projekte werden zu oft als Machtinstrument missbraucht. Sie dienen dazu, Tatkraft zu demonstrieren, sollen beeindrucken. Eine realistische Sicht dessen, was nützlich und umsetzbar ist, tritt oft in den Hintergrund.

6. Qualitätskriterien werden selten bis gar nicht definiert. Vor allem wird kaum daran gedacht, bedeutende Projekte kontinuierlich und kritisch zu begleiten. So könnten schnellstmöglich Abweichungen festgestellt und ggf. korrigiert werden.

7. Auftraggeber denken meist nicht an die Aufstellung eines Alternativplans. Das Scheitern des Projekts wird nicht als „normale" Konsequenz angesehen, die entsprechende Maßnahmen nach sich ziehen sollte. Vielmehr wird auf das Ergebnis gewartet, mitunter zu lange am Projekt festgehalten, auch wenn es kaum noch durchführbar erscheint.

8. Lange, vor allem mehrjährige externe Projekte werden komplett und nicht in einzelnen Phasen/Losen vergeben. Der Auftraggeber begibt sich dadurch in eine erhebliche Abhängigkeit vom Auftragnehmer und verliert ein wichtiges Druckmittel.

9. Die Ausschreibung/Beauftragung eines Projekts sollte so flexibel sein, dass wesentliche Erkenntnisse nach Projektstart (z. B. technische Machbarkeit, Umfeldrisiken) noch zu angemessenen Veränderungen am Projektplan führen können.

3 Einführung in das Qualitätsmanagement

In den vorausgegangenen Kapiteln deutete sich bereits an, dass Qualität von Projekten ein besonders komplexes Problem ist. Zwar gilt wie bei anderen „Objekten der Qualität" auch das Prinzip der Übereinstimmung von Leistung und Kundenanforderungen, doch ist die Umsetzung von Qualitätsmanagementkonzepten aufgrund der Individualität von Projekten weitaus schwieriger. Man wird also weniger nach standardisierten Konzepten suchen können, die zur Qualitätserzeugung beitragen, sondern mehr einzelne Bausteine bereitstellen, die dann individuell zum Einsatz kommen.

Beim Aufbau eines Qualitätsmanagementsystems kann auf verschiedene Konzepte zurückgegriffen werden, die jeweils eigene Zielsetzungen, Anwendungsbereiche und Rahmenbedingungen haben. Sie können mehr oder weniger umfangreich bei der Nutzung von Qualitätsmanagement (QM) für Projekte herangezogen werden. In diesem Kapitel soll zunächst ein Überblick über die vorhandenen und zumeist schon weit entwickelten Konzepte gegeben werden (Abbildung 3.1). Im Weiteren wird dann gelegentlich auf sie verwiesen. Auf jeden Fall sind sie auch Ideengeber für individuelle Entwicklungen. Prinzipiell ergibt sich aus den Projektmerkmalen zwangsläufig, dass ein abschließendes und allgemein anwendbares QM-System kaum zu entwickeln ist.

Auf zwei Elemente sei besonders hingewiesen, weil sie sich konkret auf Qualität in Projekten beziehen: Zum einen ist die ISO 10006 eine Übertragung des QM-Modells der ISO 9000 ff. auf die Projektsituation, zum anderen bieten die analog dem EFQM-Modell entwickelten Kriterien des Projektmanagement-Award eine Anleitung zum Einsatz qualitätsfördernder Maßnahmen im Projektmanagement. Die ISO 69901 ff., die Instrumente des Projektmanagements aufführen, werden hier außer Acht gelassen, da sie gegenwärtig in Überarbeitung ist.

Kaizen-Prinzip	Total Quality Management	EFQM	ISO-Normen		Qualitätspreise		
			ISO-9000er-Normen-familie	ISO 10006	Malcolm Baldrige National Quality Award	European Quality Award	Projekt-ma-nage-ment-Award
In Japan entwickeltes Konzept der kontinuierlichen Verbesserung in kleinen Schritten, kann als Vorläufer moderner Qualitätsmanagementsysteme angesehen werden.	Konzept eines umfassenden Qualitätsmanagements, ausgerichtet auf Management und Mitarbeiter, nicht auf bestimmte Methoden fixiert; wesentliche Prinzipien: Prozess-, Kunden-, Mitarbeiter- und Gesellschaftsorientierung.	Konzept zur Bewertung eines Unternehmens im Hinblick auf die Verleihung des EQA, auch als Bezugsrahmen für das eigene Qualitätsmanagement zu verwenden.	Anleitung zu Entwicklung und Umsetzung von Qualitätsmanagementsystemen im Unternehmen, stellt Forderungen an Elemente und Umsetzung, prozessorientiert ausgerichtet, berücksichtigt insbesondere den Kunden.	Präzisiert die Forderung an das Qualitätsmanagement speziell auf die Anwendung bei Projekten.	Seit 1988 vergebener Preis des US-amerikanischen Präsidenten für besondere Qualität, soll die Qualität der Produkte und Leistungen fördern, hohe Öffentlichkeitswirkung.	Als Gegenstück zum MBNQA von einer Gruppe europäischer Unternehmen ins Leben gerufen, beruht auf den Bewertungskriterien des EFQM-Modells.	Von der GPM (Gesellschaft für Projektmanagement) und IPMA (International Project Management Association) initiierter Preis für erfolgreiches Projektmanagement, orientiert sich am EFQM-Modell.
Universell einsetzbar, vor allem in der Produktion; Prinzip operativen Handelns ohne Zertifizierung o. Ä.	Ausgerichtet auf unternehmensweite Implementierung, zieht den Einsatz von QM-Verfahren nach sich, keine objektiven und offiziellen Kriterien, keine Zertifizierung.	Auf das Unternehmen insgesamt ausgerichtet, Schwerpunkt im Bereich der Prozesse, berücksichtigt Einflussfaktoren und Ergebnisse in verschiedenen Bereichen.	Auf das Unternehmen insgesamt ausgerichtet, Schwerpunkt bei der Leistungserstellung, international einheitlich.	Zur Anwendung auf Projekte, berücksichtigt Verantwortung der Leitung, Ressourcen, Personal, Realisierung, Analyse und Verbesserung.	Auf das Unternehmen insgesamt ausgerichtet, Erfolg muss nachgewiesen sein, Kriterien werden vielfach als Richtlinie für die interne Prüfung verwendet.	Wie unter EFQM.	Prämiert erfolgreiche Projekte aller Art, führungs- und prozessorientiert, Ergebnisse müssen nachgewiesen werden.

Abbildung 3.1: Übersicht über wichtige QM-Konzepte

3.1 Total Quality Management als übergeordnetes Konzept

Qualität ist nicht nur ein technischer Prozess, sondern betrifft ebenso Verhaltensweisen im Management bzw. „findet auch im Kopf statt". Das Erfordernis, die organisatorischen Regelungen, Prüfprozesse usw. im Unternehmen fest zu verankern, kommt in Konzepten des Total Quality Management (TQM) zum Ausdruck. TQM beinhaltet

- die Verpflichtung des Managements auf das Qualitätsziel mit dem Ziel einer dauerhaften Unterstützung,

- die Orientierung an den Kundenwünschen und der Kundenzufriedenheit als oberster Qualitätsmaxime,

- die Betrachtung der innerbetrieblichen Zusammenarbeit als eine Beziehung von Kunden zu Lieferanten mit entsprechenden Qualitätsanforderungen,

- den Einsatz eines Qualitätssicherungssystems (siehe ISO 9000 ff.),

- den Einsatz von Verfahren zur Untersuchung und Behebung von Qualitätsproblemen (dazu gehören beispielsweise Quality Function Deployment [QFD] zur Umsetzung von Kundenanforderungen in Produktmerkmale und Failure Mode and Effect Analysis [FMEA] zur Erfassung von Fehlerquellen).

Ähnlich wie im strategischen Management oder auch im Marketing wird darauf Wert gelegt, TQM als Philosophie zu betrachten, deren Anwendungsgebiet nicht nur ein Funktionsbereich im Unternehmen ist, sondern das gesamte Unternehmen mit allen Mitarbeitern. Erfolgreiche TQM-Konzepte beziehen somit auch Mitarbeiter auf allen Stufen mit ein, beinhalten formelle Abstimmungsprozesse wie etwa Qualitätszirkel (regelmäßige Treffen von Produktionsmitarbeitern mit dem Ziel der Fehlervermeidung und Verbesserung der Produktionsabläufe) und auch Schulungskonzepte.

Abbildung 3.2 erläutert die drei Komponenten des TQM-Konzepts. TQM erfolgreich umzusetzen ist keineswegs eine einfache Aufgabe, wie sicher schnell zu erkennen ist. Der Hinweis auf die kontinuierliche Verbesserung deutet schon an, dass immer daran gearbeitet werden muss, die Zielsetzungen zu erreichen. Besser gesagt: zu verfolgen. Es zeigt sich nämlich, dass Qualitätsanforderungen kontinuierlich steigen, so dass es nie zu einer Situation kommen wird, in der man alles getan hat. TQM zu beginnen heißt somit auch, immer auf dem Weg zu sein.

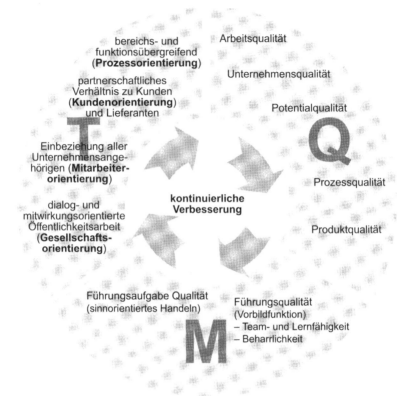

Abbildung 3.2: Komponenten des TQM (Kamiske/Malorny 1992)

Wie weit ein Unternehmen auf dem Weg zur Umsetzung von TQM ist, kann es in Form des Reifegrads bestimmen. Anhand bestimmter Merkmale kann zumindest abgeschätzt werden, ob TQM gerade erst begonnen oder gar schon verinnerlicht wurde. Das Stadium der „Reife" muss allerdings durch kontinuierliche Bemühungen erhalten werden. Ein Unternehmen, das auf dieser Basis die Hände in den Schoß legt, würde im Zuge verschärfter Anforderungen im Reifegrad zurückfallen.

Beispielsweise ist an Verschärfungen durch

- neue rechtliche Regelungen zur Produkthaftung,
- komplexere Produktionsprozesse bei den Abnehmern von Vorprodukten,
- steigende Anforderungen an Zuverlässigkeit und Sicherheit durch Verbraucher,
- steigendes Qualitätsniveau bei Produkten und Leistungen der Wettbewerber,

- steigenden Kostendruck bei Abnehmern mit entsprechend wachsenden Anforderungen an Zuverlässigkeit und Lebensdauer sowie
- wachsende Marktmacht industrieller Kunden

zu denken.

Abbildung 3.3 zeigt Kriterien zur Bestimmung des Reifegrads für unterschiedliche Themen des TQM.

TQM-Aspekte	Reifegrade		
	erste Schritte	auf dem Weg	reife Organisation
Unternehmenspolitik und -strategie	Die Unternehmenspolitik ist formuliert. Strategische Ziele sind definiert.	Aus den strategischen Zielen sind operative Ziele abgeleitet. Es gibt eindeutige Messgrößen für die Zielerreichung.	Die Erreichung sowohl der strategischen als auch der operativen Ziele wird überwacht und ggf. durch entsprechende Maßnahmen sichergestellt.
Führung	Führungskräfte vermitteln TQM-Ideen und -Ansätze.	Führungskräfte unterstützen die Mitarbeiter bei Verbesserungen und würdigen ihre Leistungen.	Es existieren gemeinsame Werte. Alle Mitarbeiter sind sich ihres Beitrags zum TQM bewusst und agieren als Vorbilder.
Mitarbeiterorientierung	Die Mitarbeiter fühlen sich eigenverantwortlich für die Lösung von Problemen.	Die Mitarbeiter arbeiten innovativ und kreativ daran mit, die Ziele der Organisation zu erreichen.	Die Mitarbeiter sind ermächtigt, zu handeln, und teilen offen Wissen und Erfahrung miteinander.
Prozessorientierung	Die Prozesse zum Erzielen der gewünschten Ergebnisse sind definiert.	Vergleichsdaten und -informationen werden verwendet, um herausfordernde Ziele zu setzen.	Die Prozessfähigkeit wird voll verstanden und verwendet, um Leistungsverbesserungen voranzutreiben.
Kundenorientierung	Kundenzufriedenheit wird bewertet.	Strategische und operative Ziele sind mit den Kundenbedürfnissen und -erwartungen verknüpft. Aspekte zur Loyalität werden untersucht.	Treibende Kräfte bezüglich Kundenanforderungen, -zufriedenheit und -loyalität werden verstanden, gemessen und lösen Maßnahmen aus.
Ergebnisorientierung	Alle relevanten Interessengruppen sind identifiziert.	Die Erfüllung der Bedürfnisse und Forderungen der Interessengruppen wird systematisch bewertet.	Es gibt transparente Vorgehensweisen, um die Erwartungen der Interessengruppen auszubalancieren.

Abbildung 3.3: Kriterien zur Bestimmung des TQM-Reifegrads
(Quelle: Pfeifer 2001, S. 23)

3.2 Malcolm Baldrige National Quality Award

Der Malcolm Baldrige National Quality Award (MBNQA) ist ein Preis für herausragende Qualitätsleistungen, der in den USA seit 1988 vergeben wird. Er wurde von Regierungsseite ins Leben gerufen, um die Unternehmen zu einer Verbesserung ihrer angebotenen Qualität zu animieren. Unternehmen können sich um den Preis bewerben, indem sie anhand eines umfangreichen Kriterienkatalogs ihre Anstrengungen und Erfolge belegen. Dieser Kriterienkatalog (Criteria for Performance Excellence) wird vom National Institute of Standards and Technology, das zum U.S. Department of Commerce gehört, herausgegeben und jährlich überarbeitet. Er hat sich im Laufe der Zeit als eine Art Standard für das unternehmerische Qualitätsmanagement etabliert und auch in anderen Ländern die Konstituierung solcher Preise angestoßen. Seine Bedeutung wird nicht zuletzt dadurch unterstrichen, dass eine staatliche Stelle dafür zuständig ist.

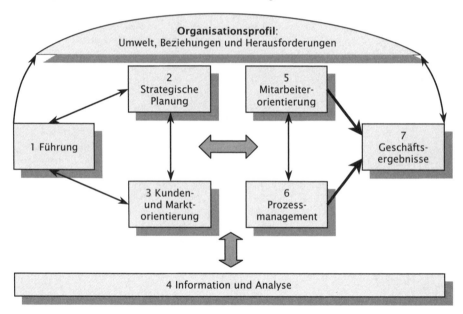

Abbildung 3.4: Kriterienstruktur des Malcolm Baldrige National Quality Award

Die Grundstruktur des Kriteriengerüsts wird in Abbildung 3.4 dargestellt. Hier lassen sich Parallelen zur Balanced Scorecard erkennen. So finden sich u. a. die Kriterienbereiche Kunden und Mitarbeiter als Einflussfaktoren auf den Geschäftserfolg und vor allem den Ansatz, das Ergebnis als das Resultat mehrerer Einflussbereiche zu sehen, d. h. ihn mehrdimensional zu erklären. Stärker, als es im Rahmen der Balanced Scorecard möglich ist, wird auf die Gestaltung von Prozessen und das Management von Informationen eingegangen (siehe den zusammengefassten Kriterienkatalog in Abbildung 3.5).

Messkriterien des Malcolm Baldrige National Quality Award 2005	Punkte
1 Führung	120
1.1 Management 70	
1.2 Verantwortung für die Öffentlichkeit 50	
2 Strategische Planung	85
2.1 Strategieentwicklung 40	
2.2 Strategieumsetzung 45	
3 Kunden- und Marktorientierung	85
3.1 Wissen über Kunden und Märkte 40	
3.2 Kundenzufriedenheit und -beziehungen 45	
4 Information, Analyse und Wissensmanagement	90
4.1 Messung und Analyse der Organisationsleistung 45	
4.2 Informations- und Wissensmanagement 45	
5 Mitarbeiterorientierung	85
5.1 Arbeitsabläufe 35	
5.2 Mitarbeiterausbildung, -training und -entwicklung 25	
5.3 Mitarbeiterwohlbefinden und -zufriedenheit 25	
6 Prozessmanagement	85
6.1 Wertschöpfungsprozesse 45	
6.2 Unterstützende Prozesse und operative Planung 40	
7 Geschäftsergebnisse	450
7.1 Produkt- und Dienstleistungsergebnisse 100	
7.2 Kundenorientierte Ergebnisse 70	
7.3 Finanz- und Marktergebnisse 70	
7.4 Personalbezogene Ergebnisse 70	
7.5 Ergebnisse der organisatorischen Effektivität 70	
7.6 Ergebnisse der Unternehmenskontrolle und sozialen Verantwortung 70	
Gesamt	1.000

Abbildung 3.5: Kriterien des Malcolm Baldrige National Quality Awards
(Quelle: Baldrige National Quality Program 2005)

Neben den zur Bewertung anstehenden Bereichen, die in der Punktetabelle genannt sind, werden die Bewerber aufgefordert, eine Beschreibung ihres Unternehmens (Organisationsprofil) abzugeben, aus der sich die Tätigkeit und relevante Umfeldfaktoren ergeben.

55 % der erreichbaren Punkte werden für die eingerichteten Strukturen und Programme vergeben (z. B. organisatorische Regelungen oder Kontrollprozesse), 45 % für tatsächlich erzielte Leistungen in diesen Bereichen.

Sehen wir uns nun noch einige Beispiele für konkrete Fragestellungen in den einzelnen Segmenten an (vgl. Baldrige National Quality Program 2005):

Führung

- Entwicklung und Umsetzung langfristiger Werte und Leistungserwartungen
- Kommunikation dieser langfristigen Vorgaben durch die Managementebenen
- Formen und Kriterien der Leistungskontrolle durch die Unternehmensleitung
- Umsetzung dieser Ergebnisse für Verbesserungen und Innovation
- Leistungsmessung der Unternehmensführung
- Kontrolle der Einhaltung der rechtlichen Rahmenbedingungen
- Sicherstellen ethischen Verhaltens
- Eingehen auf öffentliche Bedenken gegenüber eigenen (zukünftigen) Produkten
- Umgehen mit Risiken

Strategische Planung

- Schritte und Zeithorizonte des strategischen Planungsprozesses
- Berücksichtigung wichtiger Einflussbereiche in der strategischen Planung, wie Kundenbedürfnisse, Wettbewerbsumfeld, technologischer Wandel, eigene Stärken und Schwächen, Stärken und Schwächen der Lieferanten und Partner, finanzielle und gesellschaftliche Risiken
- Strategische Ziele und deren Übereinstimmung mit den Bedürfnissen der Stakeholder (Interessengruppen wie Anteilseigner, Mitarbeiter, Kunden, öffentliche Einrichtungen)
- Umsetzung der strategischen Ziele in Aktionspläne
- Kriterien zur Messung des Fortschritts bei der Umsetzung

Kunden- und Marktorientierung

- Definition von Zielkunden- und Marktsegmenten
- Erhebung von Kundenanforderungen und deren Bewertung, Nutzung kundenspezifischer Daten über Verkäufe, Wiedergewinnung verlorener Kunden, Reklamationen usw.
- Aufbau von Kundenbeziehungen zur Steigerung der Zufriedenheit und der Wiederholungskäufe sowie zur Erlangung von Empfehlungen
- Bestimmung von Kontaktformen mit Kunden
- Organisation des Beschwerdeprozesses inkl. der Sicherstellung von Verbesserungsmaßnahmen

- Definition der Kundenzufriedenheit und Nutzung der Zufriedenheitsdaten für Verbesserungen
- Aufrechterhaltung des Kundenkontakts, um Rückmeldungen zu erzielen
- Anpassung der Zufriedenheitsermittlung an Veränderungen

Information, Analyse und Wissensmanagement

- Sammlung und Integration von Daten aller Quellen zur Unterstützung operativer Entscheidungen
- Auswahl und Einsatz von Vergleichsdaten
- Anpassung des Leistungsmessungssystems an Veränderungen
- Durchführung von Analysen zur Bestimmung des Geschäftserfolgs
- Kommunikation der Erfolgsdaten in die Arbeitsgruppen
- Verfügbarmachung der benötigten Daten
- Sicherstellung der Zuverlässigkeit, Richtigkeit und Pünktlichkeit der Datenbereitstellung
- Nutzerfreundlichkeit und Angemessenheit der Hard- und Softwaresysteme
- Verfügbarmachung des eigenen und des Kundenwissens zur Weitergabe an die Mitarbeiter und für Verbesserungen
- Sicherstellung der Zuverlässigkeit, Aktualität, Genauigkeit usw. der Informationen

Mitarbeiterorientierung

- Organisation und Förderung der Kooperation und Innovation innerhalb der Organisation
- Motivation der Mitarbeiter zur Entfaltung ihrer Potenziale
- Förderung der Leistung und Kundenorientierung der Mitarbeiter durch das Leistungsmessungssystem
- Nachfolgeplanung im Top-Management
- Abstimmung der Personalentwicklung auf die Unternehmensziele
- Anpassung der Personalentwicklungsmaßnahmen auf Veränderungen im Umfeld
- Einsatz von Wissen und Fähigkeiten am Arbeitsplatz
- Verbesserung der Arbeitsbedingungen
- Messung der Mitarbeiterzufriedenheit
- Einsatz von Maßnahmen zur Unterstützung der Mitarbeiter inkl. sozialer Leistungen

Prozessmanagement

- Definition der zentralen Wertschöpfungsprozesse und ihres Beitrags zum Unternehmenserfolg
- Definition der Prozessanforderungen unter Berücksichtigung von Kunden, Lieferanten und Partnern
- Berücksichtigung neuer Technologien und effizienzsteigernder Verfahren bei der Prozessgestaltung
- Messkriterien für die Steuerung der Wertschöpfungsprozesse
- Einsatz von Maßnahmen für die Verbesserung der Prozessgestaltung

Geschäftsergebnis

Hier geht es um den Nachweis des Erfolgs der beschriebenen Maßnahmen anhand von Kriterien wie:

- Kundenzufriedenheit – auch im Wettbewerbsvergleich
- Wertwahrnehmung durch die Kunden
- Wiedergewinnungsraten
- Empfehlungsverhalten
- Produktleistungsmerkmale
- Finanzielles Unternehmensergebnis
- Marktanteil, -position
- Wachstumsraten
- Zahl der neu bearbeiteten Märkte
- Mitarbeiterzufriedenheit, -wohlbefinden
- Produktivität, Zeitbedarf, Leistung der Wertschöpfungsprozesse
- Beurteilung des ethischen Verhaltens und des Vertrauens in das Unternehmen

3.3 EFQM-System

Der Erfolg des US-amerikanischen Malcolm Baldrige National Quality Award weckte auch in Europa Interesse an einer solchen Auszeichnung und der Förderung der Qualität. Nicht zuletzt muss man berücksichtigen, dass eine solche Auszeichnung für die Gewinner einen ganz erheblichen Werbeeffekt darstellt. Folglich wurde in Europa durch 14 interessierte Unternehmen die European Foundation for Quality Management (EFQM) mit Sitz in Brüssel gegründet, im Gegensatz zu den USA also keine staatliche Einrichtung. Die EFQM verleiht den European Quality Award (EQA). In Deutschland wird weiterhin der Ludwig-Erhard-Preis verliehen, der sich an den EQA anlehnt und eine Art Bindeglied zwischen dem europäischen Preis sowie Initiativen einzelner Bundesländer darstellt.

Das europäische Modell weist große Ähnlichkeiten mit dem Baldrige-Modell auf, was in Anbetracht der gleichartigen Zielsetzung nicht gegen die Modelle spricht, und baut auf den Erfahrungen der Amerikaner auf. Die Zielgröße wird mit dem nicht außerhalb der Begriffsmode stehenden Begriff der „Excellence" ausgedrückt, worunter die EFQM die „überragende Vorgehensweise beim Managen einer Organisation und Erzielen ihrer Ergebnisse auf der Basis von acht Grundkonzepten" versteht. Diese Grundkonzepte lassen sich in einem Kreismodell darstellen (Abbildung 3.6).

Abbildung 3.6: Grundkonzepte der Excellence der EFQM (verändert nach European Foundation for Quality Management 2003)

Das EFQM-Modell ist aber nicht nur Grundlage für die Bewertung der Bewerber um den europäischen Qualitätspreis, sondern auch ein Modell zur Umsetzung des Qualitätsmanagements im Unternehmen, unabhängig von irgendwelchen Preisen. Nicht selten wird es als Checkliste auf dem Weg zur Umsetzung von TQM insgesamt angesehen.

Die Kriterienblöcke lassen sich zwei Gruppen zuordnen: zum einen den **Befähigern** (auch: Mittel und Wege) als Potenzialgrößen, um die Excellence zu erreichen, zum anderen den **Ergebnissen** (Abbildung 3.7). Beide Gruppen sind insgesamt gleich gewichtet. Der Pfeil „Innovation und Lernen" zurück deutet an, dass die Resultate im Sinne einer lernenden Organisation wieder verwendet werden sollen, um die Ressourcen effektiver einzusetzen.

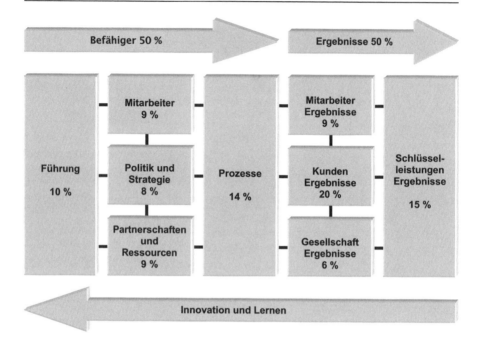

Abbildung 3.7: Kriterienstruktur des EFQM-Modells

Die konkrete Umsetzung dieses Modells muss unternehmensspezifisch vorgenommen werden, es kommt sehr stark auf Faktoren wie Branche, Unternehmensgröße, Marktverhältnisse usw. an. Im Folgenden werden als nähere Erläuterung die Kriterien für die Bewertung von Bewerbern um den European Quality Award dargestellt. Unternehmen, die unabhängig davon EFQM umsetzen wollen, orientieren sich daran, um eine Checkliste für die qualitätsrelevanten Aspekte zu erstellen.

Kriterium 1: Führung

In vier Teilkriterien sollen die Bewerber darstellen, wie die Führungskräfte

- Vision, Mission und Grundwerte entwickeln und deren Umsetzung fördern,
- durch Vorbildverhalten für die Entwicklung, Überwachung und kontinuierliche Verbesserung des Managementsystems sorgen,
- sich um Kunden, Partner und Vertreter der Gesellschaft kümmern,
- die Mitarbeiter motivieren, unterstützen und deren Leistung anerkennen.

Kriterium 2: Strategie und Planung

Bewerber weisen hier in fünf Teilkriterien nach, inwieweit ihre Strategie und Planung einschließlich ihrer Ziele, Teilziele und Prozesse

- auf den gegenwärtigen und zukünftigen Bedürfnissen und Erwartungen ihrer Interessengruppen aufgebaut sind,
- auf Informationen aus Leistungsmessung, Marktforschung sowie lernorientierten und kreativen Aktivitäten beruhen,
- ständig weiterentwickelt, überprüft und aktualisiert,
- durch ein Netzwerk von Schlüsselprozessen umgesetzt und
- kommuniziert werden,

um dadurch ihrer Vision und Mission gerecht zu werden.

Kriterium 3: Mitarbeiterorientierung

In diesem Kriterium werden von den Bewerbern in fünf Teilkriterien die Nachweise dafür verlangt, wie sie auf individueller, teamorientierter und organisationsweiter Ebene

- das gesamte Potenzial ihrer Mitarbeiterressourcen planen, managen und verbessern,
- Wissen und Kompetenzen der Mitarbeiter ermitteln, ausbauen und aufrechterhalten,
- die Mitarbeiter beteiligen und zu selbstständigem Handeln autorisieren,
- mit den Mitarbeitern kommunizieren und
- die Mitarbeiter betreuen, Leistungen belohnen und anerkennen,

um damit die Strategie und Planung sowie die Effizienz ihrer Prozesse zu unterstützen.

Kriterium 4: Partnerschaften und Ressourcen

In einer Unterteilung von fünf Teilkriterien ist in der Bewerbung zu beschreiben, wie

- externe Partnerschaften,
- Finanzen,
- Gebäude, Einrichtungen und Material,
- Technologie sowie
- Informationen und Wissen gemanagt werden,

um die Strategie und Planung in der Organisation sowie die Effektivität der Prozesse kontinuierlich zu verbessern.

Kriterium 5: Prozesse

Die wichtigsten Geschäftsprozesse sind von den Bewerbern anzugeben und in fünf Teilkriterien ist zu zeigen, wie sie zur Unterstützung ihrer Strategie und Planung ihre

- Prozesse systematisch gestalten und managen,

- Prozesse bei Bedarf unter gezieltem Einsatz von Innovationen verbessern, um Kunden und andere Interessengruppen voll zufrieden zu stellen und den Nutzen für diese zu steigern,
- Produkte und Dienstleistungen aufgrund der Bedürfnisse und Erwartungen der Kunden planen und entwickeln,
- Produkte und Dienstleistungen herstellen, liefern und betreuen sowie
- Kundenbeziehungen entsprechend aufbauen, pflegen und vertiefen.

In vier **Ergebniskriterien** zeigen die Bewerber auf, was sie durch ihr Vorgehen erreicht haben. Es besteht für sie die Aufgabe, in der Bewerbung nachzuweisen, dass über einen längeren Zeitraum – drei Jahre und mehr – besondere Ergebnisse erzielt wurden. Besonders interessant sind Aussagen, auf welches Vorgehen der Mittel-und-Wege-Seite die entsprechenden Ergebnisse zurückzuführen sind.

Kriterium 6: Kundenzufriedenheit

Bewerber sollen zu diesem Kriterium nachweisen,

- wie die Produkte, Dienstleistungen und Kundenbeziehungen durch die Kunden beurteilt werden und
- welche zusätzlichen Beurteilungs- und Messgrößen zur Erfassung der Kundenzufriedenheit eingesetzt werden, um möglichst frühzeitig Informationen über die Entwicklung der Kundenmeinungen zu erhalten.

Kriterium 7: Mitarbeiterzufriedenheit

In diesem Kriterium wird überprüft, was die Organisation in Bezug auf ihre Mitarbeiter erreicht. Es ist daher zu beschreiben, wie

- sich die Beurteilung der eigenen Organisation durch die Mitarbeiter darstellt und
- welche zusätzlichen Beurteilungs- und Messgrößen zur Erfassung der Mitarbeiterzufriedenheit eingesetzt werden.

Kriterium 8: Gesellschaftliche Auswirkungen

In diesem Kriterium ist zu beschreiben, was die Organisation in Bezug auf die Gesellschaft im beeinflussbaren Umfeld in angemessenem Umfang leistet. In der Bewerbung ist daher anzugeben, wie

- die Gesellschaft (örtlich, national, international) Auswirkungen der Organisation wahrnimmt und
- wie und auf welche Art und Weise zusätzliche Messgrößen zur Feststellung der Zufriedenheit der Gesellschaft eingesetzt werden.

Kriterium 9: Geschäftserfolge

In diesem Kriterium wird die Frage gestellt, was die Organisation in Bezug auf ihre geplanten Leistungen erreicht hat. Die Bewerber sollen nachweisen,

- mit welchen finanziellen Messgrößen der Erfolg der Organisation gemessen wird und wie sich diese entwickelt haben und

- welche nicht-finanziellen Messgrößen zusätzlich zur Messung des Organisationserfolges herangezogen werden und wie sich diese entwickelt haben.

3.4 Zertifizierung des QM-Systems nach ISO 9000 ff.

In den 80er Jahren wurde eine intensive Diskussion über die Qualität geführt. Qualität wurde als strategischer Erfolgsfaktor angesehen und sollte einen Beitrag sowohl zur Steigerung der Kundenzufriedenheit als auch zur Senkung der Kosten leisten. In diesem Zuge wurden Qualitätssicherungsverfahren sowie -managementkonzepte entwickelt.

Die Verfahren der Qualitätssicherung wurden in der internationalen Normenreihe ISO 9000 ff. (auch als DIN und EN) dargelegt. Sie beschreiben den Aufbau eines Qualitätsmanagementsystems im Unternehmen, den Ablauf entsprechender Maßnahmen, deren Dokumentation usw. Daraus ergeben sich teilweise Erfordernisse zur organisatorischen Umgestaltung und zur Verantwortung der Leitung.

Eine besondere Bedeutung erlangen die Normen für die Gestaltung der Lieferanten-Abnehmer-Beziehung. So sind sie darauf ausgerichtet, dem Lieferanten Qualitätssicherungsmaßnahmen vorzuschreiben, die den eigenen Qualitätssicherungsaufwand reduzieren. In der Regel ist damit die Forderung nach einer Zertifizierung verbunden. Der damit erbrachte Nachweis des Qualitätsmanagementsystems vereinfacht den Leistungsaustausch. Die Zertifizierung wird von einer staatlich zugelassenen Stelle vorgenommen und hat eine zeitlich begrenzte Gültigkeit. Die Zertifizierung eignet sich nicht zuletzt auch als werbliches Argument.

Gegenüber der 1994er-Version ist die Normenfamilie im Dezember 2000 gründlich überarbeitet worden. Die Normen 9002 und 9003 wurden bei dieser Gelegenheit abgeschafft, ihre Inhalte wurden in die neuen 9001 und 9004 integriert. Seit 2004 kann nur noch auf Basis der 2000er-Normen zertifiziert werden.

Eine Orientierung an den Normen ist grundsätzlich kein gesetzliches Erfordernis, ergibt sich aber oft aus den Forderungen des Marktes. Die dabei entstehenden Kosten, sowohl für den Zertifizierungsprozess selbst als auch für die zusätzlich erforderlichen innerbetrieblichen Abläufe, schrecken nicht selten ab. Sie stehen aber in der Regel Einsparungen durch verbesserte Produktqualität, geringere Reparaturaufwendungen, seltener erforderliche Audits durch (Industrie-)Kunden und oft auch einer verbesserten Kenntnis der internen Abläufe gegenüber. Für die Zertifizierung gibt es in jedem Land akkreditierte Stellen, die befugt sind, das

Qualitätssystem zu auditieren und das Zertifikat zu erteilen. Dazu gehören in Deutschland etwa der TÜV und die Deutsche Gesellschaft für Qualität.

1. Die Norm DIN EN ISO 9000:2000 (so heißt sie nunmehr vollständig) ist eine Einleitung in die Thematik des Qualitätsmanagements, die Begriffe, Ziele und Verantwortlichkeiten beschreibt. Sie stellt selbst keine Forderungen an das Qualitätsmanagement.

2. Die Norm 9001 steht jetzt im Mittelpunkt. Sie definiert die qualitätsmanagementbezogenen Forderungen und ist Grundlage der Zertifizierung.

3. Die Norm 9004 zeigt Wege zur Verbesserung des Qualitätsmanagementsystems im Hinblick auf Wirksamkeit und Wirtschaftlichkeit auf.

4. Die Norm 19011 enthält einen Leitfaden zum Auditieren von Qualitätsmanagement- und Umweltmanagement-Systemen (über DIN EN ISO 9001 hinausgehende Anleitung, um die Gesamtleistung der Organisation zu steigern).

Allgemein basiert das den Normen zugrunde liegende Verständnis von einem Qualitätsmanagement auf **acht Prinzipien**:

1. Kundenorientierung der Organisation

2. Rolle der Führung für die Zielerreichung

3. Beteiligung der Mitarbeiter

4. Prozessorientierung

5. Systemorientiertes Vorgehen

6. Ständige Verbesserung

7. Entscheidungsfindung auf Basis von Daten und Informationen

8. Gestaltung von für beide Seiten vorteilhaften Lieferantenbeziehungen

---

Abbildung 3.8 zeigt das prozessuale Verständnis der Normenreihe.

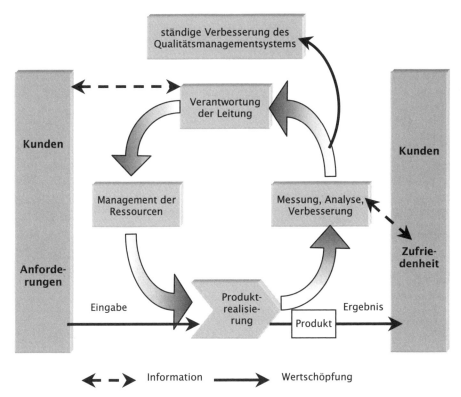

Abbildung 3.8: Modell des prozessorientierten Qualitätsmanagements der ISO-9000-Normenreihe

In der DIN EN ISO 9001:2000 sind fünf Hauptgruppen von Forderungen zu unterscheiden:

Abschnitt 4: QM-Systemanforderungen
Abschnitt 5: Verantwortung der Leitung
Abschnitt 6: Ressourcenmanagement
Abschnitt 7: Prozessmanagement
Abschnitt 8: Messung, Analyse und Verbesserung

Wesentliche Inhalte in Kurzform:

4 Qualitätsmanagementsysteme

Allgemeine Anforderungen an die Organisation

Das Unternehmen muss ein Qualitätsmanagementsystem entwickeln und die für seine Umsetzung erforderlichen Prozesse festlegen, überwachen und analysieren. Es soll an ihrer ständigen Weiterentwicklung arbeiten, um ihre Wirksamkeit zu verbessern.

Dokumentationsanforderung

Das Unternehmen muss ein Qualitätsmanagementhandbuch erstellen, in dem die Verfahren und Dokumente des QM-Systems erläutert sind. Dokumente und Aufzeichnungen müssen gelenkt werden, so dass sie stets verfügbar und auf dem aktuellen Stand sind.

5 Verantwortung der Leitung

Die oberste Leitung ist verpflichtet, für die Entwicklung und Umsetzung des QM-Systems zu sorgen. Sie legt die Qualitätspolitik und Qualitätsziele fest, stellt die Verfügbarkeit von Ressourcen sicher und führt Managementbewertungen durch. Sie muss den Mitarbeitern die Bedeutung und Erfüllung der Kundenanforderungen und gesetzlicher Anforderungen vermitteln. Ferner muss sie innerhalb der Leitung einen Beauftragten für das QM-System bestimmen.

Um die Kontrolle der Einhaltung der Prozessabläufe zu gewährleisten, werden im Unternehmen Verantwortungsbereiche und Befugnisse festgelegt. Die Qualitätsbeauftragten stellen die Einführung der für das Qualitätsmanagementsystem erforderlichen Prozesse sicher, ebenso deren Verwirklichung und Aufrechterhaltung. Sie fördern ebenfalls das Bewusstsein für die Kundenanforderungen in der gesamten Organisation.

Die oberste Leitung ist verpflichtet, ihr Qualitätsmanagementsystem in festen Abständen zu bewerten, um die Wirksamkeit des Systems zu prüfen und es den sich stetig ändernden Kundenanforderungen anpassen zu können. Dafür eignen sich interne Audits, Rückmeldungen von Kunden, Prozessleistung, Fehler bei den Produkten sowie Änderungen, die sich auf das Qualitätsmanagementsystem auswirken könnten.

6 Management der Ressourcen

Die Organisation muss die erforderlichen Mittel festlegen und zur Verfügung stellen, um das Qualitätsmanagementsystem verwirklichen und erhalten zu können. Die Mittel beziehen sich auf

- personelle Ressourcen, d. h. Motivation und Schulung des Personals,
- Infrastruktur, d. h. Gebäude/Anlagen, Prozessausrüstungen (Hard- und Software) und unterstützende Dienstleistungen (Transport und Kommunikation), und
- Arbeitsumgebung.

7 Produktrealisierung

7.1 Planung der Produktrealisierung

Der Prozess, um zu dem vom Kunden gewünschten Produkt zu gelangen, ist zu planen und zu dokumentieren. Die Planung der Produktrealisation muss die Qualitätsziele und die Anforderungen an das Produkt enthalten. Darin muss auch beschrieben sein, welche Prozesse eingeführt werden müssen, wie die Dokumente zu erstellen sind und welche Ressourcen bereitgestellt werden müssen.

7.2 Kundenbezogene Prozesse

7.2.1 Ermittlung der Anforderungen in Bezug auf das Produkt

Die Organisation muss die Kundenanforderungen, auch die nach der Lieferung, einschließlich der vom Kunden nicht angegebenen, die jedoch für den beabsichtigten Gebrauch notwendig sind, sowie gesetzliche und behördliche Anforderungen ermitteln.

7.2.2 Bewertung der Anforderungen in Bezug auf das Produkt

Vor dem Eingehen einer Lieferverpflichtung muss die Organisation die Anforderungen in Bezug auf das Produkt bewerten, auch wenn der Kunde keine dokumentierten Anforderungen vorlegt. Die Ergebnisse der Bewertung und deren Folgemaßnahmen müssen aufgezeichnet werden.

7.2.3 Kommunikation mit dem Kunden

Es müssen Regelungen für die Kommunikation mit Kunden, bezogen auf Produktinformationen, Anfragen, Auftrags- und Änderungsbearbeitung sowie Kundenrückmeldungen und –beschwerden, festgelegt und verwirklicht werden.

7.3 Entwicklung

7.3.1 Entwicklungsplanung

Die Organisation muss eine wirksame Kommunikation zwischen den an der Entwicklung beteiligten Gruppen sicherstellen. Dabei sind die Entwicklungsphasen festzulegen, angemessen zu bewerten, zu verifizieren und die Verantwortungen für die Entwicklung zu beschreiben.

7.3.2 Entwicklungseingaben

Die Funktions- und Leistungsanforderungen, gesetzliche und behördliche Anforderungen an das Produkt müssen ermittelt und aufgezeichnet werden. Dazu gehören auch aus früheren ähnlichen Entwicklungen abgeleitete Informationen und andere für die Entwicklung wesentliche Anforderungen.

7.3.3 Entwicklungsergebnisse

Die Entwicklungsergebnisse müssen vor der Freigabe genehmigt werden. Sie müssen die Vorgaben erfüllen und die Informationen für Beschaffung, Produktion und Dienstleistungserbringung sowie Annahmekriterien für das Produkt und dessen Merkmale für einen bestimmungsgemäßen Gebrauch enthalten.

7.3.4 Entwicklungsbewertung

In geeigneten Phasen müssen systematische Entwicklungsbewertungen durchgeführt werden, die die Erfüllbarkeit der Qualitätsanforderungen beurteilen und Lösungsmöglichkeiten für erkannte Probleme vorschlagen.

7.3.5 Entwicklungsverifizierung

Die Entwicklungsergebnisse müssen verifiziert werden, um sicherzustellen, dass die Entwicklungsvorgaben erfüllt werden.

7.3.6 Entwicklungsvalidierung

Um sicherzustellen, dass das Produkt die Anforderungen für die vorgesehene Anwendung erfüllt, muss eine Entwicklungsvalidierung durchgeführt werden.

7.3.7 Lenkung von Entwicklungsänderungen

Änderungen von Entwicklungen müssen gekennzeichnet, bewertet, verifiziert und validiert sowie vor ihrer Einführung genehmigt werden. Dabei müssen die Auswirkungen der Änderungen auf die Bestandteile und bereits gelieferte Produkte beurteilt werden.

7.4 Beschaffung

7.4.1 Beschaffungsprozess

Die Organisation muss für die Auswahl ihrer Lieferanten diese auch beurteilen. Die Auswahlkriterien, Beurteilung und Neubeurteilung müssen festgelegt und aufgezeichnet werden. Die beschafften Produkte müssen den Beschaffungsanforderungen entsprechen.

7.4.2 Beschaffungsangaben

Die Organisation muss angemessene Beschaffungsanforderungen für das zu beschaffende Produkt festlegen, bevor sie sie dem Lieferanten mitteilt. Sie enthalten Anforderungen zur Genehmigung von Produkten, Verfahren, Prozessen und Ausrüstung, an die Qualifikation des Personals und an das Qualitätsmanagementsystem.

7.4.3 Verifizierung von beschafften Produkten

Es sind Prüfungen festzulegen, die sicherstellen, dass das beschaffte Produkt die festgelegten Beschaffungsanforderungen erfüllt. Wenn Verifizierungstätigkeiten beim Lieferanten beabsichtigt sind, muss die Organisation diese und die Methode zur Freigabe des Produkts in den Beschaffungsausgaben festlegen.

7.5 Produktion und Dienstleistungserbringung

7.5.1 Lenkung der Dienstleistungserbringung

Produktion und Dienstleistungserbringung müssen von der Organisation unter beherrschten Bedingungen geplant und durchgeführt werden. Diese betreffen die Verfügbarkeit der Beschreibung der Produktmerkmale, von notwendigen Arbeitsanweisungen, des Gebrauchs geeigneter Ausrüstung und von Überwachungs- und Messmitteln. Ebenso betreffen sie die Verwirklichung von Überwachungen und Messungen und von Freigabe- und Liefertätigkeiten sowie Tätigkeiten nach der Lieferung.

7.5.2 Validierung der Prozesse zur Produktions- und Dienstleistungserbringung

Kann das Ergebnis von Produktionsprozessen und Dienstleistungserbringung nicht durch nachfolgende Überwachung oder Messung verifiziert werden, muss die Organisation diese validieren. Die Validierung muss darlegen, dass die Prozesse fähig sind, die geplanten Ergebnisse zu erreichen.

Für diese Prozesse muss die Organisation Regelungen festlegen, die Merkmale für die Bewertung und Genehmigung der Prozesse, Genehmigung der Ausrüstung, Qualifikation des Personals, Gebrauch spezifischer Methoden und Verfahren, Anforderungen zu Aufzeichnungen und erneuter Validierung enthalten.

7.5.3 Kennzeichnung und Rückverfolgbarkeit

Das Produkt muss, wo angemessen, während der gesamten Produktrealisierung gekennzeichnet sein. Sein Status hinsichtlich Überwachungs- und Messanforderungen ist zu kennzeichnen. Ist eine Rückverfolgbarkeit gefordert, muss die Organisation dessen eindeutige Kennzeichnung lenken und auszeichnen.

7.5.4 Eigentum des Kunden

Solange sich Eigentum des Kunden im Lenkungsbereich der Organisation befindet, ist sorgfältig damit umzugehen. Dieses ist zu kennzeichnen, zu verifizieren und zu schützen.

7.5.5 Produkterhaltung

Während der internen Verarbeitung und Auslieferung des Produktes und seiner Bestandteile muss die Konformität erhalten werden. Dies schließt die Kennzeichnung, Handhabung, Verpackung, Lagerung und den Schutz ein.

7.6 Lenkung von Überwachungs- und Messmitteln

Zum Nachweis der Konformität des Produkts muss die Organisation erforderliche Überwachungs- und Messmethoden ermitteln. Es muss sichergestellt werden, dass die Messmittel jederzeit gültige Ergebnisse liefern.

8 Messung, Analyse und Verbesserungen

8.1 Allgemeines

Die Organisation muss die Überwachungs-, Mess-, Analyse- und Verbesserungsprozesse planen und verwirklichen, um die Konformität des Produktes und des Qualitätsmanagementsystems zu gewährleisten und dessen Wirksamkeit ständig zu verbessern.

8.2 Überwachung und Messung

8.2.1 Kundenzufriedenheit

Die Organisation muss Informationen über die Kundenzufriedenheit überwachen und Methoden zu ihrer Ermittlung festlegen.

8.2.2 Internes Audit

Interne Audits müssen in geplanten Abständen durchgeführt werden, um zu ermitteln, ob alle Anforderungen an das Qualitätsmanagementsystem erfüllt und aufrechterhalten werden. Ein dokumentiertes Verfahren muss festlegen, welche Verantwortungen und Anforderungen zur Planung und Durchführung der Audits und den damit verbundenen Ergebnissen und deren Aufzeichnungen bestehen.

8.2.3 Überwachung und Messung von Prozessen

Die Organisation muss geeignete Methoden zur Überwachung und ggf. Messung der Prozesse anwenden. Diese Messmethoden müssen bestätigen, dass die Prozesse die geplanten Ergebnisse erfüllen können. Werden sie nicht erreicht, müssen Korrekturen die Produktkonformität sicherstellen.

8.2.4 Überwachung und Messung des Produktes

Produktmerkmale müssen überwacht und gemessen werden, um die Erfüllung der Produktanforderungen zu verifizieren.

8.3 Lenkung fehlerhafter Produkte

Der unbeabsichtigte Gebrauch oder die Auslieferung eines fehlerhaften Produktes muss durch Kennzeichnung und Lenkung verhindert werden. Dafür muss die Organisation ein Verfahren festlegen, das die Maßnahmen und Verantwortlichkeiten für den Umgang mit fehlerhaften Produkten enthält: Fehlerbeseitigung, Genehmigung für Sonderfreigaben und Ausschluss ihres beabsichtigten Gebrauchs.

8.4 Datenanalyse

Für die Beurteilung der Eignung des Qualitätsmanagementsystems muss die Organisation geeignete Daten erfassen und analysieren, die Informationen über Kundenzufriedenheit, Erfüllung der Produktanforderungen, Prozess- und Produktmerkmale und deren Weiterentwicklung sowie Lieferanten enthalten.

8.5 Verbesserung

8.5.1 Ständige Verbesserung

Die Wirksamkeit des Qualitätsmanagementsystems muss von der Organisation ständig verbessert werden. Dazu stehen Qualitätspolitik, Qualitätsziele, Auditergebnisse, Datenanalysen, Korrektur- und Vorbeugemaßnahmen sowie Managementbewertung zur Verfügung.

8.5.2 Korrekturmaßnahmen

Ursachen von Fehlern müssen beseitigt werden. Die Anforderungen an die erforderlichen Korrekturmaßnahmen müssen in einem dokumentierten Verfahren festgehalten werden. Dieses beinhaltet Angaben zur Fehlerbewertung (einschließlich Kundenbeschwerden), Fehlerursachen, Verhinderung von deren erneutem Auftreten, dafür erforderliche Maßnahmen und deren Ergebnisse sowie deren Bewertung.

8.5.3 Vorbeugungsmaßnahmen

Vorbeugungsmaßnahmen sind festzulegen, um das Auftreten möglicher Fehler zu verhindern. Hierzu gehört Ermittlung potenzieller Fehler und ihrer Ursachen, Ermittlung und Verwirklichung erforderlicher Maßnahmen, Aufzeichnung von deren Ergebnissen und Bewertung der ergriffenen Vorbeugungsmaßnahmen.

3.5 ISO 10006 – Qualitätsmanagement in Projekten

Während in der ISO 9001 von *Produkten* als Endergebnis der Unternehmenstätigkeit die Rede ist, geht es in der ISO 10006 um *Projekte*. Ihr Ziel ist es, eine Anleitung für die Anwendung von Qualitätsmanagement in Projekten zu geben. Die Projekte sind inhaltlich nicht näher spezifiziert, die Norm kann daher auf alle Arten von Projekten angewendet werden. Dies ist vor allem deswegen wichtig, weil für den Bereich der Softwareprojekte verschiedene Konzepte und Modelle existieren, die gewisse Bezüge zum Qualitätsmanagement haben, siehe etwa das V-Modell XT der Bundesrepublik Deutschland für Softwareprojekte für öffentliche Auftraggeber.

Die ISO 10006 beschreibt nach den einleitenden Abschnitten 1–3 in 4.1 die Charakteristika von Projekten (im Kapitel 1 zitiert) und in 4.2 die Grundsätze des Qualitätsmanagements (wie bei der ISO 9001), so dass wir bei 5 beginnen.

5 Verantwortung der Leitung

Die oberste Leitung der Träger- und Projektorganisationen ist dafür verantwortlich, ein effektives und wirksames QM-System für ein Projekt im Rahmen eines umfassenden QM-Systems zu entwickeln. Dieses sollte in geplanten Abständen durch die Leitung der Projektorganisation bewertet werden.

Die drei Hauptaufgaben des QM betreffen das Management von Ressourcen, die Projektrealisierung sowie Messung, Analyse und Verbesserung.

6 Management von Ressourcen

6.1 Ressourcenbezogene Prozesse

Zu den Ressourcen für Projekte werden die Kategorien Ausrüstungen, Einrichtungen, Finanzmittel, Informationen, Material, Software, Personal, Dienstleistungen und Räumlichkeiten gezählt. Diese Ressourcen müssen geplant und gelenkt werden.

6.2 Personalbezogene Prozesse

Hierbei soll eine Umgebung geschaffen werden, in der das Personal wirksam und effizient arbeiten kann. Die Projektorganisationsstruktur muss festgelegt werden, wobei die Rollen, Befugnisse und Verantwortungen geregelt werden. Weiterhin ist ausreichendes und angemessen qualifiziertes Personal bereitzustellen. Schließlich sollen die Teamfähigkeiten erhöht werden.

7 Projektrealisierung

7.1 Allgemeines

(...)

7.2 Abhängigkeitsbezogene Prozesse

In einem Projekt finden mehrere geplante und voneinander abhängige Prozesse statt, die zu dokumentieren sind. Dazu gehören die Gründung des Projekts und die Entwicklung des Projektmanagementplans, die Handhabung von Interaktionen, die Vornahme von Änderungen während der Laufzeit sowie der Projektabschluss und die Handhabung von Rückmeldungen.

7.3 Umfangsbezogene Prozesse

Die Zielsetzung des Projekts und sein arbeitsmäßiger Umfang müssen bestimmt werden. Dies schließt ein, das Konzept für das Projekt zu entwickeln, die Eigenschaften des Projektprodukts in messbaren Größen festzulegen, notwendige Vorgänge zu definieren und schließlich ein Controlling der Projektarbeit vorzunehmen.

7.4 Zeitbezogene Prozesse

Durch eine genaue Planung der zeitlich voneinander abhängigen Vorgänge soll der rechtzeitige Projektabschluss sichergestellt werden. In diesem Zusammenhang müssen die Abhängigkeiten der Vorgänge untereinander geplant, Aufwand und Dauer der Vorgänge geschätzt, muss ein Zeitplan entwickelt und dieser kontrolliert werden.

7.5 Kostenbezogene Prozesse

Mit diesen Aktivitäten soll sichergestellt werden, dass die Projektkosten nicht den Budgetrahmen überschreiten. Dabei sind die Kosten zu schätzen, ist auf dieser Basis ein Budgetplan aufzustellen und sind die Kosten zu kontrollieren.

7.6 Kommunikationsbezogene Prozesse

Diese Prozesse sollen den Austausch von Informationen im Rahmen des Projekts erleichtern. Dazu ist das Informations- und Kommunikationssystem zu planen, sind notwendige Informationen verfügbar zu machen und ist die Kommunikation zu lenken.

7.7 Risikobezogene Prozesse

Risiken, die während des Projekts auftreten können, sollen durch den Einsatz eines Risikomanagements handhabbar gemacht werden. Dies schließt die Identifikation, Bewertung, Handhabung und Lenkung von Risiken ein.

7.8 Beschaffungsbezogene Prozesse

Diese Prozesse beziehen sich auf für das Projekte beschaffte Produkte und Dienstleistungen. Dafür ist ein Beschaffungsplan zu erstellen und sind Beschaffungsanforderungen zu dokumentieren. Lieferanten sollen beurteilt und die Handhabung von Angeboten und Verträgen soll beschrieben werden. Schließlich ist die Vertragserfüllung zu kontrollieren.

8 Messung, Analyse und Verbesserung

8.1 Verbesserungsbezogene Prozesse

Aus abgeschlossenen Projekten soll für die Zukunft gelernt werden. Daher sollen die Projektergebnisse gemessen, dokumentiert und analysiert werden. Ein Vorgehensmodell zur Steuerung von Korrekturmaßnahmen wird gefordert.

8.2 Messung und Analyse

Es ist zu beschreiben, wie individuelle Vorgänge beurteilt, Projektprodukte und Projekte selbst auditiert und Lieferanten beurteilt werden sowie die Erreichung der Projektziele bewertet und die Zufriedenheit von Kunden gemessen wird.

8.3 Ständige Verbesserung

Es soll festgelegt werden, wie Trägerorganisation und Projektorganisation vorgehen sollen, um den Projektprozess ständig zu verbessern.

Die Norm ISO 10006 ist darauf ausgerichtet, ein Minimum an Projektmanagement bzw. -controlling vorzusehen. Die geforderten Instrumente gehen nicht über das hinaus, was im Rahmen eines umfassenden Projektmanagements ohnehin geleistet wird. Während bei dauerhaften Strukturen eine recht weit gehende Einheitlichkeit im Qualitätsmanagement anzustreben ist (darauf sind die ISO 9000 ff. ausgerichtet), muss beim Projektmanagement eine erhebliche Flexibilität erhalten bleiben. Insofern sind die hier zu findenden Regelungen auch recht allgemein gehalten und müssen bezüglich jeweiliger Projektarten angepasst werden.

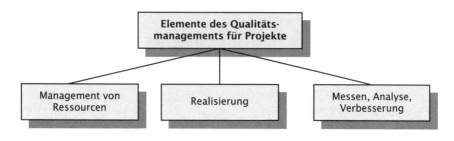

Ressourcensteuerung

Planung und Soll-Ist-
Vergleich von:

- Ausrüstungen
- Einrichtungen
- Finanzmittel
- Informationen
- Material
- Software
- Personal
- Dienstleistungen
- Räumlichkeiten

Personalmanagement

- Festlegung von
  Verantwortungen
- Zuweisung von
  Personal
- Teamentwicklung

Projektkoordination

- Gründung
- Planung
- Interaktions- und Ände-
  rungsmanagement
- Abschluss

Projektkonzeption

Zeitmanagement

- Planung d. Projektstruktur
- Aufwands- und
  Zeitschätzung
- Zeitplanung und -kontrolle

Budgetsteuerung

- Kostenschätzung
- Budgetplanung
- Budgetkontrolle

Projektkommunikation

- Informations- und Kommu-
  nikationssystem
- Informationsverfügbarkeit
- Kommunikationscontrolling

Risikomanagement

- Risikoidentifikation
- Risikobewertung
- Risikobewältigung
- Risikocontrolling

Beschaffungsmanagement

- Beschaffungsplanung
- Lieferantenbeurteilung
- Vertragsmanagement

**Steuerung der
Kontrolle**

Entwicklung eines
Modells zur Steuerung
von Korrektur- und
Vorbeugungsmaßnah-
men

Datenerhebung

- Analyse von Vorgängen
- Projektaudit
- Lieferantenbeurteilung
- Projektzielbewertung
- Messung der Kunden-
  zufriedenheit

Prozessverbesserung

- bei der
  Trägerorganisation
- bei der
  Projektorganisation

Abbildung 3.9: Wesentliche Inhalte der ISO 10006

Nichtsdestotrotz lässt sich aus der Norm eine Mindestanforderung an ein qualitätsorientiertes Projektmanagement formulieren. Abbildung 3.9 listet die einzelnen Elemente des Qualitätsmanagements in strukturierter Form und eingängiger formuliert auf. Sie kann als Checkliste verwendet werden, um die Vollständigkeit des Projektmanagements in einem konkreten Fall zu prüfen.

3.6 Projektmanagement-Award

Der Deutsche Projektmanagement-Award wird seit 1997 von der GPM Deutsche Gesellschaft für Projektmanagement e. V. in Zusammenarbeit mit der Dachorganisation IPMA International Association for Project Management verliehen. Interessierte Unternehmen müssen sich bei der GPM bewerben und ein erfolgreich umgesetztes Projektmanagement nachweisen. Die Bewertung erfolgt anhand von Kriterien, die sich an das EFQM-Modell anlehnen. Dementsprechend erfolgt eine Zweiteilung in eine projektmanagementbezogene und eine ergebnisbezogene Bewertung mit gleichem Gewicht.

Das Urteil, inwieweit die Kriterien erfüllt wurden, ist abhängig von der Einschätzung der Jury. Sie nimmt ihr Urteil anhand einer verbalen Skala vor. Abbildung 3.10 gibt diese für die Bewertung des Projektmanagements wieder, Abbildung 3.11 die für die Bewertung der Projektergebnisse.

Überblick über die Bewertungskriterien:

Bereich Projektmanagement (500 Punkte)

1. Zielorientierung (140 Punkte)

Wie das Projekt seine Ziele aufgrund umfassender Informationen über die Anforderungen seiner Interessengruppen formuliert, entwickelt, überprüft und umsetzt.

Es ist nachzuweisen, wie

1.1 die Interessengruppen und deren Erwartungen und Anforderungen identifiziert werden,

1.2 die Projektziele auf der Basis umfassender und relevanter Informationen entwickelt sowie konkurrierende Interessen integriert werden und wie

1.3 die Projektziele vermittelt, anerkannt, überprüft und angepasst werden.

2. Führung (80 Punkte)

Wie das Verhalten aller Führungskräfte im Projekt „Project Excellence" inspiriert, unterstützt und promotet.

Es ist nachzuweisen, wie alle Führungskräfte des Projekts

2.1 „Project Excellence" glaubwürdig vorleben, wirksam promoten und aktiv Verbesserungen innerhalb des Projekts fördern und

2.2 sich um Kunden, Lieferanten und andere Organisationen bemühen.

3. Mitarbeiter (70 Punkte)

Wie die Projektmitarbeiter einbezogen und ihre Potentiale erkannt und genutzt werden.

Es ist nachzuweisen, wie

3.1 die Potentiale aller Mitarbeiter erkannt, im Sinne der Projektziele genutzt, aufrechterhalten und weiterentwickelt werden und wie

3.2 alle Mitarbeiter einbezogen, beteiligt und zu selbständigem Handeln autorisiert werden.

4. Ressourcen (70 Punkte)

Wie die vorhandenen Ressourcen wirksam und effizient eingesetzt werden.

Es ist nachzuweisen, wie das Projekt

4.1 Finanzmittel,

4.2 Informationen,

4.3 Lieferanten (Unterauftragnehmer) und deren Lieferungen und Leistungen und

4.4 andere Ressourcen plant und steuert.

5. Prozesse (140 Punkte)

Wie im Projekt wertschöpfende Prozesse identifiziert, überprüft und gegebenenfalls verändert werden.

Es ist nachzuweisen, wie

5.1 die für den Projekterfolg wesentlichen Prozesse systematisch identifiziert, geführt, überprüft sowie angepasst und optimiert werden,

5.2 Projektmanagementmethoden und -systeme effektiv eingeführt, angewandt und verbessert werden und wie

5.3 das Projekt die entstandenen und entstehenden Erfahrungen so aufbereitet und darstellt, dass diese für andere Projekte personenunabhängig nutzbar sind.

Bereich Projektergebnisse (500 Punkte)

6. Kundenzufriedenheit (180 Punkte)

Was das Projekt im Hinblick auf die Erwartungen und die Zufriedenheit seiner Kunden leistet.

Es ist nachzuweisen, wie die Kunden das Projekt in seinen Leistungen und Ergebnissen

6.1 direkt und

6.2 anhand weiterer Messgrößen indirekt beurteilen.

Die Darstellung zu 6.1 und 6.2 sollte differenziert nach den verschiedenen Kundengruppen erfolgen.

7. Mitarbeiterzufriedenheit (80 Punkte)

Was das Projekt im Hinblick auf die Erwartungen und Zufriedenheit seiner Mitarbeiter leistet.

Es ist nachzuweisen, wie die Mitarbeiter und Führungskräfte das Projekt, die Zusammenarbeit im Projekt sowie die Leistungen und Ergebnisse des Projekts

7.1 direkt und

7.2 anhand weiterer Messgrößen indirekt beurteilen.

8. Zufriedenheit bei sonstigen Interessengruppen (60 Punkte)

Was das Projekt im Hinblick auf die Erwartungen und Zufriedenheit sonstiger Interessengruppen leistet.

Es ist nachzuweisen, wie die sonstigen Interessengruppen die Auswirkungen des Projektes

8.1 direkt wahrnehmen und

8.2 anhand weiterer Messgrößen indirekt beurteilen.

Die Darstellung zu 8.1 und 8.2 sollte differenziert nach den verschiedenen Interessengruppen erfolgen.

9. Zielerreichung (180 Punkte)

Was das Projekt im Hinblick auf das geplante Projektziel leistet.

9.1 Es ist nachzuweisen, inwieweit das Projekt die Ziele erreicht (75 %).

9.2 Es ist anhand über 9.1 hinausgehender Messgrößen die „Performance" des Projekts nachzuweisen (25 %).

Bewertungstabellen für den Projektmanagement-Award:

Bereich Projektmanagement

Diese Bewertungstabelle ist auf die Kriterien 1–5 anzuwenden (Abbildung 3.10).

Bereich Projektergebnisse

Diese Bewertungstabelle ist auf die Kriterien 6–9 anzuwenden (Abbildung 3.11).

Fundiertes Vorgehen	Systematik und Prävention	Überprüfung des Vorgehens	Verfeinerung und verbesserte geschäftliche Effektivität	Integration in die normale Projektarbeit und Planung	Vorbild für andere Projekte	Bewertung
viele klare Nachweise	viele klare Nachweise	häufig und regelmäßig	viele klare Nachweise	vollkommene Integration	könnte als Vorbild dienen	100 %
klare Nachweise	klare Nachweise	häufig	klare Nachweise	sehr gute Integration		75 %
Nachweis	Nachweis	gelegentlich	Nachweis	gute Integration		50 %
einige Nachweise	einige Nachweise	selten	einige Nachweise	teilweise Integration		25 %
keine						0 %

Für die Bewertung jeder Spalte kann eine der fünf Stufen von 0 %, 25 %, 50 %, 75 % oder 100 % gemäß Tabelle oder ein Zwischenwert gewählt werden.

Abbildung 3.10: Bewertung des Projektmanagements

Vergleiche mit eigenen Zielen	Vergleiche mit anderen Projekten	Kontinuität	Ergebnisse sind auf das Vorgehen zurückzuführen	Bewertung
ausgezeichnete Vergleiche in allen Bereichen*	ausgezeichnete Vergleiche in allen Bereichen*	positive Trends oder anhaltend hervorragende Leistungen in allen Bereichen*	vollkommen	100 %
günstige Vergleiche in den meisten Bereichen	günstige Vergleiche in den meisten Bereichen	positive Trends oder anhaltend sehr gute Leistungen in den meisten Bereichen	die meisten	75 %
günstige Vergleiche in einigen Bereichen	günstige Vergleiche in einigen Bereichen	positive Trends oder anhaltend gute Leistungen in vielen Bereichen	viele	50 %
günstige Vergleiche in wenigen Bereichen	günstige Vergleiche in wenigen Bereichen		einige	25 %
keine Vergleiche	keine Vergleiche		keine Verbindung erkennbar	0 %

* In allen Projektteilen (zeitlich, organisatorisch, thematisch).

Abbildung 3.11: Bewertung der Projektergebnisse

Die Geschichte eines Projekts, Teil 3

Frau Bergmann, die Geschäftsführerin, beruft ein Statusmeeting ein, in dem alle relevanten Faktoren im Zusammenhang mit dem Springbrunnenprojekt gesammelt und analysiert werden sollen. Sie hat bislang viele verschiedene Stellungnahmen gehört, ohne aber der Ursache näher gekommen zu sein. Vertriebsleiter Hemmerich ergreift zuerst das Wort und beschwert sich darüber, nicht schon vor dem Projektstart nach seiner Meinung gefragt worden zu sein. Er hätte gleich erkennen können, dass das so nicht gehen würde. In der kurzen Zeit könne man ja gar keine ordentliche Qualität erzeugen.

Die Produktmanagerin Frau Weber, die das Projekt leitete, wirft ihm daraufhin vor, nachher ja immer alles besser zu wissen. Er hätte überhaupt keine Möglichkeit gehabt, sich ein Bild von der Qualität zu machen. Vielmehr hätten seine Leute durch nicht genehmigte Zusagen dem Handel gegenüber die Situation nur verschärft. Das weist dieser von sich und betont vielmehr, sich besonders dafür eingesetzt zu haben, die Problematik zu entschärfen. Es könne ja nicht seine Schuld sein, dass das Unternehmen nicht mitziehe. Damit fühlt sich Marketingleiter Schildt angesprochen und weist darauf hin, er könne nicht alles unterstützen, was andere in seinem Namen versprechen. Angesichts ausgeschöpfter Budgets seien ihm bei der Durchführung von Werbemaßnahmen die Hände gebunden.

Angesichts der gegenseitigen Schuldzuweisungen zwischen Marketing und Vertrieb wendet sich Frau Bergmann an den Leiter Einkauf, Herrn Klasen. Sie habe ihn ja extra angewiesen, neue Teile zu beschaffen und mit den Lieferanten „Tacheles" zu reden. Das bestreitet er auch nicht, bestreitet aber, dass es alleine an den gekauften Teilen läge. Zum einen seien natürlich unter dem hohen Zeitdruck Zugeständnisse bei der Auswahl der Lieferanten zu machen gewesen, zum anderen käme offensichtlich auch das Design nicht so gut an. Man habe ja nicht nur Reklamationen zu beklagen, sondern auch allgemein schlechte Verkaufszahlen. Die nachgebesserten Geräte würden recht gut funktionieren, jedenfalls könnten fast alle Reklamationen endgültig erledigt werden. Man hätte vielleicht vorab die Entwürfe einmal testen sollen, um zu sehen, ob sie überhaupt ankämen.

Frau Weber fühlt sich angesprochen und geht Klasen direkt an. Er habe den Druck gemacht und auf die Problematik um Weihnachten hingewiesen, dass man schnell handeln müsse, um den Plan noch einzuhalten. Von einem Test habe er damals nichts gesagt. Das sei auch nicht seine Aufgabe, dafür werde er nicht bezahlt, wohl eher die Produktmanagerin. Frau Bergmann sieht das Meeting aus dem Ruder laufen und schließt es ab. Sie fordert jeden Teilnehmer auf, einen kurzen Bericht zu verfassen und ihn ihr nach zwei Tagen einzureichen.

3.7 Vorgehensmodell (V-Modell) XT

Das V-Modell stellt im Rahmen dieses Kapitels einen Sonderfall dar und ist nicht direkt mit einer internationalen Norm zu vergleichen. Letztlich geht es aber um das gleiche Ziel wie bei einer Norm für das Qualitätsmanagement in Projekten. Es wurde speziell für IT-Projekte entwickelt und enthält konkrete Vorgaben, die im Falle eines anderweitigen Einsatzes verallgemeinert werden müssen, während es bei den anderen vorgestellten Konzepten umgekehrt ist.

Im Jahr 1997 wurde vom Bund, d. h. dem Bundesministerium der Verteidigung und dem Bundesministerium des Inneren, das so genannte V-Modell 97 veröffentlicht. Dabei handelte es sich um einen Entwicklungsstandard für IT-Systeme, der für Auftragnehmer eine Anleitung für die Erstellung von IT-Systemen für den Bund darstellte. Dieses Modell erwies sich aufgrund der Entwicklung in der Branche bald als überholt und wurde wenig eingesetzt. 2004 wurde eine Überarbeitung erstellt, die neuere Entwicklungen und Techniken berücksichtigt. Es heißt jetzt „V-Modell XT".

Ganz allgemein ist das Ziel dieses Modells die Gewährleistung von Qualität bei Softwareprojekten. In Anbetracht der bereits dargestellten Schwierigkeiten bei Großprojekten öffentlicher Auftraggeber ist ein solches Konzept dringend notwendig. Im Einzelnen werden folgende Ziele verfolgt (V-Modell 2004, S. 1-6):

- **Minimierung der Projektrisiken** – Das V-Modell erhöht die Projekttransparenz und erleichtert die Planung. Es legt standardisierte Vorgehensweisen fest und beschreibt zugehörige Ergebnisse und Rollen der Projektmitglieder.

- **Verbesserung und Gewährleistung der Qualität** – Durch die Standardisierung soll die Vollständigkeit der gelieferten Ergebnisse gewährleistet sein. Definierte Zwischenergebnisse ermöglichen es, frühzeitig die Zielerreichung zu prüfen.

- **Eindämmung der Gesamtkosten über den gesamten Projekt- und Systemlebenszyklus** – Die Standardisierung ermöglicht eine transparente Kalkulation und Steuerung der Kosten, die Ergebnisse sind leichter nachvollziehbar. Damit soll die Abhängigkeit des Auftraggebers vom Auftragnehmer reduziert werden.

- **Verbesserung der Kommunikation zwischen allen Beteiligten** – Reibungsverluste zwischen den Projektbeteiligten werden durch die einheitliche Beschreibung der Bestandteile reduziert.

Ein wichtiges Element der Konzeption sind die Zielgruppen des V-Modells. Es wendet sich an Auftraggeber und -nehmer gleichermaßen, so dass es für beide eine Grundlage der Projektabwicklung darstellt. Eine Beschränkung ergibt sich aus der Anwendbarkeit auf drei Projekttypen, was andere Arten von Projekten von der Anwendung ausschließt. So werden nur Systementwicklungsprojekte eines Auftraggebers und eines Auftragnehmers sowie die Einführung und Pflege eines organisationsspezifischen Vorgehensmodells betrachtet. Für diese Projekttypen ergeben sich jeweils unterschiedliche Vorgehensweisen. Wir lassen diese Problematik hier außer Acht, weil es nur um den grundsätzlichen Aufbau des Modells und nicht eine konkrete Anwendung geht.

Im Rahmen des V-Modells wird mit einer Reihe unterschiedlicher Elemente gearbeitet. Sie formalisieren die Projektplanung, wobei der Anwendungsbereich IT zu beachten ist. Etwa bei Managementprojekten wirkt das Maß an Formalisierung etwas fremd, wenngleich die meisten Elemente auch dort bekannt sind.

Zu den Elementen gehören:

- **Vorgehensbausteine** – Sie sind eine Aufgabenstellung im Rahmen eines Projekts, die Produkte, Aktivitäten und Rollen enthält. Vorgehensbausteine sind für sich abgeschlossen und individuell definierbar. Beispiele sind: Qualitätssicherung, Projektmanagement oder Softwareentwicklung.

- **Produkte** – Sie sind (Zwischen-)Ergebnisse, die zu erstellen sind. Zwischen mehreren Produkten können Abhängigkeiten bestehen, sie können zu Gruppen zusammengefasst werden. Beispiele sind: Lastenheft, Prüfprotokoll, Vertrag. Zudem wird zwischen initialen (in einem Projekt nur einmalig vorkommend, wie Projekthandbuch) und externen Produkten (von außen bereitgestellt) unterschieden.

- **Aktivitäten** – Sie beschreiben Tätigkeiten, mit denen ein Produkt erstellt wird. Beispiele: Projektstatusbericht erstellen, Änderungsanforderungen prüfen oder Anwenderprofile erfassen.

- **Rollen** – Sie beschreiben Aufgaben und Verantwortlichkeiten, die von einer Person übernommen werden. Sie werden aber von einer konkreten Person unabhängig definiert. Beispiele sind: Projektleiter, Qualitätsmanager oder Lenkungsausschuss.

Im Mittelpunkt des V-Modells steht der V-Modell-Kern, der die Managementmechanismen enthält, die als Mindestanforderung in jedem Projekt einzusetzen sind.

Dies sind die Vorgehensbausteine

- Projektmanagement,
- Qualitätssicherung,
- Konfigurationsmanagement sowie
- Problem- und Änderungsmanagement.

Zusätzlich können noch die Bausteine

- kaufmännisches Projektmanagement und
- Messung und Analyse (Lieferung von Kennzahlen für die Steuerung)

eingesetzt werden.

Die genannten Elemente werden im Rahmen einer Projektdurchführungsstrategie eingesetzt, die in Abhängigkeit vom Projekttyp gestaltet wird. Zu dieser Strategie gehören noch **Entscheidungspunkte** (sonst in der Regel als Meilensteine bezeichnet). Immer dann, wenn eine bestimmte Projektfortschrittsstufe erreicht ist, wird ein Entscheidungspunkt definiert. Zu diesem Entscheidungspunkt (auch: Qualitätsmesspunkt) müssen bestimmte Produkte als Entscheidungsgrundlage fertig gestellt sein. Die Entscheidung über die weitere Durchführung des Projekts wird nicht von der Projektleitung, sondern von einem übergeordneten Lenkungsausschuss (Projektmanagement) gefällt.

Das V-Modell ist zielorientiert aufgebaut. Seine **zentralen Merkmale** sind (ebenda S. 1-19):

- „Produkte stehen im Mittelpunkt des V-Modells. Sie sind die zentralen Projektergebnisse.

- Projektdurchführungsstrategien und Entscheidungspunkte geben die Reihenfolge der Produktfertigstellung und somit die grundlegende Struktur des Projektverlaufs vor.

- Die detaillierte Projektplanung und -steuerung wird auf der Basis der Bearbeitung und Fertigstellung von Produkten durchgeführt.

- Für jedes Produkt ist eindeutig eine Rolle verantwortlich, und in einem konkreten Projekt dann eine dieser Rolle zugeordnete Person oder Organisationseinheit.

- Die Produktqualität ist durch definierte Anforderungen an das Produkt und explizite Beschreibungen der Abhängigkeiten zu anderen Produkten überprüfbar.“

Auch wenn wir uns hier in der Welt von Hard- und Software befinden, lassen sich die Komponenten des V-Modells auch auf andere Projekte übertragen, so dass man die Vorgehensweise nicht nur im Hinblick auch IT-Projekte betrachten sollte. (Die Vielzahl definierter Produkte, Rollen und Aktivitäten, die sich auf den IT-Bereich bezieht, müsste allerdings auf einen anderen Fachbereich übertragen oder fortgelassen werden.)

Der Einsatz des Modells kann und soll nur anhand einiger einfacher Beispiele beschrieben werden. Die folgende Abbildung 3.12 zeigt die Durchführungsstrategie für ein Projekt, das vom Auftraggeber ausgeschrieben und von einem externen Auftragnehmer durchgeführt werden soll. Die erforderlichen Entscheidungspunkte ergeben sich aus dieser Strategie:

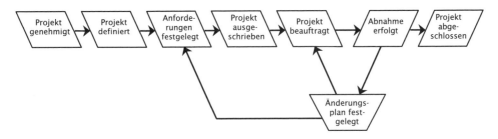

Abbildung 3.12: Entscheidungspunkte eines beispielhaften Projekts

Zunächst muss die Genehmigungsentscheidung gefällt werden. Dazu wird ein Vorschlag benötigt, in dem die Zielsetzung beschrieben ist. Dieser kann z. B. von einer Fachabteilung kommen, von einem Kunden oder dem Vertrieb. Die Genehmigung erfolgt z. B. durch den Lenkungsausschuss oder die Geschäftsführung.

Dann wird das Projekt näher geplant. Es wird beschrieben, welche Aktivitäten erforderlich und welche Ziele zu verfolgen sind. Weiterhin wird das Projekthandbuch mit allen wichtigen Informationen, Plänen und Dokumenten zusammengestellt. Nach Abschluss dieser Definition wird grünes Licht für den weiteren Verlauf gegeben.

In der nächsten Phase müssen die Anforderungen festgelegt werden. Diese werden im Lastenheft zusammengestellt, das Arbeitsgrundlage für den Auftragnehmer ist. Die Fortschrittsentscheidung fällt, wenn die Zusammenstellung der Anforderungen geprüft und bewertet und nicht zuletzt vollständig ist.

In der Folge müssen die Modalitäten der Ausschreibung (z. B. Zeitplan) und die Kriterien für die Bewertung von Angeboten interessierter Auftragnehmer bestimmt werden. Das Lastenheft ist Bestandteil der Ausschreibungsunterlagen. Nunmehr kann das Projekt ausgeschrieben werden.

Innerhalb der Angebotsfrist bzw. im Rahmen sonstiger Bestimmungen des Ausschreibungsverfahrens werden Angebote entgegengenommen und geprüft. Anhand der vorher bestimmten Kriterien wird dann über die Annahme eines Angebots entschieden. Mit dem entsprechenden Auftragnehmer wird dann der Projektvertrag erstellt. Damit ist der Entscheidungspunkt „Projekt beauftragt" erfüllt.

Die weitere Vorgehensweise ist stark von den Inhalten des Projekts abhängig. Beispielsweise können Zwischenkontrollen bzw. die Vergabe von Folgeaufträgen eingeplant werden. Wir gehen hier von einer einfachen Version aus, bei der der nächste Schritt in der Abnahme des Projektergebnisses besteht. Es wird hinsichtlich der vereinbarten Leistungsmerkmale geprüft, worüber ein Protokoll erstellt wird.

Falls weitere Stufen des Projekts vergeben werden und sich die Vorgaben als nicht optimal herausgestellt haben, wäre nun ggf. ein Änderungsplan zu erstellen, der die Anforderungen verändert. Ansonsten könnte auf Basis der alten Vorgaben neu beauftragt werden. Sind keine Anschlussaufträge erforderlich, dann ist das Projekt abgeschlossen.

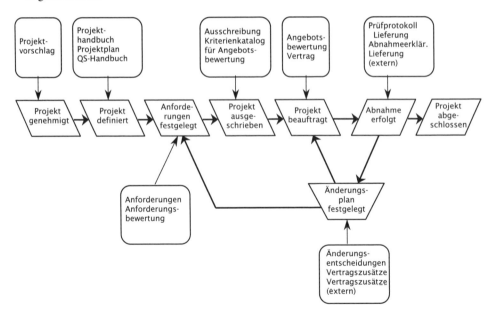

Abbildung 3.13: Entscheidungspunkte eines beispielhaften Projekts

Abbildung 3.13 stellt diese Projektstrategie mit Symbolen dar. Jeweils mit abgerundeten Ecken sind noch die entsprechenden Produkte eingefügt worden.

Wesentliches Merkmal dieser Vorgehensweise ist die Formalisierung aller Punkte, an denen Entscheidungen zu fällen und/oder Kontrollen erforderlich sind. Mängel im Planungs- und Abwicklungsprozess können dadurch schnell erkannt und eingegrenzt werden.

Eine besondere Herausforderung stellt die Schnittstelle zwischen Auftraggeber und Auftragnehmer dar. Abbildung 3.14 verdeutlicht, welche Produkte zwischen diesen ausgetauscht bzw. von diesen erarbeitet werden müssen. Diese Aufstellung orientiert sich zwar am IT-Geschäft, gilt aber prinzipiell auch für andere Projekte, deren Ergebnis eine „greifbare" Leistung ist.

Zusammenfassung

Das Total Quality Management kann aufgrund seines umfassenden Anspruchs und seiner fehlenden Spezialisierung auf einzelne Anwendungsbereiche als Klammer um alle Qualitätsmanagementkonzepte verstanden werden.

Der Malcolm Baldrige National Quality Award ist inzwischen ein klassisches Konzept zur Bewertung der Qualitätserzeugung im Unternehmen. Es wird auch unabhängig von einer Bewerbung verwendet, um interne Prozesse zu bewerten und nach Möglichkeiten der Qualitätssteigerung zu suchen.

Das Modell der European Foundation for Quality Management bietet ein umfassendes Konzept, um insbesondere die organisationsbezogenen Voraussetzungen der Erzeugung von Qualität bzw. der Erzielung von Erfolg allgemein zu bewerten. Es behandelt besonders die Ergebnisfaktoren umfassend

Die Normenreihe ISO 9000 ff. beschreibt die Anforderungen an ein Qualitätsmanagementsystem mit dem Ziel der Zertifizierung. Schwerpunkte liegen bei der Einbindung des Kunden und der Gestaltung der Prozesse. Die Normen beziehen sich auf produzierende Unternehmen.

Die Norm ISO 10006 überträgt Anforderungen der ISO 9000 ff. auf das Projektmanagement. Sie zeigt, welche Bestandteile das Projektmanagement im Hinblick auf die Qualität der Ergebnisse mindestens aufweisen sollte. Die Kundenanforderungen erhalten hier aber nicht das gleiche Gewicht wie bei der ISO 9000 ff.

Auf der Basis der Elemente des EFQM-Modells wird der Projektmanagement-Award vergeben. Unternehmen können sich mit ausführlichen Dokumentationen erfolgreicher Projekte bewerben.

Für Softwareprojekte des Bundes wurde das Vorgehensmodell XT entwickelt. Es beschreibt für drei häufige Projektarten die Vorgehensweise und kann individuell angepasst werden. Seine Anwendung soll ein Scheitern bzw. das Überschreiten von Budget- und Zeitvorgaben verhindern.

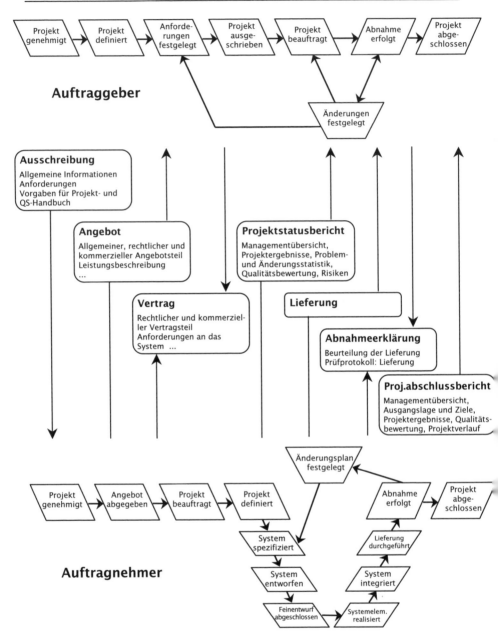

Abbildung 3.14: Entscheidungspunkte eines beispielhaften Projekts
(Quelle: mit Veränderungen nach V-Modell 2004, S. 1-32)

4 Qualitätsmanagementsystem für Projekte

4.1 Verantwortung der Leitung

4.1.1 Projektbeteiligte und ihre Aufgaben

Je nach Größe und Tätigkeitsbereich eines Unternehmens (oder einer öffentlichen Verwaltung, eines Vereins usw.) lassen sich unterschiedliche Leitungs- und Entscheidungsebenen bzw. -instanzen identifizieren. Dabei gilt: Je größer das Unternehmen und je größer die Bedeutung von Projekten sind, desto mehr Gremien zur Steuerung von Projekten gibt es bzw. sollte es geben. Insofern ist beim Thema Verantwortung der Leitung immer die jeweilige Struktur zu berücksichtigen und zu entscheiden, welcher Aufwand für die Wahrnehmung der Aufgaben gerechtfertigt ist. An dieser Stelle kann kein verbindlicher Standard vermittelt werden, sondern nur Anregungen, wie die Verantwortungen gegliedert werden können.

Im Wesentlichen können folgende **Instanzen mit Verantwortung** für das Projekt unterschieden werden:

- Projektleiter
- Stakeholder
- Lenkungsausschuss
- Fachausschuss
- Machtpromotor
- Projektmitarbeiter
- Projektsekretariat/-assistent
- Projektbüro bzw. Projektmanagement

Der **Projektleiter** ist den Projektzielen verpflichtet und für die kontinuierliche Steuerung des Projektes und seiner Mitarbeiter (Projektteam) verantwortlich. Dazu gehört auch die Qualität, so dass er auch Qualitätsbeauftragter des Projekts ist. Er vertritt das Projekt gegenüber Ausschüssen, Kapital- und Auftraggeber und steckt die Prügel ein, wenn etwas nicht funktioniert. Für die Projektmitarbeiter ist er der erste Ansprechpartner. Auf die persönlichen Eigenschaften von und Anforderungen an Projektleiter wird unten noch näher eingegangen.

Stakeholder ist ein Sammelbegriff für alle Personen und Organisationen, die auf irgendeine Art und Weise an dem Projekt beteiligt sind oder davon beeinflusst werden. Zwar ist der Begriff an sich auch in der DIN 69905 definiert. Wer konkret dazugehört, muss aber individuell recherchiert werden. Allgemein sind dies Auftraggeber, Projektmitarbeiter, Projektleiter, Kapitalgeber, spätere Nutzer und Betroffene (z. B. Anwender einer Software). Für die Definition und Steuerung des Projekts sollen die Interessen der Stakeholder berücksichtigt werden. Prinzipiell kann dies über die Arbeit des Projektleiters geschehen, die Stakeholder können aber auch im Lenkungsausschuss vertreten sein.

Der **Lenkungsausschuss** ist ein zeitlich befristeter Zusammenschluss von Personen, die über das Projekt und seinen Ablauf entscheiden. Hier werden alle strategischen Entscheidungen getroffen, etwa die Fortführung nach einer Ergebniskontrolle bei den Meilensteinen. Im Lenkungsausschuss sind auf jeden Fall Projektleitung und Auftraggeber vertreten, in gewissem Rahmen meist auch andere Stakeholder, z. B. Vertreter der Anwender, eines externen Kunden, des Vorstands usw. Er entscheidet auch über den erfolgreichen Abschluss des Projekts bzw. einen vorzeitigen Abbruch.

Ein **Fachausschuss** kann als zusätzliches Gremium eingerichtet werden, um das Projektteam in fachlichen Fragen zu beraten. Dies ist sinnvoll, wenn hohe fachliche Ansprüche wie in Entwicklungsprojekten bestehen. Der Ausschuss wird auf Anforderung durch das Projektteam oder in (größeren) regelmäßigen Abständen tätig und ist nicht in die tägliche Arbeit integriert.

Der **Machtpromotor** ist eine Person, die sich aufgrund ihrer Stellung für das Projekt einsetzt. Meist handelt es sich um eine Person aus den höchsten Führungsebenen. Er setzt die Bereitstellung eines ausreichenden Budgets durch und stellt die Verfügbarkeit geeigneten Personals sicher. Aufgrund seiner hierarchischen Stellung hat er direkten Zugang zu anderen Leitungsebenen und kann daher im Problemfall schnell helfen. Die Promotoreneigenschaft kann sich eher zufällig ergeben, weil ein Interesse an dem spezifischen Projektergebnis besteht. Ein Machtpromotor kann Mitglied des Lenkungsausschusses sein, muss es aber nicht.

Die **Projektmitarbeiter** sind entweder „reine Projektleute" oder aus der Linienfunktion Delegierte. Erstere arbeiten Vollzeit und ausschließlich in Projekten, Letztere werden aus der „Linie" delegiert, z. B. um halbtags, tage- oder wochenweise mitzuarbeiten. Sie verfolgen unter Anleitung des Projektleiters die Projektziele.

Unternehmen mit regelmäßiger Projekttätigkeit verfügen oft über eine hierarchisch auf Bereichsebene angesiedelte Abteilung **Projektbüro** (oder: **Projektma-**

nagement, Projektleitung), um die Projekte und den Einsatz der Projektmitarbeiter zentral zu steuern und administrativ zu unterstützen.

Schließlich existiert in größeren und längerfristig angesetzten Projekten oftmals ein **Projektsekretariat** bzw. ein **Projektassistent**. Dort werden die administrativen Aufgaben gebündelt, um die fachlich tätigen Teammitglieder zu entlasten.

In kleineren Unternehmen mit eher seltenen Projekten wird eine gänzlich andere Leitungsstruktur eingerichtet als in Konzernen mit regelmäßiger Projekttätigkeit. Entsprechend variiert die Aufgabenfülle der einzelnen Entscheidungsträger. So kann der Lenkungsausschuss durchaus nur aus Projektleiter und Machtpromotor bestehen, ohne sich unter dieser Bezeichnung zu treffen. Es ergibt sich meist automatisch, dass von beiden die Funktion des Lenkungsausschusses übernommen und dass in diesem Rahmen etwa auch das Qualitätsmanagement verantwortet wird. Wie detailliert das Qualitätsmanagement umgesetzt wird, hängt meist vom subjektiven Ermessen ab, so dass es große Schwankungen zwischen „hemdsärmelig" und „formal und vollständig" gibt.

Dagegen kann ein großes Unternehmen, das regelmäßig mehrere Entwicklungsprojekte im mehrstelligen Millionen-Euro-Bereich betreibt, auf einen formalen Lenkungsausschuss mit genau definierten Teilnehmern und Sitzungen nicht verzichten. Hier lassen sich die Aufgaben dann einzelnen Mitgliedern genau zuordnen.

Stakeholder

Wie oben beschrieben, ist die Identifikation der Stakeholder eines Projekts schwierig. Der Begriff bezeichnet prinzipiell die Anspruchsgruppen für ein Projekt. Ursprünglich wurde der Begriff entwickelt, um die Personengruppen zu bezeichnen, die Ansprüche an ein Unternehmen stellen. Damit sind nicht mehr nur die Eigentümer, sondern auch Mitarbeiter, Staat, Kunden und Umwelt gemeint. Hier geht es nun um diejenigen, die von dem Projektergebnis betroffen sind (wozu auch die Kunden zählen), am Projekt mitarbeiten oder an projektbezogenen Entscheidungen mitwirken.

Checkliste 1: Stakeholder

Die folgende Checkliste führt einige typische Anspruchsgruppen auf, die als Stakeholder in Frage kommen. Sie wird Ihnen helfen, die Stakeholder für ein konkretes Projekt möglichst vollständig zu erfassen, auch wenn hier nicht alle individuellen Situationen erfasst werden können.

Stakeholder	Relevant?	Wer konkret?
Projektleiter		
Projektmitarbeiter		
Vorstand/Vorstandsmitglied		
Auftraggeber intern		
Auftraggeber extern		
Mitarbeiter des Auftraggebers (insbes. extern)		
Anwender des Projektprodukts		
Kapitalgeber		
Mitarbeiter des Kunden		
Zertifizierungs-/Zulassungs-/Prüfstelle		
Genehmigungsbehörde		
sonstige Behörden/öffentliche Einrichtungen		
Nachbarn/Anwohner		
gesellschaftliche Gruppen/Vereine/Verbände		
Politik/politische Entscheidungsträger		
externer Berater		
Controlling		
Fachexperte für ...		
Leiter Projektmanagement		
Testpersonen		
Vertriebsmitarbeiter		
Prüfer/Auditoren/Sachverständige		
Öffentlichkeitsarbeit		
Betriebsrat		
Qualitätsmanager intern		
Qualitätsmanager extern		
Projektassistent/-büro		
Linienmanager, die Projektmitarbeiter delegieren		

4.1.2 Projektorganisation

Bevor die genauen Zuständigkeits- und Verantwortungsbereiche abgegrenzt werden können, muss die organisatorische Einordnung des Projekts im Unternehmen geklärt werden. Hierbei findet man in den Unternehmen meist eine recht bunte Vielfalt von Konzepten, die oft historisch gewachsen sind und sich auch abhängig von einzelnen Persönlichkeiten eingeschliffen haben, doch können unabhängig von der konkreten Aufgabenstellung drei Grundformen der Projektorganisation unterschieden werden:

- reine Projektorganisation
- Einfluss-Projektorganisation
- Matrix-Projektorganisation

Abbildung 4.1 zeigt ein Beispiel für eine **reine Projektorganisation**. Das Projekt ist in der Unternehmensorganisation festen Abteilungen gleichgestellt und verfügt dauerhaft über Vollzeit-Projektmitarbeiter. Der Vorteil dieser Organisationsform liegt in der Stabilität des Projekts. Die Projektarbeit steht in keiner Konkurrenzbeziehung zu anderen Tätigkeiten, so dass eine konsequente Verfolgung des Projektziels möglich ist. Dazu kommt ein hohes Niveau der Projektarbeit, weil umfangreiche Erfahrungen der Beteiligten vorliegen. Nachteilig ist aber der damit verbundene permanente Projektaufwand, insbesondere die Kosten für die Mitarbeiter. Ist ein Projekt beendet, muss ein Anschlussprojekt gefunden werden, um die vorhandenen Kapazitäten zu nutzen. Zudem muss die Verfügbarkeit des erforderlichen fachlichen Know-hows sichergestellt werden. Dies kann die Einbeziehung externer Projektmitarbeiter erforderlich machen.

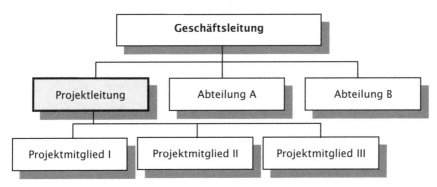

Abbildung 4.1: Reine Projektorganisation

Die reine Projektorganisation wird daher nur eingesetzt, wenn langfristig und kontinuierlich mit Projekten gearbeitet wird. Die Projektarbeit ist damit als Bestandteil der Unternehmensorganisation verankert und in der laufenden Budgetierung berücksichtigt. Neben Großunternehmen kommt diese Vorgehensweise auch für Unternehmen in Betracht, die in sehr dynamischen Märkten aktiv sind und kontinuierlichen Veränderungsbedarf haben (Beispiel: IT-Branche).

Die **Einfluss-Projektorganisation** (Abbildung 4.2) verfolgt das entgegengesetzte Prinzip. Das Projekt ist kein selbstständiges, von anderen Bereichen losgelöstes Projekt, sondern eine Nebentätigkeit für die Mitglieder. Dabei werden Mitarbeiter der betroffenen Abteilungen delegiert, um befristet an der Projektarbeit mitzuwirken. Die Projektarbeit tritt in Konkurrenz zur normalen Tätigkeit. Dies wirft das praktische Problem auf, die Projektkapazitäten über den gesamten Verlauf konstant zu halten. Inwieweit dies gelingt, ist vor allem von den Einflussmöglichkeiten der Projektleitung auf die Abteilungsleitungen abhängig. Die Projektleitung ist Stabsstelle und dadurch nicht weisungsbefugt. Sie hat prinzipiell eine schwächere Position in der Hierarchie.

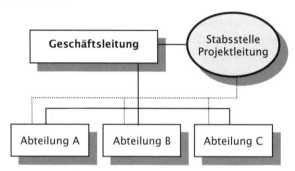

Abbildung 4.2: Einfluss-Projektorganisation

Vorteilhaft ist die Flexibilität der Organisation. Je nach Projektinhalt kann das Team aus Mitarbeitern unterschiedlicher Abteilungen zusammengestellt werden. Der zeitliche Einsatz kann vom Umfang des Projekts abhängig gemacht werden. Das Risiko einer nicht rechtzeitigen Fertigstellung ist jedoch vergleichsweise hoch einzuschätzen. Daher eignet sich diese Organisationsform eher für nicht zeitkritische Projekte, die einen einmaligen Charakter haben und die Mitwirkung unterschiedlicher Fachgebiete voraussetzen.

Die **Matrix-Projektorganisation** (Abbildung 4.3) stellt schließlich einen Kompromiss aus den oben vorgestellten Formen dar. Die Mitarbeiter werden gleichzeitig den Fachabteilungen und der Projektleitung unterstellt, die Projektleitung ist den Abteilungsleitungen gleichgestellt. Die Tätigkeit besteht sowohl aus der funktionalen Tätigkeit ("Alltagsgeschäft") als auch aus der Projektarbeit. Dadurch werden disziplinarische Konflikte provoziert, andererseits wird aber auch die Möglichkeit gegeben, die Projektkapazitäten an die Erfordernisse anzupassen, das heißt, die Zahl der Projektstunden zu erhöhen oder zu senken. Der Einsatz der Matrixorganisation setzt eine Projektkultur im Unternehmen voraus, um die immanenten Konflikte bewältigen zu können. Diese müssen als Bestandteil der Organisation auch von den Linienabteilungen akzeptiert werden.

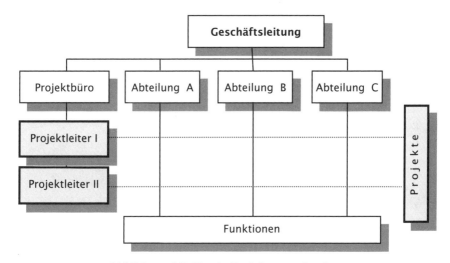

Abbildung 4.3: Matrix-Projektorganisation

Diese Grundformen zeichnen sich vor allem dadurch aus, dass sie eine recht klare Aussage über die Stellung des Projekts im Unternehmen und das Verhältnis von Projekt zu Linie machen. Aufgrund der Integration externer Projektmitarbeiter, der Installation von Ausschüssen oder kurzfristiger Personaldispositionen weichen diese Strukturen wieder auf. Im Folgenden werden einige Beispiele für Strukturen gezeigt, wie sie für konkrete Projekte sinnvoll sein können. Dabei wird insbesondere auch die Gestaltung des Lenkungsausschusses berücksichtigt.

Beispiel eines Entwicklungsprojekts

In einem produzierenden Unternehmen soll die Produktion umgestellt werden, so dass rationeller gearbeitet werden kann und die Produktionskosten gesenkt werden können. Das Unternehmen verfügt über eine Abteilung "Projektmanagement", weil regelmäßig entwicklungs- und produktionsspezifische Projekte durchgeführt werden. Ein Mitarbeiter der Abteilung übernimmt die Leitung des Projekts, ein Assistent unterstützt ihn dabei. In das Projekt werden ein Vertreter des Controlling, mehrere Vertreter aus der Produktion sowie je ein Vertreter aus Einkauf und Entwicklung berufen.

Aufgrund der Bedeutung des Projekts für das gesamte Unternehmen wird der Lenkungsausschuss aus dem Projektleiter, dem Geschäftsführer sowie jeweils den Leitern Controlling und Produktion zusammengesetzt. Der Geschäftsführer hatte das Projekt ursprünglich aufgrund der Ergebnisentwicklung angestoßen und ist damit der Machtpromotor. Da er ein Scheitern des Projekts keineswegs akzeptieren will, arbeitet er auch im Lenkungsausschuss mit.

Als Stakeholder werden alle Mitarbeiter der Produktion (sie müssen mit den neuen Prozessen arbeiten), die Entwickler (sie müssen ihre Konzeptionen teilweise ändern), die Projektleitung, die Geschäftsführung (sie profitiert von den Einsparungen) und nicht zuletzt die Kunden des Unternehmens angesehen. Sie profitieren von niedrigeren Preisen bzw. geringeren Ausfallraten. Da man aber keine Details über das Projekt verbreiten will, werden sie daran nicht beteiligt. Es ist aber Aufgabe des Lenkungsausschusses, für die Berücksichtigung ihrer Anforderungen zu sorgen.

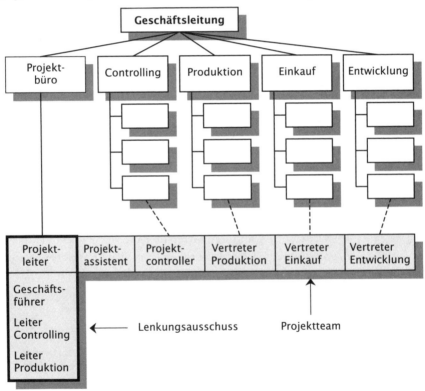

Abbildung 4.4: Beispiel einer Projektorganisation

Beispiel Einführung einer Ethik-Richtlinie

Ein Unternehmen möchte vor dem Hintergrund wachsender Anforderungen seitens der Öffentlichkeit, der Anteilseigner und des Gesetzgebers eine Ethik-Richtlinie einführen. Sie soll allen Mitarbeitern ethisches Verhalten nahe bringen. Das Projekt wird vom Personalvorstand initiiert. Um einen hohen Standard dieser Richtlinie zu gewährleisten, beauftragt er einen rechtswissenschaftlichen Lehrstuhl einer nahe gelegenen Universität mit der Entwicklung.

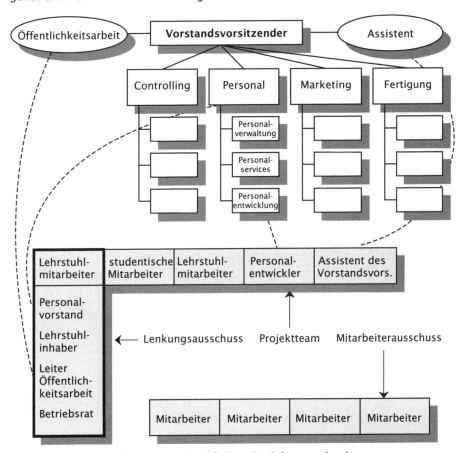

Abbildung 4.5: Beispiel einer Projektorganisation

Aus dem Unternehmen sind neben dem Personalvorstand auch ein Assistent des Vorstandsvorsitzenden sowie zwei Mitarbeiter der Personalentwicklung am Projekt beteiligt. Am Lehrstuhl sind es neben dem Professor auch zwei wissenschaftliche Mitarbeiter und zwei studentische Hilfskräfte. Der Auftraggeber lässt dem Lehrstuhl weitgehend freie Hand. Projektsitzungen mit den Unternehmensmitarbeitern sollen wie erforderlich vereinbart werden. Man erwartet lediglich eine Vorlage und Besprechung von Zwischenergebnissen alle vier bis sechs Wochen. Nach spätestens sechs Monaten soll die Richtlinie druckfertig vorliegen.

In den Lenkungsausschuss werden neben dem Personalvorstand, dem Lehrstuhlinhaber und dem das Projekt leitenden wissenschaftlichen Mitarbeiter auch der Leiter der Abteilung Öffentlichkeitsarbeit und ein Vertreter des Betriebsrats berufen. Damit soll die Wirkung der Richtlinie in der Öffentlichkeit beraten und die Einbindung des Betriebsrats gewährleistet werden. Da die Richtlinie Auswirkungen auf die praktische Arbeit haben wird, wurde zusätzlich als eine Art Fachausschuss ein Mitarbeiterausschuss gebildet, dem vier Mitarbeiter aus unterschiedlichen Bereichen angehören. Er soll zwischendurch Stellung zur Umsetzbarkeit der Vorschläge nehmen.

Beispiel eines Umstrukturierungsprojekts

Ein Konsumgüterhersteller hat in den vergangenen Jahren stark in den Kundendienst investiert und Beratungshotlines, Reklamationsabteilungen, Händlerbetreuungsdienste usw. aufgebaut. Im Zuge sich verschlechternder Umsatzzahlen sollen diese wieder auf ein notwendiges Maß zurückgefahren werden. Die zuständige Marketingleitung beauftragt ein Beratungsunternehmen mit der Entwicklung eines Konzepts.

Die Berater bilden ein Projektteam, das aus einem Senior- und drei Junior-Beratern besteht. Sie arbeiten in Räumen des Auftraggebers und führen Interviews mit Mitarbeitern, beobachten die Abläufe und erstellen Statistiken. Es werden aber keine Vertreter des Auftraggebers in das Projekt entsandt.

In regelmäßigen Abständen berichten die Berater über den Projektfortschritt. Dies erfolgt im Lenkungsausschuss, der wie folgt zusammengesetzt ist:

Marketing-leiter	Leiter Kundendienst	Leiter Vertrieb	Senior-Berater

4.1.3 Auswahl des Projektleiters

Von der **Projektleitung** werden besondere Fähigkeiten erwartet. Hier stehen nicht die Fachkenntnisse im Vordergrund, sondern die Fähigkeit, das Team zu steuern und zu motivieren. In der Regel sollte der Projektleiter nicht Experte in einem der relevanten Themengebiete sein. Dies soll verhindern, dass er eine dominante Stellung einnimmt und damit die einzelnen Mitglieder demotiviert.

Beispiel eines Projekts zur Durchsetzung der Kundenorientierung

Ein größerer Gastronomiebetrieb (man betreibt Restaurants in Kongresszentren und großen Unternehmen) will sich und vor allem seine Mitarbeiter in Küche, Service und Administration moderner und starker kundenorientiert ausrichten. Dabei geht es um das Speisenangebot, die Präsentation, das Verhalten der Mitarbeiter und die Abwicklung. Nicht zuletzt, weil außer der obersten Führungsebene keine einschlägig quali-

fizierten Führungskräfte vorhanden sind, wird ein externer Berater mit dem Schwerpunkt Kundenorientierung beauftragt, zunächst in einem Großbetrieb ein Projekt zu
leiten. Dazu sollen Mitarbeiter aus den jeweiligen Bereichen mitarbeiten und ihre
Ideen einbringen. Am Ende soll ein Konzept für die Bereiche Speisenangebot, Deko-
ration und Personaltrainings stehen. Die Geschäftsführerin weist den Berater darauf
hin, dass die Mitarbeiter in die Entwicklung bestmöglich einbezogen werden sollen,
um die Motivation zu fördern.

Im ersten Betrieb, in dem das Pilotprojekt stattfinden soll, wird ein Projektteam aus
dem Berater und fünf Mitarbeitern aus Küche, Service, Verwaltung und Einkauf gebildet. Schon beim ersten Termin stellt der Berater fest, dass recht wenige Vorschläge gemacht werden, er hält die Projektmitglieder für wenig engagiert. Jeder berichtet
im Wesentlichen über seinen eigenen Bereich und erzählt Anekdoten, bringt das
Projekt insgesamt aber nicht weiter. Er beschließt, stärker seine Erfahrungen aus
anderen Projekten einzubringen und berichtet über seine Erfahrungen. Dies wird mit
Interesse aufgenommen, so dass er vorschlägt, seine bekannten Konzepte anzuwenden. Die Mitglieder sind recht angetan und halten sich weiter zurück. Der Berater
sieht sich dadurch bestätigt und entwickelt die Konzepte weitgehend eigenständig.

Als es um die Umsetzung der Konzepte geht und Arbeit verteilt werden soll, halten
sich die Teammitglieder weiter zurück. Der Berater versucht, die Angestellten stärker
zu aktivieren, sie argumentieren jedoch, er könne es doch ohnehin besser. Die Geschäftsführerin erkundigt sich nach dem Stand der Dinge und macht sich Sorgen
über die Motivationslage. In persönlichen Gesprächen stellt sich dann heraus, dass
sich die Mitarbeiter überrumpelt fühlen und nicht glauben, dass sie selbst etwas
bewegen können.

Erfolgreiche Projekte bauen oft auf einer Arbeitsteilung auf, die die fachliche Arbeit den Mitgliedern überlässt, während sich der **Projektleiter** um folgende **Aufgaben** kümmert:

- Formulierung der Projektziele
- Ermittlung der Stakeholder
- Erhebung der Anforderungen an das Projekt
- Erstellung des Pflichtenhefts
- Vorlage des Projektantrags zur Genehmigung
- Festlegung der Projektorganisation
- Erstellung oder Veranlassung der Erstellung des Projekthandbuchs
- Planung und Überwachung der Termine und Kosten
- Beschaffung von Ressourcen
- Sicherstellung des Informationsaustauschs
- Information über den Projektfortschritt
- Sonstige projektbezogene Entscheidungen
- Erstellung des Abschlussberichts

Das Qualifikationsprofil des Projektleiters kann mit Hilfe der Ziele und Erfolgsfaktoren des Projekts festgemacht werden. Wie bereits im Kapitel 1 gezeigt, stehen die Dimensionen Leistung, Zeit, Kosten und erfolgreiche Umsetzung im Vordergrund. Und dann waren da noch die Faktoren, die vor allem nach Projektstart von Bedeutung sind, z. B. die Unterstützung durch einen Machtpromotor und Improvisationstalent.

Insgesamt können folgende **Anforderungen** gestellt werden:

Ein Projektleiter

1. ... muss ein guter **Zeitmanager** sein. Er muss ein Gefühl dafür haben, ob eine Zeitplanung realistisch ist, und bei Abweichungen eingreifen, ohne in Hektik zu verfallen.

2. ... muss über ein profundes **Kostenbewusstsein** verfügen. Er muss Entscheidungen wirtschaftlich bewerten können und bereit sein, sich dieser eher unliebsamen Aufgabe zu widmen. Damit verbunden ist auch Stresstoleranz, weil Kostenorientierung von den Projektmitarbeitern meist als demotivierend empfunden wird.

3. ... braucht **Motivationsfähigkeit**. Projekte kommen immer einmal zu einem Punkt, an dem die Mannschaft durchhängt, Negativerlebnisse die Arbeitsmoral stören. In solchen Situationen muss er eingreifen können, um die Motivation wieder zu fördern.

4. ... benötigt ein **Gespür für Gruppendynamik**. Er muss erkennen, wie die Gruppe „funktioniert", welches Teammitglied welche Rolle einnimmt, welche Probleme sich abzeichnen. Im Störungsfall muss ihm klar sein, wie er in die Prozesse eingreifen muss, um das Projekt „auf Kurs zu halten".

5. ... muss **mit Fehlern umgehen** können. Während der Projektlaufzeit werden viele Fehler gemacht, aus denen man lernen, an denen man aber auch zerbrechen kann. Der Leiter muss einen Rückkopplungsprozess installieren, der Fehler optimal für Lerneffekte nutzt.

6. ... benötigt ein **überzeugendes Auftreten**. Er muss mit Kapitalgebern verhandeln, das Projekt im Lenkungsausschuss auch in schwierigen Situationen vertreten können. Auch intern muss er seine Rolle behaupten, ohne durch Machtgehabe die Motivation zu untergraben.

7. ... muss **vermitteln** können. Dies betrifft die oft vorhandene Diskrepanz zwischen dem, was der Auftraggeber will und das Team zu leisten in der Lage ist,

aber auch Konflikte innerhalb des Teams oder zwischen dem Projekt und den Linienabteilungen, die ihre Manpower zur Verfügung stellen.

8. ... muss **kaufmännisch argumentieren** können. Während im Projekt oft technische Fragen eine zentrale Rolle spielen, ist dies nach außen meist nicht der Fall. Auftraggeber und andere Stakeholder interessieren sich für Kosten, Zeit und Nutzen und verstehen technische Hintergründe meist nicht.

9. ... muss **vernetztes Denken** beherrschen. Das Konzept des magischen Dreiecks machte schon deutlich, dass die Projektziele voneinander abhängen und nicht überall ein Maximum erreicht werden kann. Dies muss dem Projektleiter bewusst sein. Er muss erkennen, welche Entscheidungen zu einer optimalen Zielerreichung führen, ohne ein Projektziel zu vernachlässigen.

10. ... muss **systematisch denken und arbeiten**. Eine Gefahr besteht oft darin, den Überblick zu verlieren und detailversessen zu werden. Dabei gehen wichtige Teile der Leitungsarbeit verloren. Wichtig ist die Systematik im Handeln auch bei der Umsetzung des Qualitätsmanagements. Dies erfordert, sich an systematischen Vorgaben zu orientieren.

11. ... sollte **eher Generalist als Spezialist** sein. Eine sehr starke Spezialisierung auf einzelne Themen und entsprechend tiefes Spezialwissen verleiten dazu, die Arbeit einzelner Projektmitarbeiter zu übernehmen, anstatt ihnen eine Anleitung zu geben, ihre Arbeit im Gesamtzusammenhang zu beurteilen. Der Projektleiter sollte zudem alle Aufgabenbereiche des Projekts gleichermaßen leiten können, ohne in die Gefahr zu geraten, „Lieblingsaufgaben" zu haben.

Projektleiter-Test

Die Eignung für die Tätigkeit als Projektleiter ist nicht einfach festzustellen, schon gar nicht, bevor nicht umfangreiche Erfahrungen bestehen. Jeder Projektleiter hat ein persönliches Profil und der Erfolg in einem Projekt muss nicht auch den Erfolg in einem anderen nach sich ziehen. Mit Hilfe des folgenden Tests ist es möglich, dem Profil näher zu kommen. Er kann nicht prognostizieren, ob eine Person erfolgreich sein wird oder nicht, er kann aber auf möglicherweise zu schwach ausgeprägte Eigenschaften hinweisen. Sie können ihn für sich selbst durchführen oder auch zur Einschätzung anderer Personen einsetzen.

Beantworten Sie einfach die folgenden Fragen, indem Sie die Antwort ankreuzen, die Ihrer Meinung am nächsten kommt. Am Ende findet sich eine Auswertungstabelle.

1. Sie haben das Budget Ihres aktuellen Projekts nicht ausgeschöpft. Mit der Leistung sind Sie hoch zufrieden, der Abschluss wird in ca. drei Wochen erwartet. Viel kann also nicht mehr passieren. Rund 10.000 EUR werden wohl übrig bleiben. Was machen Sie mit dem Geld?

   a) Ich gebe es so sinnvoll wie möglich für das Projekt aus, um das Budget auszuschöpfen.

   b) Ich spare das Geld ein und weise es als nicht verbrauchtes Budget aus.

   c) Ich lade die Mitarbeiter von dem Geld zu einer Projektfeier ein. Die Projektleistung ist ja Grund genug dafür.

2. Ein Projektmitarbeiter kündigt während des Projekts. Nach seinem Ausscheiden hätte er noch zwei Monate im Projekt tätig sein sollen. Insgesamt sind zwölf Personen im Projekt tätig. Was unternehmen Sie?

   a) Ich suche sofort einen Ersatz, notfalls zu höheren Kosten.

   b) Ich motiviere die anderen, die Arbeit ihres (ehemaligen) Kollegen mitzumachen.

   c) Ich unternehme nichts und lasse ggf. eine Terminverzögerung zu.

3. Nach der Hälfte des Projekts stellen Sie fest, dass Sie das Budget viel zu niedrig geplant haben. Das Projektziel kann so nicht erreicht werden. Auftraggeber ist die Unternehmensleitung. Wie verhalten Sie sich?

   a) Ich beschließe ein Sparprogramm, um den Schaden so gering wie möglich zu halten.

   b) Ich bemühe mich um ein Nachtragsbudget, mache auf die prekäre Lage und die Bedeutung des Projekts aufmerksam.

   c) Ich schränke die Projektziele ein und begründe dies mit der Nichtrealisierbarkeit bei dem vorhandenen Budget.

4. Nach rund zwei Dritteln der Projektlaufzeit zeigt sich, dass Ihre Mannschaft schon fast fertig ist. Was machen Sie?

   a) Ich lasse es den Rest der Zeit langsam angehen und verwende übrig bleibende Gelder für die Fortbildung der Mitarbeiter.

   b) Ich organisiere ein Status-Meeting für alle und treibe die Mitarbeiter zu weiteren Höchstleistungen an.

   c) Ich biete dem Auftraggeber erweiterte Leistungen an, sofern sie sich innerhalb des gesetzten Zeit- und Budgetrahmens verwirklichen lassen.

5. Bei der laufenden Kontrolle stellen Sie fest, dass einer Ihrer Verantwortlichen für eine Projektkostenstelle seine Kosten so gar nicht im Griff hat. Seine Kostenstelle arbeitet aber am besten. Wie gehen Sie mit diesem Kollegen um?

   a) Ich unternehme gar nichts. Die gute Leistung sollte nicht gefährdet werden.

   b) Ich ermahne ihn dringend, sparsamer zu arbeiten.

   c) Ich verteile das Budget so um, dass er in der verbleibenden Zeit weniger Probleme hat.

6. Sie führen ein Projekt für einen externen Kunden durch. Noch lange vor dem offiziellen Abschluss lobt er Sie für die herausragende Projektarbeit. Nutzen Sie diese Situation für weitere Geschäfte?

   a) Ich nutze die Gelegenheit, um den Projektauftrag zu erweitern und das Projektvolumen zu erhöhen.

   b) Ich gebe das Lob an die Mitarbeiter zur allgemeinen Motivation weiter.

   c) Ich sehe dieses Lob als Bestätigung für unsere Arbeit, wir machen aber in Ruhe so weiter.

7. Die Unternehmensleitung fragt Sie, ob Sie in einem parallel laufenden Projekt die Projektleitung übernehmen können. Dort ist ein ausgefallener Projektleiter zu ersetzen. Sie erfahren, dass das Projekt nicht so gut läuft, man sich bereits mehrfach verzettelt hat. Wie entscheiden Sie sich?

   a) Ich sehe diese Aufgabe als Herausforderung und wechsele das Projekt.

   b) Ich lasse mich nicht darauf ein, das Risiko des Scheiterns ist mir zu groß.

   c) Ich biete an, beide Projekte zu leiten, wenn mir ein Assistent an die Seite gestellt wird.

8. Nach einiger Zeit kommen Ihnen Zweifel am Sinn Ihres Projekts. Es kann zwar erfolgreich abgeschlossen werden, aber unklar ist, ob es dem Unternehmen wirklich nutzt. Wie verhalten Sie sich?

   a) Das ist nicht mein Problem, ich ziehe das Projekt so durch.

   b) Ich rede offen mit dem Auftraggeber und biete die Einstellung an.

   c) Ich sage offiziell nichts dazu, ändere aber die Zielsetzung so, dass der Projektnutzen so gut wie möglich steigt.

9. Ein Teilprojekt innerhalb Ihres Projekts hat erhebliche Verspätung. Da es für den Gesamtfortschritt wichtig ist, werden Sie langsam unruhig. Ein Verantwortlicher lässt sich identifizieren. Er fällt regelmäßig falsche Entscheidungen. Wie reagieren Sie?

    a) Ich berufe ihn aus dem Projekt ab und fordere einen Ersatz an.

    b) Ich organisiere seinen Bereich so um, dass er keine wichtigen Dinge mehr entscheiden kann, und übernehme seinen Verantwortungsbereich mit.

    c) Ich rede mit ihm darüber und überwache ihn in der nächsten Zeit verstärkt.

10. Sie bereiten gerade den Antrag für ein neues internes Projekt vor, das Sie leiten wollen. Das Projekt ist Ihrer Überzeugung nach wirklich wichtig und hoch profitabel. Sie wissen, dass andere Projekte bewilligt werden, die wesentlich weniger Ertrag bringen. Wie verhalten Sie sich bei der Budgetplanung?

    a) Ich plane ein höheres Budget ein als eigentlich benötigt. Die Projektrendite soll aber noch über der anderer Projekte liegen. Das überschüssige Budget verwende ich als Reserve.

    b) Ich plane das Budget genauso straff wie immer und weise dafür eine hohe Projektrendite aus.

    c) Ich halte mich bei den angenommenen Projektergebnissen zurück, weil diese unsicher sind. Wichtiger ist die solide Finanzierung.

11. Für die Personalentwicklungsabteilung Ihres Unternehmens führen Sie ein groß angelegtes Trainingsprogramm für Führungskräfte durch. Es steht im Zusammenhang mit Umstrukturierungen, in deren Zuge Hierarchien abgebaut werden sollen und das Führungsverhalten allgemein verbessert werden soll. Neben zwei Mitarbeitern der Personalentwicklung arbeiten auch drei externe Trainer mit. Nach den ersten Rückmeldungen der Teilnehmer stellt sich heraus, dass die Externen besser bewertet werden und die Führungskräfte lieber mit diesen zusammenarbeiten wollen. Wie reagieren Sie darauf?

    a) Ich lasse die Trainings zukünftig nur noch von den externen Trainern durchführen. Die eigenen Mitarbeiter sollten in andere Projekte abberufen werden.

    b) Ich organisiere einen Workshop zum Erfahrungsaustausch zwischen den internen und externen Trainern. Dabei sollten nach Möglichkeit Beobachtungen unter den Teilnehmern und zu ihrem Verhalten sowie die jeweiligen Trainingsansätze diskutiert werden.

    c) Das Projekt sollte nicht durch einzelne negative Rückmeldungen gefährdet werden. Grundsätzlich ist damit zu rechnen, dass eine prinzipielle Abneigung dagegen besteht, sich intern schulen zu lassen. Hauptsache kein zusätzlicher Aufwand!

12. Sie leiten ein Produktentwicklungsprojekt, bei dem es um optische Systeme für die Medizintechnik geht. In diesem Projekt arbeitet neben eigenen Ingenieuren und Marketingleuten auch ein Mitarbeiter Ihres größten Kunden. Dieser Kunde soll als Erstkunde den erfolgreichen Start des neuen Produkts gewährleisten. Als Gegenleistung soll er eine speziell auf seine Anforderungen ausgerichtete Produktvariante erhalten.

    Der Kundenvertreter drängt immer stärker darauf, dass auf seine spezifischen Interessen bei dem Gesamtkonzept eingegangen wird. Die Verkäuflichkeit des Produkts bei anderen Kunden würde dadurch aber eingeschränkt. Der technische Input des Externen ist zwar sehr wertvoll und Sie wollen ihn auf keinen Fall verlieren, aber Sie sollen auch keine individuelle Entwicklung vornehmen. Wie verhalten Sie sich?

    a) Ich erkläre das Projekt in Anbetracht der Schwierigkeiten für beendet und beginne mit einem neuen Konzept ohne Unterstützung des Kunden. Im Zweifel wird es eine Nummer kleiner durchgeführt.

    b) Ich führe das Projekt ohne den Kunden und seine ggf. erbrachten Leistungen fort. Den Verlust des Kunden nehme ich in Kauf.

    c) Ich mache dem Kunden das Angebot, ein eigenständiges Produkt für ihn zu entwickeln, parallel aber auch eines für den Rest des Marktes. An den zusätzlich entstehenden Kosten muss sich dieser aber angemessen beteiligen.

13. In der Stadtverordnetenversammlung einer deutschen Kreisstadt wird der Wegzug von Mittelschichtfamilien beklagt, die einen wesentlichen Beitrag zu den Steuereinnahmen leisten. Um die Abwanderung zu stoppen, sollen Maßnahmen zur Steigerung der Attraktivität der Stadt eingeleitet werden. Dazu wird das Projekt „Attraktive Stadt 2010" beschlossen. Die Bürgermeisterin gründet hierzu einen Ausschuss und beauftragt Sie mit der Projektleitung.

    Über die Besetzung macht sie sich einige Gedanken. Auf der einen Seite ist sie auf die Unterstützung ihrer Verwaltung angewiesen, auf der anderen weiß sie aber, dass diese sich nicht gerade durch ein hohes Maß an Kreativität auszeichnet. Den Stadtkämmerer muss sie auf jeden Fall in das Team einbeziehen, die Jugend-/Frauen-/Familien-/Sport- und Kulturdezernentin auch. Welchen Rat geben Sie ihr für die Teambildung?

    a) Sie sollte aus dem Potenzial an kreativen Einwohnern schöpfen und zwei oder drei Mitarbeitern der Kulturbetriebe, von Werbeagenturen oder des örtlichen Marktforschungsinstituts die Mitarbeit anbieten.

    b) Sie sollte jeweils einen Vertreter der Dezernate, die für die Umsetzung wichtig sind, in den Ausschuss berufen. Dazu gehören auch die Dezernate Bau, Verkehr und Wirtschaft. Zusätzlich sollte sie einen Vertreter aus einer anderen Stadt, die mit ähnlichen Programmen gute Erfahrungen gemacht hat, als Ideengeber und zumindest zeitweiliges Ausschussmitglied anwerben.

    c) Sie sollte vier bis fünf Mitarbeiter der Stadtverwaltung aus unterschiedlichen Dezernaten berufen, die der Zielgruppe der Mittelschichtfamilien zugerechnet werden können.

14. Sie leiten ein auf 14 Monate angesetztes Projekt. Nach sechs Monaten verlässt der Projektpromotor (Vorstandsmitglied) das Unternehmen. Es zeichnet sich ab, dass die Aktivitäten in seinem Bereich stark heruntergefahren werden. Wie verhalten Sie sich?

   a) Ich suche schnellstmöglich nach einem neuen Sponsor auf höchster Ebene.

   b) Ich mache dem Vorstand einen Vorschlag für eine Budgetsenkung für mein Projekt.

   c) Ich nutze eine Konferenz dazu, auf die Bedeutung meines Projekts hinzuweisen.

15. Nach einem Drittel der Zeit nehmen die Probleme in Ihrem Projekt überhand. Es gibt überwiegend Streit und kaum sachlichen Fortschritt. Der Projektlenkungsausschuss erkennt dieses Problem anhand der Projektberichte und bietet Ihnen eine zweite Mannschaft an, die sich untereinander kaum kennt und daher kaum konfliktträchtig sein dürfte. Nehmen Sie an?

   a) Ich bin damit einverstanden, sofern das ursprüngliche Budget damit nicht überschritten wird.

   b) Ich sehe mir die Leute genauer an und tausche nur diejenigen aus, die durch mindestens gleich qualifizierte ersetzt werden können.

   c) Ich lehne ab, drohe aber dem Projektteam damit, auf das Angebot einzugehen, wenn es seine Zusammenarbeit nicht deutlich verbessert.

Auflösung

Zunächst müssen Sie die Punktwerte für die einzelnen Faktoren ermitteln. Es gibt die Faktoren:

A für strategisches Verhalten

B für kostenorientiertes Verhalten

C für leistungs-/qualitätsorientiertes Verhalten

In folgender Tabelle finden Sie die Punkte, die Sie für Ihre Antwort auf die 15 Fragen jeweils erhalten. (Beispiel: Sie haben auf die Frage 2 mit b) geantwortet und erhalten dafür 3 B-Punkte.) Diese Punkte addieren Sie getrennt nach A-, B- und C-Werten. Ihr Ergebnis besteht also immer aus einem Zahlen-Tripel.

Frage / Antwort	a)	b)	c)
1	3 A	2 B	1 C
2	3 C	3 B	1 A
3	2 B	2 A	2 C
4	2 A	3 C	3 B
5	2 C	1 B	2 A
6	2 B	1 C	2 A
7	3 C	2 A	2 B
8	2 A	3 B	2 C
9	2 C	3 A	2 B
10	3 A	2 C	2 B
11	2 A	3 C	1 B
12	2 A	3 C	3 B
13	3 C	3 A	2 B
14	2 A	2 B	2 C
15	3 B	2 C	3 A

Summe: A: _____   B: _____   C: _____

Faktor A – Strategisches Verhalten

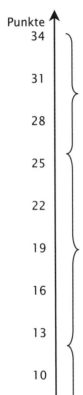

Punkte

34

31
Sie kennen sich mit Machtfaktoren und Strategie gut aus. Sie verstehen es, für Ihr Projekt zu kämpfen und für die optimalen Rahmenbedingungen zu sorgen. Insofern verstehen Sie sich als Manager des Projekts. Das darf aber nicht zum Selbstzweck werden. Die Projektleistung und auch die Wirtschaftlichkeit dürfen darüber nicht vergessen werden.

28

25

22

19
Um strategische und Managementfragen kümmern Sie sich nur, weil es dazugehört. Sie wissen zwar, was davon abhängt, ordnen sich aber der Interessenvertretung für das Projekt nicht völlig unter. Leistung und/oder Kosten sind für Sie mindestens gleichwertige Kriterien.

16

13

10
Eigentlich wollen Sie das Projekt nicht „verkaufen" oder vertreten müssen, sondern viel lieber daran arbeiten. Vielleicht liegt Ihnen die Projektleiterrolle auch nicht so ganz; das Inhaltliche interessiert Sie mehr und die Kosten sind Ihnen auch nicht unwichtig.

7

Aus Ihrer Zurückhaltung dem Management gegenüber kann das Problem entstehen, weitere Projekte nicht mehr so genehmigt zu bekommen, wie es für Sie erforderlich ist. In schweren Situationen laufen Sie öfter Gefahr einer Einstellung des Projekts.

4

0

Faktor B – Kostenorientiertes Verhalten

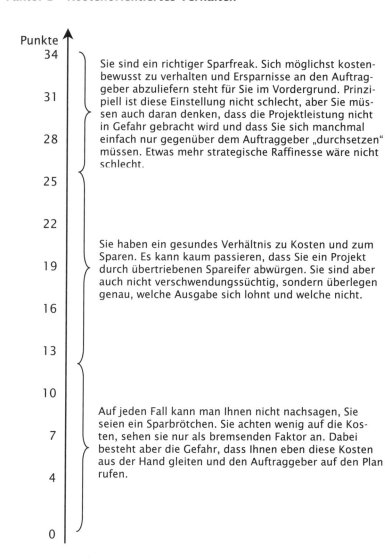

Punkte
34

Sie sind ein richtiger Sparfreak. Sich möglichst kosten-
bewusst zu verhalten und Ersparnisse an den Auftraggeber abzuliefern steht für Sie im Vordergrund. Prinzipiell ist diese Einstellung nicht schlecht, aber Sie müssen auch daran denken, dass die Projektleistung nicht
in Gefahr gebracht wird und dass Sie sich manchmal
einfach nur gegenüber dem Auftraggeber „durchsetzen"
müssen. Etwas mehr strategische Raffinesse wäre nicht
schlecht.

31

28

25

22

Sie haben ein gesundes Verhältnis zu Kosten und zum
Sparen. Es kann kaum passieren, dass Sie ein Projekt
durch übertriebenen Spareifer abwürgen. Sie sind aber
auch nicht verschwendungssüchtig, sondern überlegen
genau, welche Ausgabe sich lohnt und welche nicht.

19

16

13

10

Auf jeden Fall kann man Ihnen nicht nachsagen, Sie
seien ein Sparbrötchen. Sie achten wenig auf die Kosten, sehen sie nur als bremsenden Faktor an. Dabei
besteht aber die Gefahr, dass Ihnen eben diese Kosten
aus der Hand gleiten und den Auftraggeber auf den Plan
rufen.

7

4

0

Faktor C – Leistungs-/qualitätsorientiertes Verhalten

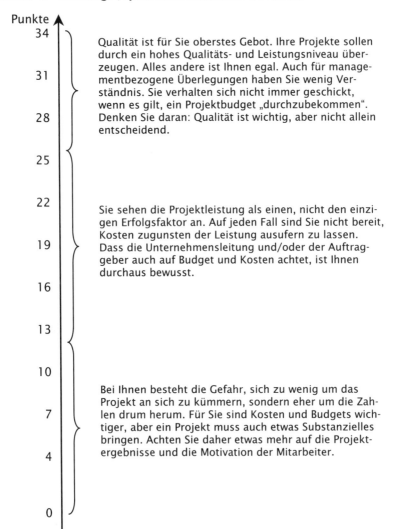

Punkte
34

Qualität ist für Sie oberstes Gebot. Ihre Projekte sollen durch ein hohes Qualitäts- und Leistungsniveau überzeugen. Alles andere ist Ihnen egal. Auch für managementbezogene Überlegungen haben Sie wenig Verständnis. Sie verhalten sich nicht immer geschickt, wenn es gilt, ein Projektbudget „durchzubekommen". Denken Sie daran: Qualität ist wichtig, aber nicht allein entscheidend.

31

28

25

22

Sie sehen die Projektleistung als einen, nicht den einzigen Erfolgsfaktor an. Auf jeden Fall sind Sie nicht bereit, Kosten zugunsten der Leistung ausufern zu lassen. Dass die Unternehmensleitung und/oder der Auftraggeber auch auf Budget und Kosten achtet, ist Ihnen durchaus bewusst.

19

16

13

10

Bei Ihnen besteht die Gefahr, sich zu wenig um das Projekt an sich zu kümmern, sondern eher um die Zahlen drum herum. Für Sie sind Kosten und Budgets wichtiger, aber ein Projekt muss auch etwas Substanzielles bringen. Achten Sie daher etwas mehr auf die Projektergebnisse und die Motivation der Mitarbeiter.

7

4

0

Entspricht das Ergebnis Ihrer Selbsteinschätzung? Falls nein, dann denken Sie einmal darüber nach, ob Ihre Handlungsweisen auch anders interpretiert werden können, als Sie dies tun. Oder haben Sie in der Vergangenheit in bestimmten Bereichen Probleme festgestellt? Vor allem dann, wenn Ihre Ergebnisse nahe an den Grenzen liegen, dann darf die Auswertung auch nicht überinterpretiert werden.

4.1.4 Management von Widerständen

Gegen Projekte entsteht oft Widerstand, weil Betroffene Angst vor Veränderungen haben oder einfach einen zusätzlichen Aufwand scheuen. Solche Widerstände sind nicht unbedingt sachlich fundiert, sondern persönlich motiviert. In gewissem Rahmen müssen sie als eine natürliche Reaktion akzeptiert werden. Verdächtig sind eher Projekte, die gar keinen Widerstand auslösen, vor allem wenn es um Veränderungen in Organisationen geht. Dann ist die Frage angebracht, ob das Projekt überhaupt ernst genommen wird und Aussicht auf erfolgreiche Umsetzung hat.

Aufgabe der Projektleitung und des Lenkungsausschusses ist es, die möglichen Widerstände und ihre Quellen zu erforschen. Dies sollte frühzeitig geschehen, und zwar vor der eigentlichen Projektplanung. Dann können nämlich erkannte zu erwartende Widerstände in das Projektkonzept integriert werden.

Im Allgemeinen kommen die Widerstände aus dem Kreis der Nutzer bzw. Anwender des Projektprodukts bzw. der Betroffenen des Ergebnisses, der Geschäftsführung (oder anderer höherer Leitungsebenen), des Vertriebs (bei vertriebsbezogenen Projekten), des Controlling, der Personalabteilung sowie auch aus dem Kreis der Projektteilnehmer selbst und der Linieninstanzen, aus denen sie (oft) entsendet werden.

Widerstandskreis Nutzer/Anwender/Betroffene

Zentraler Widerstandsgrund ist die **Angst um den Arbeitsplatz**. Immer dann, wenn im Zusammenhang mit dem Projekt von Rationalisierung die Rede ist, entsteht Angst um den eigenen Arbeitsplatz und es wird gegen das Projekt gearbeitet. Dabei entsteht schnell eine Widerstandsspirale. Da mit Widerstand gerechnet wird, werden möglichst wenige Informationen über das Projekt bekannt gegeben. Je mehr Geheimhaltung aber, desto misstrauischer werden die möglicherweise Betroffenen und rechnen vorsichtshalber mit dem Schlimmsten.

> Bei Projekten, die im Verdacht stehen könnten, Auswirkungen auf Arbeitsplätze zu haben, ist die Information darüber äußerst wichtig. Es entsteht nicht mehr Widerstand, wenn der Rationalisierungszweck offen kommuniziert wird. Die Projektleitung hat dann sogar die Gelegenheit, Ängste frühzeitig auszuräumen oder zu mildern. Sie kann die Widerstände in die Projektplanung aufnehmen und ihren Abbau zu einem Teil der Projektleistung machen. Die Erfolgswahrscheinlichkeit steigt dadurch.

Unabhängig von der Auswirkung auf die Existenz von Arbeitsplätzen ziehen Projekte oft die **Umstellung der Arbeit** nach sich. Betroffene Personen müssen sich an neue Software gewöhnen, andere Vorgehensweisen einstudieren, sich mit anderen Kollegen abstimmen usw. Dies führt zu Unsicherheit, man kann neue Fehler machen, die Routine geht verloren. Weniger die Vorteile für das Unternehmen als vielmehr die Nachteile für die eigene Arbeit werden gesehen.

> Wenn Verhaltensänderungen von Betroffenen erwartet werden, sollte ihnen ein Sanktionsschutz gewährt werden, um die Umstellung zu ermöglichen. Beispielsweise werden in Projekten gelegentlich neue Anreizsysteme entwickelt und implementiert. Die Betroffenen gehen das Risiko ein, zukünftig geringere Tantiemen oder Provisionen zu bekommen, weil sie sich ganz einfach jahrelang nach einem anderen System gerichtet hatten. Hier kann Vertrauen geschaffen werden, indem garantiert wird, dass im ersten Jahr niemand finanziell schlechter, ggf. aber besser gestellt wird als im vorigen Jahr.

Projektergebnisse **verändern oft die Machtstrukturen,** indem sie etwa formale Macht abbauen und neue Kommunikationswege einrichten, Zuständigkeiten verändern oder unerkannte Fähigkeiten zutage fördern. Zudem erhält die Projektleitung eine gewisse Macht, indem sie Vorschläge für Veränderungen unterbreiten kann oder aufgrund eines erfolgreichen Projekts an Wertschätzung im Unternehmen gewinnt. Dadurch wird in bestehende und gewohnte Machtstrukturen eingegriffen.

> Hierbei handelt es sich oft um beabsichtigte Mechanismen, es soll einfach eine neue/stärkere Konkurrenz unter den Mitarbeitern und insbesondere Führungskräften geschaffen werden. Zum Beispiel soll der so genannte frische Wind in eine Abteilung Einzug halten, „Großvaterrechte" sollen abgebaut werden. Widerstand kann kreative Potenziale freisetzen, ist insofern nicht unbedingt negativ zu sehen. Gegebenenfalls bieten sich Trainingsprogramme an, um den vermeintlich „zurückgesetzten" neue Perspektiven zu geben.

Projektergebnisse, die im Unternehmen oder allgemein in Organisationen etwas verändern sollen, ziehen **Lernbedarf** nach sich. Die Betroffenen müssen sich mit dem Ergebnis auseinander setzen und neue Abläufe, Regeln, Arbeitsmittel usw. kennen lernen. Die Lernvorgänge stellen meist eine zusätzliche Belastung dar, die nicht unbedingt als sinnvolle Investition angesehen wird.

Allen Forderungen nach lebenslangem Lernen zum Trotz wird dies oft als zusätzliche Belastung angesehen, die nicht selten zu Lasten der Freizeit geht. Um die Bereitschaft zu privatem Engagement zu fördern, können Programme entwickelt werden, bei denen sowohl private als auch dienstliche Zeit für das Lernen (z. B. für neue Software, neue Funktionen oder Fachgebiete) aufgewendet wird oder Freiheiten für die individuelle Auswahl von Fortbildungsmaßnahmen gewährt werden.

Die Arbeit an Projekten findet außerhalb der regulären Linientätigkeit statt. Diejenigen Mitarbeiter, die nicht in das Projekt integriert sind, für die das Ergebnis aber relevant sein wird, sehen sich **aus dem Prozess ausgeschlossen**. Sie sehen oftmals ihre informellen Mitbestimmungsrechte verletzt, was ihren Vorstellungen von moderner Führung widerspricht. Es kommt dadurch zu Ablehnungen „aus Prinzip", auch wenn es keine tatsächlichen Einschränkungen gibt.

 Diesem Problem lässt sich begegnen, indem an geeigneter Stelle über den Projektfortschritt informiert bzw. Kommentare und Anregungen dazu eingeholt werden. In der Regel spielen inhaltliche Bedenken kaum eine Rolle, vielmehr geht es um Formalien. Meist lässt es sich problemlos einrichten, Zwischenkonzepte mit einigen Kollegen aus dem Umfeld des Projektes zu besprechen, diese zu einem Test oder Brainstorming einzuladen.

Widerstandskreis Geschäftsführung

Unter den Mitgliedern der Geschäftsführung/des Vorstands besteht in der Regel ein mehr oder weniger offenes **Konkurrenzdenken**, das zwar nicht die gemeinsame Verfolgung der Unternehmensziele aushebelt, aber doch zu einem wachsamen Blick auf das führt, was sich in den anderen Bereichen tut. Zeigt sich im Ressort des Kollegen mehr Innovationsbereitschaft als im eigenen oder werden dort erfolgreiche(re) Projekte abgewickelt, dann gerät der eigene Bereich ins Hintertreffen, was Auswirkungen auf den Arbeitsvertrag oder die Budgetzuweisung haben kann. Daher wird bei einem Projekt in einem anderen Bereich gelegentlich die Gegenposition eingenommen, und zwar auch und gerade dann, wenn es erfolgversprechend erscheint.

 In solchen Fällen ist die Einsetzung eines zentralen Lenkungsausschusses ein geeignetes Mittel. Die Verantwortung für ein Projekt ist dann nicht mehr auf einen Bereich beschränkt, sondern liegt in dem übergreifend arbeitenden Ausschuss. Dort kann auch geprüft werden, welche Konflikte entstehen könnten, wie sie auszuräumen sind und inwieweit auch andere Bereiche von den Ergebnissen profitieren könnten.

Gerade auf der obersten Ebene **fehlt oft das technische Verständnis** für Projekte, die sich im Bereich der Entwicklung, IT oder sehr speziellen produktionswirtschaftlichen Themen bewegen. Dies ist auch verständlich, da schon die Projektleitung nicht immer alles verstehen kann, was die einzelnen Fachexperten im Projektteam entwickeln. In dieser Situation fällt es aber auch schwer, den Nutzen eines Projektes zu verstehen, so dass es im Zweifel eher zu einer Ablehnung kommt. Nicht immer gelingt es den Antragstellern, den Projektnutzen so zu vermitteln, dass er auch „ganz oben" verstanden wird.

> Hier besteht die Aufgabe für die Antragsteller bzw. den Lenkungsausschuss, ein geeignetes Projektmarketing zu betreiben. Auf die Verständlichkeit technischer Aufgabenstellungen wird selten Wert gelegt, sie sollte aber verstärkt als Aufgabe betrachtet werden.

Das zentrale Kriterium der Macht im Unternehmen ist das **verfügbare Budget.** Damit ist nicht selten auch die variable Entlohnung verbunden, so dass ein möglichst hohes Budget die wesentliche Zielgröße einer Bereichsleitung ist. Projekte werden daher gerne als Instrument zur Budgetsteigerung genutzt, es sei denn, sie müssen innerhalb des vorhandenen Budgets abgewickelt werden.

> Das Problem lässt sich recht leicht dadurch umgehen, dass für Projekte separate Budgets geplant werden. Zum einen kann dies innerhalb eines Verantwortungsbereichs geschehen, wobei die Projektbudgets dann nicht anreizrelevant sind oder zu Lasten des Gesamtbudgets gehen. Zum anderen kann ein unternehmensweites Budget für Projekte aller Art bereitgestellt werden. Dann entsteht zwar ein Anreiz, Aufgaben aus dem eigenen Bereich in die „Allgemeinheit" zu verlagern, andererseits spielten bereichsspezifische Ziele keine Rolle mehr.

Projekte werden oft gezielt als **Karrieretest** eingesetzt. So übergibt die oberste Führungsebene einem Anwärter auf eine Führungsposition eine Projektleitung, um seine Eignung zu testen. Es ist aber nicht unbedingt damit zu rechnen, dass jedes Mitglied der Führungsebene denjenigen tatsächlich befördern möchte. Daher wird präventiv gegen das Projekt gekämpft.

> Diesem Problem, das sehr subjektiv geprägt ist, lässt sich nur durch eine Übertragung der Projektverantwortung auf eine separate Instanz begegnen. Dies kann dann ein Lenkungsausschuss sein, der keinem Funktionsbereich direkt zugeordnet ist.

Schließlich wird auch auf oberster Ebene **Veränderungsdruck** nicht immer gerne gesehen. So werden z. B. Projekte eingesetzt, um auch in einem anderen Bereich Veränderungen anzustoßen, die auf dem normalen Dienstweg aber nicht erreichbar wären. Dies kann etwa durch den Personalbereich geschehen, der Führungstechniken in anderen Funktionsbereichen beeinflussen will. Vergleichbar ist etwa der Einsatz von IT in den unterschiedlichen Bereichen. Um dies zu verhindern, wird dann gerne auf fehlende Budgets, technische oder Umsetzungsrisiken verwiesen, um das Projekt zu verhindern.

> In diesen Fällen ist die Mitwirkung der betroffenen Bereichsverantwortlichen erforderlich. Es nutzt wenig, ein solches Projekt durchzudrücken, wenn dann bei der Umsetzung gemauert wird. Hier müssen die Betroffenen frühzeitig bei der Ermittlung von Anforderungen einbezogen werden, um zu erkennen, dass das Projekt auch in ihrem Sinne ist.

Widerstandskreis Vertrieb

Der Vertrieb ist ein Funktionsbereich, in dem Widerstände recht oft entstehen. Dies hängt einerseits mit persönlichen Eigenschaften der Vertriebsmitarbeiter zusammen, die sich meist durch ein hohes Maß an Initiative auszeichnen, andererseits aber auch mit dem hohen Anteil variabler Vergütung, die es zu schützen gilt.

Vertriebsprojekte bergen latent die Gefahr, **in dauerhafte Kundenbeziehungen einzugreifen,** was insbesondere die Zuständigkeit einzelner Mitarbeiter betrifft. Außendienstmitarbeiter verfügen meist über einige stabile Kundenbeziehungen, die ihnen ein gewisses Provisionseinkommen sichern, und sind wenig daran interessiert, sich solche Beziehungen neu erarbeiten zu müssen. Daher lehnen sie Maßnahmen ab, die in ihre Kundenbeziehungen eingreifen, etwa durch neue Zuordnung von Vertriebsgebieten, Umstellung auf elektronischen Vertrieb usw.

> In gewissen Grenzen können solche Bedenken im Falle von Neustrukturierungen berücksichtigt werden, etwa durch eine Garantie, keine Umsatzvolumina zu verlieren, oder durch Sonderprämien, die das Einarbeiten in die neue Situation honorieren. Wichtig ist aber auch zu versuchen, im Projekt möglichst keine Regelungen zu treffen, die die Kundenbeziehungen zerstören.

Im Vertrieb existiert in Verbindung mit den Kundenbeziehungen ein intensives, spezielles Wissen über Bedürfnisse und Verhaltensweisen der Kunden, über Wettbewerbsverhältnisse und Vertriebsstrukturen, das als das Kapital der Zuständigen angesehen wird. Sie bewahren es als **Herrschaftswissen** und sehen es als Existenzsicherung an. Projekte, in deren Rahmen dieses Wissen weitergegeben werden soll, werden abgelehnt.

 Diese Befürchtungen der Vertriebsleute sind selten zu entkräften. Projekte in diesem Bereich scheitern häufig, weil die Umsetzung nicht gelingt. Hier besteht nur eine Chance, wenn die Vertriebsmitarbeiter frühzeitig in die Konzeption des Projekts eingebunden und um Vorschläge zur Problemlösung gebeten werden.

Die Arbeitsorganisation im Vertrieb orientiert sich meist an relativ strengen Zeitplänen, weil etwa Besuchsrhythmen einzuhalten, Liefer- und Messetermine zu berücksichtigen sind. Ist nun ein **Zusatzaufwand** erforderlich, um sich mit Projektergebnissen zu beschäftigen (z. B. neue Software, Teilnahme an Seminaren), wird dies schnell abgelehnt. Im Gegensatz zu Kollegen mit Innendiensttätigkeiten entsteht kaum eine Möglichkeit, diesen Aufwand irgendwie auszugleichen. Die Befürchtung ist: Man verliert an einen Wettbewerber und man verliert Provisionen.

 Auch hierbei handelt es sich um ein klassisches Problem, das viele Vertriebsprojekte scheitern lässt. Dem ist nur zu begegnen, indem in der Arbeitsplanung Zeiten berücksichtigt werden, in denen Zusatzaufgaben erledigt werden können. Meist geschieht dies durch Planung eines Bürotags pro Woche oder von mehreren Schulungstagen pro Jahr (meist in klassischen Saure-Gurken-Zeiten).

Widerstandskreis Controlling

Für Controller stellen Projekte insofern ein Problem dar, als sie einen **zusätzlichen Beratungs- und Kontrollaufwand** nach sich ziehen. Projektleiter sind selten leidenschaftliche Controller und müssen oft daran „erinnert" werden, Kosten systematisch zu erfassen und zu kontrollieren. Das Controlling muss dafür geeignete Verfahren entwickeln, etwa Formblätter, Software und Berichtswesen. Diese Verfahren sind aufgrund der Individualität der Projekte auch individuell, so dass häufig Anpassungen an neue Aufgabenstellungen erforderlich sind.

 Hier kann einfach geholfen werden, indem alle Projektverantwortlichen ein Controllingverfahren anwenden müssen, das vorab entwickelt wurde und wesentliche Steuerungsaufgaben übernimmt. Dieses ist z. B. durch Schulungen zu vermitteln bzw. wird als Anforderung an die Projektleitung definiert.

Projekte neigen nicht allzu oft dazu, **Budgetvorgaben** einzuhalten. Dadurch sind Maßnahmen erforderlich, Zusatzbudgets bereitzustellen, oft ist die unternehmensweite Budgetplanung zu korrigieren, wenn ein größeres Projekt aus dem Ruder läuft. Für das Controlling bedeutet das einen erheblichen Mehraufwand, den man sich gerne sparen möchte. Auch aus diesem Grund besteht wenig Neigung, sich für Projekte auszusprechen.

 Die Taktik des Controlling, sich wegen dieser Gefahr gegen Projekte zu wenden, ist kontraproduktiv. Unterzieht das Controlling den Projektantrag einer genauen Prüfung, können wesentliche Budgetgefahren erkannt werden. Controller sind daher unbedingt in den Genehmigungsprozess einzubinden!

Widerstandskreis Personal

Für Personalabteilungen haben Projekte eine positive und eine negative Seite. Auf der negativen Seite ist der **organisatorische Aufwand** zu sehen, der in der Erstellung von Schulungskonzepten für Projektleiter, der Betreuung von (insbesondere: Dauer-)Projektmitarbeitern und nicht selten der Vermittlung zwischen Projektleitung und Linieninstanzen besteht. Bei reinen Projektmitarbeitern stellt sich immer wieder die Frage des Einsatzes nach Projektende, bei zeitweisem Einsatz von Mitarbeitern aus der Linie entstehen Fragen der Verrechnung des Gehaltes, der Beurteilung der Leistung, der Behandlung arbeitsrechtlicher Zweifelsfälle usw. Ein in Projekten tätiger Mitarbeiter verursacht einen deutlich höheren Aufwand als ein reiner Linienmitarbeiter.

 Sofern Projektarbeit in einem Unternehmen größere Bedeutung hat, bietet sich die Einrichtung einer gesonderten Betreuung der Projektmitarbeiter in der Personalabteilung an. Dort besteht die Möglichkeit, sich genauer mit den einschlägigen Problemen zu befassen, ohne dass der normale Ablauf in der Abteilung gestört wird.

Eine positive Seite der Projekttätigkeit besteht allerdings im Qualifikationsaspekt. Im Laufe der Zeit qualifizieren sich erfolgreiche Projektmanager für Führungstätigkeiten und sind letztlich „billiger" als die Abwerbung einer entsprechend qualifizierten Persönlichkeit von außen. Zudem entsteht ein recht genaues Bild von den persönlichen und fachlichen Fähigkeiten, so dass eine zuverlässige Einsatz- und/ oder Karriereplanung vorgenommen werden kann.

Widerstandskreis Linie

Zwar sind die o. g. Bereiche auch der „Linie" zuzuordnen, doch geht es hier um die allgemeine Problematik Projekt – Linie, unabhängig vom jeweiligen Funktionsbereich. Einige Reibungspunkte existieren nämlich in allen Funktionsbereichen und sind unabhängig vom Projektthema.

Die Linie stellt regelmäßig Personal für Projektarbeiten zur Verfügung. Da normalerweise Projekte nicht langfristig zu planen sind, müssen Mitarbeiter ihre **regelmäßigen Aufgaben unterbrechen** oder verschieben. Abteilungsleiter in der Linie können dadurch oft ihre Ziele nicht erreichen, oder nur mit erheblichen Einschränkungen, und stellen ihre Mitarbeiter entweder nicht für ein Projekt ab, oder sie entsenden denjenigen, der am leichtesten abkömmlich ist. Dies muss nicht unbedingt der Qualifizierteste sein, das Projektergebnis kann dadurch belastet werden. Zwischen der Projektleitung und der Linienleitung entsteht somit ein dauerhafter Konflikt, durch den die Unterstützung für Projekte gefährdet sein kann.

> Eine erste Linderung der Problematik ist durch die Verrechnung der Personalkosten zu erreichen, so dass die verlorenen Arbeitstage in der Linie auf die Projektkostenstelle gebucht werden. Der Linienabteilung entsteht dadurch zumindest kein wirtschaftlicher Schaden. Eine weitere Förderung der Unterstützung besteht in der rechtzeitigen Planung. So kann es leichter ermöglicht werden, den Einsatz in der Linienfunktion auf die Projekterfordernisse abzustimmen. Schließlich sollten Personalentscheidungen auf der Grundlage von Anforderungsprofilen gefällt werden, um ein „Abschieben" unliebsamer Mitarbeiter zu verhindern.

Viele Unternehmen messen der Projektarbeit höhere Bedeutung bei als der Linienarbeit. Sie erwarten, dass die Linie die Projektmanager unterstützt und ihre Interessen notfalls zurückstellt. Eine erfolgreiche Projektarbeit fällt jedoch immer auf das Projektteam bzw. dessen Leitung zurück, keinesfalls auf die Linie, ohne die es ja auch nicht ginge. Linienmanager sehen daher Projekte auch als **Konkurrenz um Anerkennung** und entziehen ihnen die Unterstützung. Dies kann z. B. zur Weigerung führen, Mitarbeiter für das Projekt abzustellen oder Know-how einzubringen, oder die Notwendigkeit zur Einrichtung eines Projektes wird abgestritten.

> Die Beurteilung eines Projekts darf nicht alleine mit der Projektleitung verbunden werden, weder beim Erfolg noch beim Scheitern. Die Geschäftsführung bzw. der Lenkungsausschuss sollte seine Anerkennung auf alle Beteiligten beziehen und auch die Leitungen der Abteilungen berücksichtigen, die Mitwirkende bereitgestellt haben. So kann durchaus eine Linienabteilung aufgrund ihres Personals mehr Anteil am Projekterfolg haben als dessen Leitung.

Widerstandskreis Projekt

Auch intern kommt es zu Widerständen gegen das Projekt. So kann man leider nicht davon ausgehen, dass allen Teammitgliedern der Projekterfolg wirklich am Herzen liegt. Die Gründe für kontraproduktives Verhalten können persönlich, aber auch funktional begründet sein.

In einem Projekt kommt es immer wieder zu Konflikten aufgrund **gruppendynamischer Effekte**, etwa durch dominantes Verhalten Einzelner, unterschiedlich ausgeprägtes Fachwissen, die Übernahme ungewohnter Rollen usw. So wird beispielsweise ein Einzelkämpfer in ein Team integriert, mit dem er nicht zurechtkommt. Andererseits muss vielleicht ein zurückhaltender Mitarbeiter eine führende und motivierende Rolle übernehmen. Da das Projekt befristet ist, ist auch die Veränderungsbereitschaft gering. Dadurch kommt es zum Widerstand gegen das Projekt.

Bei Linienmitarbeitern besteht meist eine **enge Bindung an die Abteilung** mit ihren Zielen. Vollzeit-Projektmitarbeiter fühlen sich ebenfalls an die Arbeitsform „Projekt" und das jeweilige Thema gebunden. Werden nun Linienmitarbeiter in ein Projekt eingebunden, stehen sie zwischen beiden Rollen. Sie können sich mitunter nicht mit dem Projekt identifizieren, weil es nicht die Interessen ihrer Linie vertritt.

Checkliste 2: Widerstandsfelder

Vor Beginn eines Projekts ist es wichtig, mögliche Widerstandsfelder zu kennen, durch die der Projekterfolg beeinträchtigt werden könnte. Wie gesehen, lässt sich in vielen Fällen präventiv handeln, so dass wesentliche Gefahrenquellen ausgeräumt werden können. Die folgende Checkliste führt wichtige Problemfelder an und ermöglicht eine schnelle Ermittlung des Widerstandsprofils für ein Projekt.

Die einzelnen Faktoren können in Abhängigkeit von ihrem Schadensumfang gewichtet werden. (Dies ist aber nicht immer möglich und vor allem aufwändig. Daher kann auf diese Gewichtung auch verzichtet werden.) Anschließend wird die Wahrscheinlichkeit des Eintretens des Widerstands geschätzt (hier: 5er-Skala). Das Produkt ergibt dann (ggf.) das Widerstandsrisikomaß.

Anzukreuzen ist:

0 = kann nicht eintreten,

1 = sehr geringe Wahrscheinlichkeit des Auftretens, ...

5 = sehr hohe Wahrscheinlichkeit des Auftretens.

Widerstandsfaktor	Wahrscheinlichkeit						Ge-wicht	Risiko-maß
	0	1	2	3	4	5		
Nutzer/Anwender/Betroffene								
- Arbeitsplatzangst								
- Umstellung der Arbeit								
- Veränderung von Machtstrukturen								
- Lernbedarf								
- fehlende Integration in den Prozess								
Geschäftsführung								
- Konkurrenzdenken								
- fehlendes fachliches Verständnis								
- Budgetkonkurrenz								
- Karrierewirkung								
- Veränderungsdruck								
Vertrieb								
- Eingriff in Kundenbeziehungen								
- Weitergabe von Herrschaftswissen erforderlich								
- Umsetzung des Projekts benötigt zu viel Zeit								
Controlling								
- Zusatzaufwand für Unterstützung der Projektleiter								
- mangelnde Budgeteinhaltung der Projekte								
Personal								
- Schulungsbedarf für Projektleiter								
- Koordinationsaufwand für Vollzeit-Projektmitarbeiter								
Linie								
- Personalverfügbarkeit nicht gewährleistet								
- Verlust fachlicher Anerkennung in der Linie								
Projekt								
- negativer Einfluss auf Gruppendynamik								
- Linienbindung ist stärker als Projektengagement								

Bei Werten von 4 und 5 sollten Gegenmaßnahmen gegen die zu erwartenden Widerstände in das Projektkonzept aufgenommen werden. Bei Werten von 2 und 3 können solche Maßnahmen auch später noch entschieden werden, die Überwachung der Widerstandsfaktoren ist aber grundsätzlich erforderlich. Faktoren mit Wahrscheinlichkeiten von 0 und 1 sollten ignoriert werden.

4.1.5 Ermittlung der Anforderungen an das Projekt

Qualitätsmanagement beginnt mit der Erhebung von Anforderungen des Kunden. In der ISO 10006 kommt dies nicht so deutlich zum Ausdruck, dafür umso mehr in der ISO 9001 (7.2 Kundenbezogene Prozesse). Auch für ein Projekt ist zunächst zu bestimmen, was der Kunde (hier: Auftraggeber) eigentlich will. In Anlehnung an die bereits im ersten Kapitel dargestellten Erfolgskriterien lassen sich die vier Anforderungsdimensionen bezeichnen:

- Die Erreichung eines **bestimmten Leistungsumfangs/bestimmten Ergebnisses** (je nachdem, ob es sich um ein Projekt*produkt* oder eine *Dienstleistung* handelt)
- innerhalb eines vorgegebenen **Zeitrahmens**
- unter Einhaltung eines vorgegebenen **Budgets**
- und erfolgreicher **Umsetzung** in der vorgegebenen Situation/im vorgegebenen Umfeld.

Diese recht allgemeine Anforderungsdefinition ist in dieser Phase zu präzisieren, und zwar so, dass keine Missverständnisse bestehen, die Anforderungen zweifelsfrei im Projekt kommuniziert werden können und akzeptiert werden. Dies schließt die Prüfung auf ihre Erreichbarkeit ein. Unrealistische Anforderungen, die zunächst akzeptiert werden, um z. B. den Projektauftrag zu erhalten, helfen letztlich nicht weiter und führen zu mangelhafter Qualität.

Für die Projektleitung sind hierbei zwei Fragenkomplexe wichtig:

1. Welche konkreten Informationen werden im Rahmen der genannten Anforderungsdimensionen benötigt? Wie lässt sich eine systematische Vorgehensweise sicherstellen?

2. Wie lassen sich die benötigten Vorgaben zuverlässig und vollständig ermitteln? Welche Erhebungstechniken können eingesetzt werden?

Beispiel einer Anforderungserhebung

Eine Fluggesellschaft führt ein Projekt zur Einführung einer neuen Business Class durch. Man erhofft sich dadurch einen Wettbewerbsvorteil im zunehmend stärker umkämpften Markt der Geschäftsreisen. In diesem Zusammenhang werden auch Kundenzufriedenheitsbefragungen durchgeführt, die Aufschluss über die Anforderungen der Reisenden und die Verbesserungspotenziale für das Unternehmen ergeben sollen. In diesen Befragungen werden praktisch alle Aspekte abgehandelt, die auch gegenwärtig eine Rolle spielen.

Die neue Business Class wird eingeführt, es gibt neue Sitze, mehr Personal und ein umfangreicheres Speisenangebot. Nach wenigen Monaten stellt sich jedoch schon heraus, dass die Nachfrage nicht nennenswert gestiegen ist. Wettbewerber verzeichnen einen stärkeren Passagierzuwachs, unabhängig von Verbesserungen im Flugzeug. Eine unabhängige Befragung von Passagieren führt zu der Erkenntnis, dass die Reisenden in erster Linie nach dem Streckenangebot und den Preisen gehen und sich z. B. über das Essen wenig Gedanken machen. Man hätte sich das Projekt zur Aufwertung der Business Class letztlich sparen können und stattdessen in das Streckennetz investieren sollen. Da die Bedeutung der einzelnen Variablen nicht erhoben wurde, wurden von Anfang an falsche Anforderungen für das Projekt vorausgesetzt.

Die Erhebung der Kundenanforderungen stellt also eine erste Herausforderung dar. Sie setzt voraus, dass es dem Projektleiter gelingt, auch diejenigen Kriterien zu erheben, die selbst beim Auftraggeber nicht präsent sind. Er muss versuchen, herauszufinden, ob der Auftraggeber in seinem Konzept Lücken hat. Auf jeden Fall darf die Erhebung nicht passiv erfolgen im Sinne des Wartens auf eine übersichtliche Zusammenstellung einzelner Punkte. Bei Produktentwicklungsprojekten ist es z. B. oft sinnvoll, Marktforscher einzubeziehen, die sich mit den Wünschen der Endkunden meist besser auskennen.

Projektleiter sollten daher in zwei Schritten vorgehen:

Phase 1 – Verständnis für die Situation der Auftragserteilung schaffen

Zunächst sollte es zu einem genaueren Verständnis der den Auftrag bestimmenden Situation kommen. Dabei sollten z. B.

- das wirtschaftliche Umfeld des Auftraggebers (Krisensituation, Boomphase),
- die technische Situation (Zugang zu/Beherrschung von Technologien),
- die Managementsituation (politische Prozesse beim Auftraggeber, Stellung des Auftraggebers/Machtpromotors),
- die rechtliche Situation (zu erfüllende Vorschriften) und
- die Marktsituation (Stellung am Markt – Pionier oder Nachzügler, marktführend oder unbedeutend, Entwicklung des Markts – schnell wachsend oder schrumpfend)

berücksichtigt werden. (Übrigens gilt diese Situationsanalyse sowohl für interne als auch für externe Auftraggeber!) Erst vor diesem Hintergrund kann beurteilt werden, ob die Anforderungen vollständig und realistisch sind. Abbildung 4.6 führt einige Kriterien hierzu auf.

Abbildung 4.6: Situationsanalyse

Phase 2 –Anforderungen systematisch erheben

Dann sollten die relevanten Anforderungen systematisch und unmissverständlich erhoben werden, wobei die Vollständigkeit eine zentrale Rolle spielt. Der Projektleiter sollte durch das Verständnis aus Phase 1 in der Lage sein, mögliche Lücken und Widersprüche zu erkennen. Die jeweils relevanten Vorgaben müssen individuell bestimmt werden. Die folgende Checkliste kann einen Ausgangspunkt für die Erhebung darstellen.

Checkliste 3: Projektanforderungen

Mit Hilfe dieses Checkliste finden Sie den Einstieg in die Erhebung der Anforderungen. Meist dürften die genannten Kriterien nicht ausreichen, um das Anforderungsspektrum vollständig abzubilden. Weitere wichtige Fragen ergeben sich aber durch die individuelle Situationsanalyse.

Anforderung	Rele-vant?	Ge-prüft?	Ziel
Zeit			
Wann ist der letzte Fertigstellungstermin?			
Gibt es Verlängerungsoptionen?			
Welche Termine für Zwischenpräsentationen werden festgelegt? Werden dann Fortführungsentscheidungen getroffen?			
Wann ist der offizielle Starttermin? Sind dann alle erforderlichen Genehmigungen vorhanden?			
Welche Aktivitäten/Projekte/Entscheidungen hängen vom Projektergebnis ab?			
Ist das Projekt auf Zulieferer/andere Projektergebnisse angewiesen?			
Müssen Verfügbarkeiten von einzelnen Projektmitarbeitern (z. B. Externe – Sachverständige oder Mitarbeiter des Kunden) berücksichtigt werden?			
Kosten			
Wie hoch sind die geschätzten Gesamtkosten des Projekts?			
Welches Projektbudget wird vereinbart?			
Welche Abhängigkeiten von anderen Kostenfaktoren (z. B. Lieferanten, Genehmigungen) bestehen?			
Lässt sich der Nutzen des Projekts wirtschaftlich messen? Wenn ja, wie hoch ist er?			
Wie hoch sind/waren die Kosten vergleichbarer Projekte?			
Wie hoch wären die Kosten für vergleichbare Leistungen am freien Markt/bei Wettbewerbern?			
Leistung			
Wie wichtig sind einzelne Leistungskriterien bei den Anwendern/Endkunden des Projektprodukts?			
Werden Auswirkungen auf die Kreativität von Mitarbeitern erwartet?			

Anforderung	Rele-vant?	Ge-prüft?	Ziel
Leistung			
Wie sind die technischen Anforderungen definiert (Leistungsstärke, Funktionen, Lebensdauer)?			
Welche Normen/Gesetze u. Ä. sind einzuhalten?			
Muss das Projektprodukt zu anderen Produkten/Prozessen kompatibel sein?			
Wie ist der Leistungsumfang definiert (Komponenten, Zusatzleistungen)?			
Welche Materialien müssen/sollen verwendet werden?			
Müssen bestimmte Methoden (z. B. Programmiersprachen) eingesetzt werden?			
Wie wird das Projektprodukt weiterverarbeitet?			
Welche Dokumentationserfordernisse bestehen?			
Welche Qualifikation haben die Anwender?			
Wird das Projektprodukt in andere Produkte/Prozesse integriert? Wenn ja, welche Anforderungen ergeben sich daraus?			
In welchem Anwendungszusammenhang steht das Projektprodukt/-ergebnis?			
Welche Imagewirkung soll das Projektergebnis erzielen?			
Welche emotionale Wirkung soll das Projektergebnis haben?			
Welche Motivationseffekte werden durch das Projekt erwartet?			
Welche Langfristwirkungen werden erwartet?			
Soll das Projektergebnis eine Zeitersparnis erbringen?			
Welche Auswirkung soll sich durch das Projektergebnis auf die Zusammenarbeit von Mitarbeitern/Anwendern ergeben?			
Welche Produktivitätssteigerung wird erwartet?			
Sollen Rationalisierungseffekte erreicht werden?			
Soll eine Verkürzung der Durchlaufzeit erreicht werden?			
Wie sollen die Kosten pro ... beeinflusst werden?			
Soll eine bestimmte Fehlerquote erreicht werden?			
Gibt es ein Kundenzufriedenheitsziel?			
Wird die Verringerung der Kundenverlustrate angestrebt?			
Soll die Bekanntheit gesteigert werden?			
Welche Umweltanforderungen müssen berücksichtigt werden?			
Werden Auszeichnungen angestrebt?			
Spielt der Projekterfolg für die Entlohnung der Entscheidungsträger eine Rolle?			

Anforderung	Rele-vant?	Ge-prüft?	Ziel
Umsetzung			
Welche ergonomischen Anforderungen bestehen?			
Welche Endanwender/Nutzer des Projektprodukts sind zu berücksichtigen?			
Welche Maßnahmen sind erforderlich, um das Projektprodukt erfolgreich einsetzen/implementieren zu können?			
Soll das Projektprodukt vorhandene Produkte/Lösungen/ Konzepte ersetzen?			
Ist der Einsatz des Projektprodukts für die Anwender mit Nachteilen verbunden?			

Erhebungstechniken

Da die Anforderungen ausgesprochen vielschichtig und auch überraschend sein können, ist eine schriftliche Erhebung im Sinne von „Bitte nennen Sie die wichtigsten Anforderungen ..." nicht sinnvoll. Es dürfte kaum wahrscheinlich sein, auf diesem Weg bei einem komplexen Projektthema zu einer vollständigen Auflistung zu kommen.

> Der Einsatz systematischer Erhebungstechniken verhindert, dass beispielsweise der Machtpromotor nur seine eigenen Ziele vorgibt und damit das Projekt weit unter seiner eigentlichen Leistungsfähigkeit bleibt. Weiterhin werden Schieflagen bei den Projektzielen vermieden, die etwa durch eine spontane einseitige Sicht entstehen.

Ja nachdem, wie viele Informationen vorab vorhanden sind, kommt eine der folgenden Erhebungstechniken in Frage:

a) Strukturierter Fragebogen

Eine Reihe von Personen aus dem Projektumfeld (Auftraggeber, spätere Nutzer des Projektprodukts, Mitglieder des Fachausschusses usw.) erhält ein Formular, das relevante Anforderungskategorien (Kosten, technische Anforderungen, organisationsspezifische Anforderungen, Zeit usw.) vorgibt. Die Befragten können innerhalb dieser Rubriken ihre Anforderungen frei eintragen. Die Gesamtanforderungsliste wird erstellt, indem die einzelnen Nennungen zusammengefasst, um doppelte Nennungen bereinigt und dann gewichtet werden. Dabei können Anforderungen, die offensichtlich nur eine untergeordnete Rolle spielen und eher als „persönlicher Wunsch" aufzufassen sind, aussortiert werden.

b) Checkliste

Der relevante Personenkreis erhält eine umfangreiche Checkliste mit möglichen Anforderungen, die vom Auftraggeber bzw. Initiator erstellt wird. Dabei ist jeweils anzugeben, ob und wie wichtig diese Kriterien sind. Wesentliches Problem ist die Tatsache, dass eher zu hohe Anforderungen gestellt werden, weil letztlich alles sinnvoll erscheint und für den Befragten auf dem Papier nichts kostet. Um dies zu verhindern, kann eine maximale Zahl von Punkten vorgegeben werden, die auf die genannten Anforderungen verteilt werden sollen. Das Checklistenverfahren setzt voraus, dass eine vollständige Auflistung aller denkbaren Anforderungen möglich ist. Dazu ist meist eine intensive Vorarbeit oder Erfahrung aus alten Projekten erforderlich.

c) Gruppendiskussion

Vor allem bei einem neuartigen Projekt fällt es den Befragten schwer, sich alleine Gedanken über die Anforderungen zu machen. Stattdessen bietet sich der Einsatz kreativitätsfördernder Verfahren an, etwa der Gruppendiskussion. Diese läuft ähnlich einem Brainstorming ab, wobei ein gewisses Maß an Diskussionsführung sinnvoll ist, um dem Ziel der Vollständigkeit näher zu kommen. Unter Leitung des Auftraggebers oder besser eines Moderators werden dabei Anforderungen aus dem Kreis relevanter Personen gesammelt und diskutiert. Daraus wird dann der Anforderungskatalog zusammengestellt.

d) Teilnehmende Beobachtung

In manchen Situationen ist eine Verwortung von Anforderungen schwierig, weil sich Problemfelder nicht präzise erfassen lassen oder mit „Wunschdenken" in erheblichem Umfang zu rechnen ist. Dies ist etwa bei Projektthemen der Fall, die sich mit dem Arbeitsumfeld beschäftigen. Dann bietet es sich an, das Einsatzfeld des Projektergebnisses (z. B. eine Abteilung des Unternehmens) zu beobachten und die Problemfelder zu erfassen. Diese können in Prozesszeiten, Fehlerquoten, Zufriedenheit, Motivation u. Ä. liegen.

Lastenheft

Die Anforderungen an das Projekt sind wesentliches Element des **Lastenhefts**, das der Auftraggeber/Kunde dem Auftragnehmer/Projektleiter übergibt. Dieses ist auch Bestandteil des Vertrags, wenn der Auftraggeber ein Externer ist. Prinzipiell ist die Erstellung des Lastenhefts Aufgabe des Auftraggebers, oft stellt sich aber heraus, dass es nur unvollständig oder gar nicht erstellt wurde. Insofern sollten

Auftragnehmer/Projektleiter im Zweifel selbst die Initiative ergreifen und das Lastenheft zumindest auf Vollständigkeit prüfen.

Zu den Inhalten des Lastenhefts gehören über die konkreten Projektanforderungen hinaus vertragliche Regelungen wie die Erstellung von Teilprojekten/-lieferungen, ggf. mit Zwischenabnahme, erforderliche Dokumentationen wie Projekthandbuch, der verpflichtende Einsatz von Kontrollverfahren (z. B. Zeiterfassung, Risikokontrolle).

Das Lastenheft ist seinerseits Grundlage des **Pflichtenhefts**, in dem intern festgelegt wird, wie die definierten Lasten erfüllt werden. Dazu gehört auch eine nähere Planung der einzelnen Projektphasen. Die Erstellung des Pflichtenhefts kann längere Zeit in Anspruch nehmen, so dass es erst nach der grundsätzlichen Genehmigung des Projekts erstellt werden sollte.

4.1.6 Präsentation der Projektidee

Nach der eingehenden Analyse der Anforderungen kann durch die Projektleitung (bzw. den Auftragnehmer) das Projektkonzept entscheidungsreif definiert, formuliert und ggf. präsentiert werden. Es geht nun darum, die endgültige Genehmigung für das Projekt mit entsprechender Budgetentscheidung zu erhalten. Dazu ist nicht nur die Projektdefinition mit den Leistungsvorgaben erforderlich, sondern auch ein (zumindest ungefährer) Kosten- und Zeitplan. Die Vorgehensweise dabei wird, weil die Themen auch für die laufende Projektsteuerung relevant sind, im Abschnitt 4.2 eingehender dargestellt.

Für die Gewährleistung der Projektqualität ist diese Phase von besonderer Bedeutung, denn sie muss einer kritischen Durchleuchtung im Hinblick auf mögliche Risikofaktoren, Widerstände und Planungsfehler durch den Lenkungsausschuss standhalten.

Checkliste 4: Planungsqualität

Vor dem ersten „ernsten Moment" des Projekts sollte geprüft werden, ob die Planung vollständig und sorgfältig war. Dazu hilft folgende Checkliste.

Qualitätskriterium der Projektplanung	Rele-vant?	Erle-digt?	Noch zu erledigen
Wurden die Projektziele eindeutig definiert?			
Sind die möglichen Entscheidungsträger und Einflussgeber bekannt (Stakeholderanalyse)?			
Wurden die Anforderungen des Auftraggebers analysiert und berücksichtigt?			
Decken die definierten Arbeitspakete/Maßnahmen alle Anforderungen ab?			
Ist die Zeitplanung nachvollziehbar und nachprüfbar?			
Sind die erforderlichen Kapazitäten vorhanden?			
Wurden mögliche Projektrisiken durch geeignete Gegenmaßnahmen oder Alternativen berücksichtigt?			
Wurden Abstimmungsmaßnahmen mit dem Auftraggeber berücksichtigt?			
Wird eine Abhängigkeit von Leistungen des Auftraggebers deutlich?			
Wurde eine Kostenplanung und -erfassung vorgesehen?			
Wurden Meilensteine/Entscheidungspunkte eingeplant?			
Wurden Sicherheitspuffer eingeplant?			
Wurden relevante Qualitätsnormen berücksichtigt?			
Liegen Vertragsentwürfe mit Lieferanten/externen Partnern vor? Wurde die Verfügbarkeit von Vorprodukten geprüft?			
Wurde ein Steuerungssystem entwickelt/eingeplant (z. B. Balanced Scorecard)?			
Wurde die Verfügbarkeit qualifizierter Projektmitarbeiter geprüft?			
Wurden Zwischentests eingeplant, um die Akzeptanz des jeweiligen Entwicklungsstands zu testen?			
Ist vorgesehen worden, zwischendurch die Kundenzufriedenheit zu erheben?			
Wurde ein Lastenheft angefordert/erstellt?			
Wurden technische und kapazitive Voraussetzungen bei Lieferanten geklärt?			
Wurden mögliche Widerstände gegen das Projekt analysiert?			
Ist ein Konzept zur Steuerung des Projekts während der Laufzeit entwickelt worden?			

Wurden diese Aufgaben vollständig erledigt, kann das Projektkonzept beschrieben werden. Hier soll von einem **Business Plan** gesprochen werden, teilweise ist aber auch von Projektidee oder einfach Konzept die Rede. Ein umfassender Business Plan, der qualitätsrelevante Themen wie die angestrebte Erfüllung der Anforderungen, den Einsatz von Technologie, Wissen, Personal und finanziellen Mitteln sowie eine nachvollziehbare Zeitplanung enthält, ist für beide Seiten eine dauerhafte Entscheidungsgrundlage. Die Entscheidungsträger erhöhen dadurch die Anforderungen an die Projektplanung und leisten damit den ersten Beitrag zur Projektqualität.

Die folgenden Seiten zeigen eine beispielhafte Struktur für einen Business Plan für Projekte. Dabei wird von einer formellen Genehmigungssituation ausgegangen, d. h. die Projektidee kommt vom Antragsteller und wird zur Genehmigung vorgelegt. Der Plan enthält die wesentlichen Informationen, die von Entscheidern benötigt werden. Inwieweit Detailinformationen zu geben sind, hängt auch vom Fortschritt der internen Überlegungen ab.

Elemente eines Business Plans

Titelblatt

Business Plan
Projekttitel
Projektzeitraum
Antragsteller
vorgestellt von ... am ...
Projektsteckbrief
Bezeichnung

1

Zweck (kurze Beschreibung)

- wirtschaftlicher/technischer Nutzen (was, wie viel, für wen?)
- voraussichtlicher Kapazitätsbedarf (Manntage/-jahre, Maschinenzeiten, Räume usw.)
- voraussichtliche Kosten
- Durchführende (Projektteam, betroffene Abteilungen, Externe usw.)
- ggf. Genehmigungsinstanzen, Anforderer

2

Problemsituation

- Beschreibung der aktuellen Problemsituation (vorhandene Mängel, bekannte Ineffizienzen, Folgekosten aufgrund technischer Fehler)
- Marktsituation (ggf. Hinweis auf nachlassende Kundenzufriedenheit, bessere Wettbewerbsangebote, steigende Reklamationsquoten, veränderte Anforderungen)
- falls relevant: rechtliche Erfordernisse (z. B. Gesetzesänderungen, wachsende Haftungsrisiken)
- Problembewertung mit Hilfe von Kostenschätzungen (aktuelle Aufwendungen zur Problembeseitigung, erwartete Ausgabensteigerungen, ggf. Belastung zentraler Bereiche im Unternehmen usw.)

3

Lösungsansatz

kurze Beschreibung der Problemlösung durch das Projekt, z. B.:
- Welche Leistung erbringt das Projekt zur Behebung der Problemsituation?
- Wie kann der Umsatz durch die Projektleistung gesteigert werden?
- Wie können die Kosten durch die Projektleistung gesenkt werden?
- Wie verändert sich die Position gegenüber dem Wettbewerb bzw. den Kunden durch die Projektleistung?
- Warum kann die Leistung nicht anders (durch Linieninstanzen) erbracht werden?

4

Projektbeschreibung

kurze Beschreibung der Vorgehensweise:
- Welche Tätigkeiten sind erforderlich?
- In welcher zeitlichen Abfolge wird das Projekt bearbeitet?
- Wie viele und welche Personen werden benötigt?
- Wie verteilt sich der Personalbedarf über die Projektdauer?
- Welche weiteren Ressourcen werden eingesetzt?
- Wann können Zwischenergebnisse kommuniziert werden (Meilensteine mit kurzer Definition)?
- Welche Abteilungen bzw. Externe sind involviert?

5

Finanzplan

	Jahr 1	Jahr 2	Jahr 3	Jahr 4	Jahr 5	Jahr 6
Projektausgaben						
Projekteinnahmen						
Saldo						
Investitionen						
Mehreinnahmen/ Ersparnis						

Hier wird angegeben, welche Ausgaben für das Projekt vorgesehen sind, ggf. auch, welche Einnahmen in Frage kommen. Dazu kommen ggf. die Investitionen, die außerhalb des Projekts an sich relevant sind. Schließlich werden die zu erwartenden wirtschaftlichen Vorteile nach Projektabschluss angegeben.

Die Phasenenteilung kann auch nach Meilensteinen, Monaten, Wochen usw. erfolgen.

6

Projektrisiken

Darstellung der Faktoren, die einer erfolgreichen Projektdurchführung im Wege stehen könnten
Beispiele:
- nicht rechtzeitig/ausreichend vorhandene Ressourcen
- keine erfolgreiche Lösung technischer Probleme
- Terminüberschreitungen
- Änderungen der Projektspezifikationen
- neue Lösung im Wettbewerbsumfeld vorhanden
- relevante Kunden gehen verloren

7

Ablaufplan

- Datum Go-Entscheidung
- Beginn Projektvorbereitungen
- Beginn Projektarbeiten
- Meilenstein 1
- Meilenstein 2
- ...
- Vorstellung Projektergebnis
- praktische Umsetzung

8

4.1.7 Bewertung der Projektidee

Die Bewertung der Projektidee ist ein wichtiger Schritt aus Sicht des Auftraggebers. Er soll sicherstellen, dass bei mehreren angebotenen Projekten das oder die erfolgsträchtigsten genehmigt werden bzw. dass ein einzelner Projektantrag systematisch geprüft wird. Dabei stellt meist die Komplexität eine wesentliche Herausforderung dar, d. h. es gibt eine Vielzahl relevanter Entscheidungskriterien, zahlreiche Projektmerkmale und unterschiedliche Projektziele. Daher muss im Zuge der Bewertung eine Verdichtung auf entscheidungsrelevante Kriterien, die vom eigentlichen Projektinhalt unabhängig sind, vorgenommen werden. Sinnvoll ist die Beurteilung anhand des Nutzens und der Risiken eines Projekts.

Hier sollen die Verfahren der Nutzwert- und Risikoanalyse sowie für die Steuerung mehrerer Projekte die darauf basierende Projektportfoliotechnik vorgestellt werden.

a) Nutzwertanalyse

Die Nutzwertanalyse ist ein Verfahren zur Auswahl einer optimalen Alternative (Strategie, Projekt usw.), wenn nicht nur ein einzelnes, sondern eine Vielzahl unterschiedlicher Bewertungskriterien zur Verfügung steht. Es handelt sich dabei um ein **Scoring-(Punktbewertungs-)Verfahren**. Da der Nutzen eines Projekts meist nicht nur anhand eines Geldbetrages zu beschreiben ist, bietet sich die Nutzwertanalyse besonders an.

Im ersten Schritt ist festzulegen, welche Bewertungskriterien (Nutzenfaktoren) relevant sind. Sie ergeben sich z. B. aus der vorher vorgenommenen Anforderungsanalyse, wobei in der Regel eine Verdichtung einzelner Kriterien auf umfassendere Nutzenfaktoren sinnvoll ist. Für diese Faktoren ist dann die Gewichtung vorzunehmen, zumal in der Regel nicht alle Kriterien von gleicher Bedeutung sind. Anschließend werden die Projekte anhand dieser Kriterien bewertet, z. B. durch Vergabe von Punkten anhand einer 5er- oder 10er-Skala mit 1 = sehr schlecht/gar nicht vorhanden ... 10 = sehr gut/vollständig vorhanden. Die Einzelbewertungen werden dann mit den Gewichten multipliziert. Die Summe der so errechneten Werte ergibt den Nutzwert. Die Alternative mit dem höchsten Nutzwert wird dann realisiert. Abbildung 4.7 zeigt ein Berechnungsschema.

Kriterium	Gewichtung	Alternative I		Alternative II	
		Punkte	Nutzwert	Punkte	Nutzwert
Nutzenbereich	**20 %**				
Nutzenfaktor 1	**5 %**	3	0,15	2	0,10
Nutzenfaktor 2	**10 %**	5	0,50	3	0,30
Nutzenfaktor 3	**5 %**	1	0,05	4	0,20
...					
Gesamt	**100 %**		4,20		3,90

Abbildung 4.7: Berechnungsschema der Nutzwertanalyse

Checkliste 5: Nutzenbewertung

Mit Hilfe der folgenden Checkliste kann eine Nutzenbewertung von Projekten vorgenommen werden. Die genannten Kriterien sind für eine Vielzahl von Projekten in Unternehmen einsetzbar, sollten aber ergänzt bzw. durch andere, jeweils relevante, ersetzt werden.

Kriterium	Ge-wich-tung	Alternative I		Alternative II	
		Punk-te	Nutz-wert	Punk-te	Nutz-wert
Finanzen					
Steigerung des Umsatzes					
Steigerung der Kapitalrendite					
Verbesserung der Liquiditätssituation					
Verbesserung des Unternehmens-/Kreditratings					
langfristiger Umsatzerhalt					
Erhöhung der Margen					
Kosten/Wirtschaftlichkeit					
Verbesserung der Auslastung in der Fertigung					
Senkung der Produktionskosten					
Senkung der Verwaltungskosten					
Verringerung des Akquisitionsaufwands					
Senkung der Kosten für Nacharbeit/Reklamation					
Senkung der Kosten für externe Dienstleister					

Kriterium	Ge-wich-tung	Alternative I		Alternative II	
		Punk-te	Nutz-wert	Punk-te	Nutz-wert
Kunden					
Steigerung der Kundenzufriedenheit					
Verbesserung der Potenzialausschöpfung/ Steigerung des Lieferanteils					
Intensivierung der Kundenbindung					
Unterstützung der Akquisition neuer Kunden					
Verringerung der Auftragsverluste					
Verbesserung der Kundenprofitabilität					
Verbesserung des Empfehlungsverhaltens					
Steigerung der Zusatzverkäufe (Cross Selling)					
Steigerung des Bekanntheitsgrads					
Mitarbeiter					
Intensivierung des Kundenkontakts					
Steigerung der Mitarbeiterzufriedenheit					
Verbesserung der internen Kommunikation					
Verbesserung der Informationssituation					
Sicherung der Unterstützung der Mitarbeiter bei der Umsetzung					
Möglichkeit der Einführung motivationsfördern-der Entgeltkomponenten					
Steigerung des Innovationspotenzials					
Beseitigung von Unfallgefahren					
Verbesserung der Qualität von Entscheidungen					
Qualität					
Senkung der Produktausfallrate					
Senkung der Stornoquote					
Steigerung der Produktlebensdauer					
Verbesserung neutraler Testergebnisse					
Erzielung kommunizierbarer Sicherheitsvorteile					
bessere Erfüllung von Kundenanforderungen					
Beschleunigung von Abläufen					
Erhöhung der Innovationsgeschwindigkeit					

Kriterium	Ge-wich-tung	Alternative I		Alternative II	
		Punk-te	Nutz-wert	Punk-te	Nutz-wert
Qualität (Fortsetzung)					
Unterstützung der QM-Zertifizierung					
Umwelt/Umfeld					
Beitrag zur Erfüllung der Umweltziele					
Verbesserung des Images im Umfeld					
Förderung des sozialen Engagements					
Verringerung von Gesundheitsgefahren					
Markt					
Förderung der Bekanntheit des Unternehmens					
Steigerung des Marktanteils					
Verringerung von Absatzrisiken					
Förderung der angestrebten Positionierung					
Verringerung der Abhängigkeit von Lieferanten					
Gesamt					

b) Risikoanalyse

Während die Nutzwertanalyse an den positiven Konsequenzen eines Projekts orientiert ist, beschäftigt sich die Risikoanalyse mit den möglichen negativen Einflüssen auf das Projektergebnis. Sie ermittelt, für welches der zur Bewertung anstehenden Projekte sich das größte Bedrohungspotenzial ergibt. Dieses Potenzial muss gerade bei gewichtigen, das heißt teuren und strategisch relevanten Projekten dem möglichen Nutzen gegenübergestellt werden. So kann es sich ergeben, dass ein Projektkonzept als positiv, also nutzbringend bewertet wird, gleichzeitig aber zahlreichen Gefahren, etwa Reaktionen der Wettbewerber, technischen Risiken oder internen Widerständen, unterliegt.

Für die Risikoanalyse sind im ersten Schritt die relevanten Bedrohungspotenziale zu ermitteln, die dann bezüglich ihrer Auswirkungen auf den Erfolg der Projekts und ihrer Eintrittswahrscheinlichkeit zu bewerten sind. Für die zur Auswahl stehenden Projekte wird so das Bedrohungspotenzial bestimmt. Das heißt:

Wahrscheinlichkeit des · Ausmaß der Auswirkung = Risikofaktor bzw.
Eintretens des Risikos des Risikos Bedrohungspotenzial

Viele Risikofaktoren sind bei der Bewertung ähnlich, so dass es sich wiederum anbietet, Bewertungsfaktoren einer Standardliste zu entnehmen und dann projektspezifisch zu erweitern bzw. einzuschränken.

Checkliste 6: Risikobewertung

Mit Hilfe der folgenden Checkliste kann eine Risikobewertung von Projekten vorgenommen werden. Die genannten Kriterien sind für eine Vielzahl von Projekten in Unternehmen einsetzbar, sollten aber ergänzt bzw. durch andere, jeweils relevante, ersetzt werden.

Die Eintrittswahrscheinlichkeit des Risikofaktors und das Maß der Auswirkung werden idealerweise mit Punkten auf einer 10-Punkte-Skala bewertet mit 1 = nicht wahrscheinlich/keine Auswirkung ... 10 = sehr wahrscheinlich/starke Auswirkung. Der Risikofaktor ergibt sich aus der Multiplikation der beiden Werte. Die Verwendung einer 10er-Skala ist insofern sinnvoll, als die Beurteilenden Wahrscheinlichkeiten leichter in Prozenten ausdrücken können, die dann leicht in diese Skala umzusetzen sind.

Risiko	Projekt I			Projekt II		
	Wahrsch.keit	Auswirkung	Risikofaktor	Wahrsch.keit	Auswirkung	Risikofaktor
Terminrisiken						
Projektabschlusstermin kann nicht eingehalten werden						
Projekt wird nicht termingerecht gestartet						
Kunde liefert Informationen nicht termingerecht						
Zwischenabnahmen sind zeitaufwändiger						
Kostenrisiken						
Kosten für Vorprodukte/Materialien steigen						
Personalkosten steigen						
Kalkulation erweist sich als zu optimistisch						
bestimmte Kostenarten wurden nicht berücksichtigt						

Risiko	Projekt I			Projekt II		
	Wahrsch.keit	Auswirkung	Risikofaktor	Wahrsch.keit	Auswirkung	Risikofaktor
Finanzrisiken						
Budgetkürzungen treten ein						
Renditeanforderung steigt						
Finanzmittel werden verspätet freigegeben						
Fremdkapitalzinsen steigen						
Kundenrisiken						
Spezifikationen/Ziele werden kundenseitig geändert						
beim Kunden finden Personalwechsel statt						
projektrelevante Informationen werden nicht geliefert						
Projektvorgaben sind unzutreffend/unrichtig						
Mitarbeiterrisiken						
Personalkapazitäten reichen nicht aus						
Qualifikationen sind nicht angemessen						
Motivation reicht nicht aus/lässt nach						
Mitarbeiter werden unvorhergesehen abberufen						
Marktrisiken						
relevante Nachfrage am Markt verändert sich						
Wettbewerber entwickeln ähnliches/besseres Projekt						
schwankende wirtschaftliche Rahmenbedingungen						
gesetzgeberische/rechtliche Risiken						
Technische Risiken						
Know-how im Projekt reicht nicht aus						
Behinderungen durch geschützte Rechte (Patente)						
technische/naturwissenschaftliche Lösbarkeit nicht gegeben						
gewerbliches Schutzrecht nicht rechtzeitig erteilt						

Risiko	Projekt I			Projekt II		
	Wahrsch.keit	Auswirkung	Risikofaktor	Wahrsch.keit	Auswirkung	Risikofaktor
Managementrisiken						
Lastenheft/Pflichtenheft/Projekthandbuch ist unvollständig						
Lenkungsausschuss ist unmotiviert, nimmt nicht vollständig an Besprechungen teil						
Kosten- und Zeitabweichungen werden nicht verfolgt						
keine geeigneten Meilensteine definiert						
Gesamt						

c) Projektportfolios/Multiprojektmanagement

Aus Unternehmenssicht stellt eine Vielzahl von Projekten auch ein Problem dar. Es gilt nämlich, die Übersicht zu behalten und ggf. zu entscheiden, welches Projekt einem anderen vorgezogen wird, wenn Budgetrestriktionen vorliegen. Für solche Aufgabenstellungen werden gerne Portfolios erstellt, die schon von der Beurteilung von Geschäftseinheiten (relativer Marktanteil/Marktwachstum-Portfolio u. a.) oder von Kunden (relative Lieferantenposition/Kundenattraktivität-Portfolio u. a.) bekannt sind. Das Grundprinzip ist immer die Beurteilung anhand zweier Faktoren und die Darstellung in einer Matrix. Die analytische Leistung erbringt die Bewertung der Geschäftseinheiten/Kunden/Projekte vorher, die Portfolios selbst sind nur ein Instrument der Darstellung.

Bei der Projektbewertung werden oft die Dimensionen **Nutzen und Risiko** für eine Portfoliokonstruktion herangezogen. Dies entspricht auch etwa dem ursprünglichen Portfoliogedanken, der aus der Finanzwirtschaft kommt. Dabei geht es um eine Bewertung von Wertpapieren (Aktien, Rentenwerten) anhand der Rendite und des Risikos. Ziel ist es, eine ausgewogene Mischung von risikoreichen und -armen Papieren bei einer angemessenen Rendite zu halten. Wobei in der Regel gilt: Je höher die Rendite, desto größer das Risiko. Man muss also abwägen, ob man lieber ein höheres Risiko eingeht oder auf Renditeaussichten verzichtet, dafür aber mehr Sicherheit hat.

Wie Nutzen und Risiko eines Projektes zu bewerten sind, wurde bereits oben gezeigt. Um mehrere Projekte in einem Portfolio darstellen zu können, ist allerdings ein einheitliches Bewertungsschema erforderlich. Das heißt: Ein Projekt mit einem Nutzenwert von 240 muss entsprechend mehr Nutzen stiften als jedes andere mit 238, 215 oder 187 Punkten.

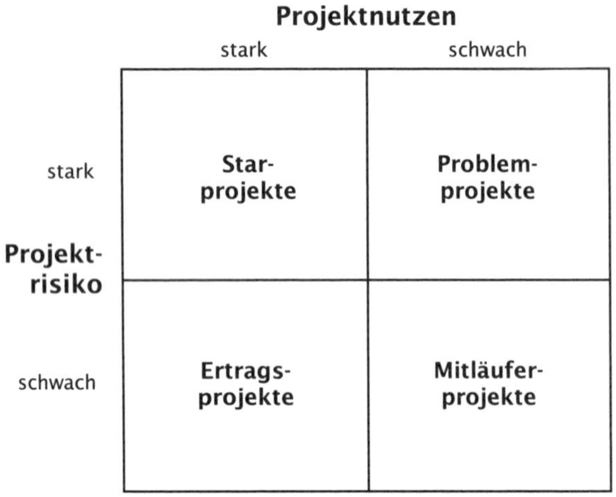

Projektnutzen

	stark	schwach
	Star-projekte	Problem-projekte
	Ertrags-projekte	Mitläufer-projekte

Abbildung 4.8: Nutzen/Risiko-Projektportfolio

Abbildung 4.8 zeigt ein **Nutzen/Risiko-Portfolio**. Unterscheidet man jeweils eine Stark/schwach-Bewertung, dann ergeben sich vier Felder, denen die Projekte zugeordnet werden können. Auch wenn die Grenze zwischen den Feldern nicht als harte Trennungslinie anzusehen ist, sondern vielmehr fließend verläuft, können typische Charakteristika der Projektarten und Strategieempfehlungen gegeben werden.

Starprojekte – Das hohe Risiko wird durch einen hohen Nutzen ausgeglichen. Diese Projekte verlangen eine sorgfältige Abwägung vor der Durchführungsentscheidung und eine umfangreiche Betreuung. Vor allem sind die identifizierten Risiken zu beobachten. Starprojekte kommen beispielsweise vor, wenn ein neues Produkt auf den Markt gebracht wird oder Prozesse grundlegend umstrukturiert werden.

Ertragsprojekte – Das Risiko ist gering, der Nutzen aber trotzdem hoch. Das ist so etwa die Traumkombination; die Einnahmen sind nahezu sicher. Das Hauptaugenmerk liegt darauf, die geplanten Einnahmen auch wirklich zu realisieren, die Unterstützung ist damit sicher. Überdurchschnittlicher Aufwand für die Steuerung ist meist nicht erforderlich. Solche Projekte sind seltener als gewünscht. Sie ergeben sich beispielsweise, wenn im Bereich der Rationalisierung im Unternehmen lange vergessene Maßnahmen durchgeführt werden oder das Projektteam über ein überragendes Know-how (ggf. Patente) verfügt.

Mitläuferprojekte – Diese Projekte sind weder wirtschaftlich besonders interessant noch unterliegen sie einem nennenswerten Risiko. Es lohnt sich somit aus Sicht der Geschäftsleitung nicht, sich näher mit ihnen zu beschäftigen. Ihre Durchführung ist nur gesichert, solange sie ein positives Ergebnis bringen. Sollte dieses zweifelhaft werden, ist ein Ausstieg sinnvoll. Mitläuferprojekte existieren in großer Menge im Unternehmen. Sie werden gerne in Gang gesetzt, um kleinere Missstände zu beheben, Kosten aus einer Kostenstelle herauszuverlagern oder kleine Verbesserungen an Produkten durchzuführen.

Problemprojekte – Diese Kategorie ist normalerweise nicht akzeptabel, weil der Nutzen in keinem annehmbaren Verhältnis zum Risiko steht. Werden solche Projekte beantragt, deutet dies eher auf eine mangelhafte Bewertung durch den Antragsteller oder unterschiedliche Bewertungskriterien hin. Im letzteren Fall sollten diese verglichen und ggf. korrigiert werden.

4.2 Ressourcensteuerung

4.2.1 Ressource Zeit

> **!**
>
> Die Zeit ist eine der zentralen Zielgrößen und eine Ressource eines jeden Projekts. Um ihren Einsatz systematisch zu planen, stehen eine Reihe von Verfahren und Elementen zur Verfügung, die nach Möglichkeit in der Planungsphase einzusetzen sind. Dazu gehören
>
> - die Projektstrukturplanung für eine grobe inhaltliche Planung,
> - die Anwendung eines Vorgehensmodells, d. h. die Art der Entwicklung der Problemlösung,
> - die konkrete Planung einzelner Aktivitäten im Projekt (z. B. durch Gantt-Diagramm oder Netzplan) und
> - der Einsatz von Meilensteinen, um Kontrollstationen für den Projektfortschritt einzurichten.

Projektstrukturplanung

Ausgangspunkt einer konkreten Projektplanung ist die Strukturierung des Ablaufs. Die Komplexität des Projekts muss durch Zerlegung in einzelne Teilschritte reduziert werden, um eine zeitliche Planung, die Kontrolle des Projektfortschritts und die Zuweisung von Aufgaben zu einzelnen Projektmitgliedern zu ermöglichen.

Allgemein stehen zwei Techniken der Strukturierung zur Verfügung: die objekt-
und die funktionsorientierte.

Die **objektorientierte Strukturierung** eines Projekts gliedert das Thema in die
einzelnen Komponenten, aus denen es besteht. Dies kann man sich wie die Zerlegung eines Produkts vorstellen. So lässt sich die Komplexität eines Telefons reduzieren, indem es in seine Bestandteile Hörer, Gehäuse, Kabel, Display, Tasten,
Mikrofon usw. zerlegt wird. Die Bearbeitung dieser Komponenten könnte beispielsweise im Rahmen eines Entwicklungsprojekts den jeweiligen Fachspezialisten
übertragen werden, die es dann mit einem überschaubaren Bereich zu tun hätten.
Die Bearbeitung des Objekts Tasten wäre beispielsweise eine Teilaufgabe für
Kunststoffspezialisten, das Objekt Display wäre eine Teilaufgabe für Elektroniker
usw.

Abbildung 4.9 zeigt ausschnittweise ein Beispiel für eine objektorientierte Strukturierung des Projektes „Neuplanung der Abteilung Buchhaltung“. Die einzelnen
Elemente werden auch als PSP(Projektstrukturplan)-Elemente bezeichnet.

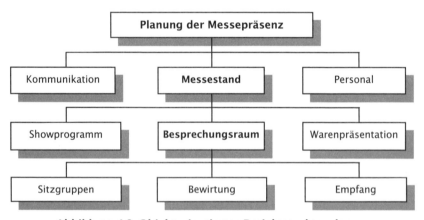

Abbildung 4.9: Objektorientierter Projektstrukturplan

Die Planung der Messepräsenz besteht hier aus den „Bausteinen“ Kommunikation, Messestand und Personal. Alle drei Teile müssen gleichzeitig vorhanden sein,
um den Erfolg der Messebeteiligung zu gewährleisten. Der Messestand selbst ist
der komplexeste Teil des Projekts. Er wird weiter untergliedert in das Showprogramm (als Blickfang), den Besprechungsraum für die Verhandlungen mit Abnehmern und die Warenpräsentation. Der Bereich „Besprechungsraum“ soll noch
weiter zerlegt werden. Hierfür sind wieder gleichzeitig die Bausteine Sitzgruppen,
Bewirtung und Empfang erforderlich. Sie erfordern jeweils unterschiedliche Akti-

vitäten, etwa was den Personaleinsatz oder die Arbeit mit Zulieferern angeht. Das Projekt ist nun so weit zerlegt, dass die einzelnen Aufgaben überschaubar sind und einzelnen Verantwortlichen zugewiesen werden können. Das Showprogramm kann beispielsweise komplett einem externen Dienstleister übertragen werden. Dann ist keine weitere Detailplanung erforderlich.

Die **funktionsorientierte Projektstrukturierung** zerlegt nicht das Thema in einzelne Bestandteile, sondern die Vorgehensweise bei der Problemlösung. Betrachten wir wieder das einleitende Beispiel Telefon, dann werden jetzt nicht die Bestandteile des Telefons isoliert, sondern die einzelnen Arbeitsschritte bei der Entwicklung des Telefons. Diese können zum Beispiel sein: Fehleranalyse vorhandener Telefone, Generierung neuer Ideen, Bau von Prototypen, Test, Umstellung der Produktion auf verändertes Gerät. Auch hierdurch wird die Projektthematik überschaubarer und es bestehen Möglichkeiten, Tätigkeiten eindeutig zuzuweisen und Kontrollen vorzunehmen.

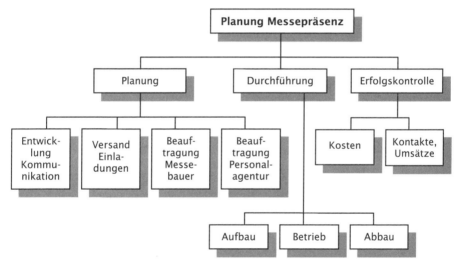

Abbildung 4.10: Funktionsorientierter Projektstrukturplan

Welche Vorgehensweise im konkreten Fall anzuwenden ist, hängt davon ab, in welcher Dimension eine höhere Komplexität des Themas gegeben ist. Sind zahlreiche Arbeitsschritte hintereinander durchzuführen, besteht somit in erster Linie eine zeitliche Abhängigkeit der Teilschritte voneinander, bietet sich die funktionsorientierte Strukturierung an. Besteht die Komplexität eher in der Vielzahl einzelner Komponenten, mit denen jeweils gleichartige Vorgänge durchzuführen sind, ist die objektorientierte Strukturierung vorzunehmen. Beide Arten lassen sich aber auch kombinieren, was zu einem äußerst detaillierten, wenn auch wenig übersichtlichen Arbeitsplan führt.

Diese Betrachtungsweise lässt sich wieder auf die Problemstellung „Planung Messepräsenz" übertragen, siehe Abbildung 4.10. Als erster Schritt ist die Planung durchzuführen. Daran schließt sich die Durchführung an, gefolgt von der Erfolgskontrolle. Die Planungsphase wird wiederum näher unterteilt. Sie beginnt mit der Entwicklung des Kommunikationskonzepts und wird fortgesetzt mit dem Versand von Einladungen, der Beauftragung der Messebaufirma und der Personalagentur für das Messepersonal. Schließlich wird noch die Durchführung unterschieden in Aufbau, Betrieb und Abbau. Die Erfolgskontrolle ist als Ausnahme mangels Komplexität ihrerseits nur objektorientiert zu gliedern, und zwar in die Bereiche Kosten und Kontakte/Umsätze.

> Auch wenn das gleiche Projektziel verfolgt wird, ist die funktionsorientierte Beschreibung eine andere. Sachlich werden die gleichen Tätigkeiten ausgeübt, doch findet eine andere Zuordnung zu den Mitgliedern des Projekts statt. Hier wird unterstellt, dass nicht die unterschiedlichen Bezugsobjekte das entscheidende Kriterium sind, sondern die planerischen Tätigkeiten. Im ersten Fall lassen sich leicht die internen Verantwortungen übertragen, im zweiten Fall wird die Koordination mit externen Dienstleistern erleichtert. Außerdem wird die Integration von Meilensteinen in die Zeitplanung erleichtert. Es muss also im Einzelfall entschieden werden, welche Vorgehensweise sinnvoller ist.

Vorgehensmodelle

Der zweite Aspekt der Projektstrukturierung betrifft die konkrete Vorgehensweise bei der Problemlösung. Diese ist teilweise von der inhaltlichen Strukturierung abhängig, so dass ggf. auf eine entsprechende Übereinstimmung geachtet werden muss. Hier geht es nun um die Frage, wie man zum Endergebnis kommt. Es ist sicher leicht vorstellbar, dass ein Projekt üblicherweise nicht im ersten Anlauf und ohne Probleme erfolgreich beendet werden kann. Je nach Art der Problemstellung ist es sinnvoll, sich von vornherein darauf zu verständigen, wie man dem Endergebnis näher kommen will.

Vor allem durch die Erfahrungen im Bereich der EDV-orientierten Projekte, insbesondere der Softwareentwicklung, haben sich verschiedene **Idealtypen der Problemlösung** entwickelt: das Prototyping, das Phasen- und das Versionenkonzept.

Bei Anwendung des **Prototyping** kommt es zu einer frühzeitigen Entwicklung anwendbarer Beispielsysteme, an denen Stärken und Schwächen erkannt und Fehler behoben werden können. Ausgangspunkt ist die Überlegung, dass die erste

Lösung nicht perfekt sein kann und muss, sondern dass sie einen Zwischenschritt auf dem Weg zur perfekten Lösung darstellt. Mit diesem Zwischenergebnis soll es möglich sein, Funktionen zu testen und Anhaltspunkte für weitere Verbesserungen zu erhalten. Der Prototyp ist nicht dafür vorgesehen, am Markt verwendet zu werden, sondern nur innerhalb eines organisierten Tests.

Es werden die Arten des **Ausbauprototyping** und des **Wegwerfprototyping** unterschieden. Beim ersteren wird der Prototyp erhalten und weiter verbessert, beim letzteren wird er weggeworfen und für die nächste Version neu konstruiert. Dafür wird alternativ auch der Begriff „**Rapid Prototyping**" verwendet, der deutlich macht, dass das Verfahren für weniger aufwändige und komplexe Projekte eingesetzt wird.

Im Rahmen des **Phasenkonzepts** wird die Lösung in einem Durchgang entwickelt. Verfügbar ist am Ende ein fertiges Projekt, das heißt eine marktfähige, „verkaufbare" Lösung. Um dieses Verfahren umsetzen zu können, ist in aller Regel eine Zerlegung der Gesamtaufgabe in Teilaufgaben erforderlich. Diese werden am Ende zusammengesetzt und ergeben dann die Gesamtlösung mit voller Funktionsfähigkeit.

Verfahren	Merkmale und Einsatzbeispiele
Proto-typing	• Projektmerkmale: komplexe Projekte, insbesondere technisch bestimmte, hoher Anteil an Unwägbarkeiten, hohes Risiko im Falle des Fehlschlagens oder beim Auftreten von Fehlern • Einsatzbeispiele: Entwicklung anspruchsvoller technischer Produkte, umfangreiche EDV-Programme, Berechnungsverfahren für Unternehmensentscheidungen
Phasen-konzept	• Projektmerkmale: komplexe und sehr umfangreiche Projekte, umfassender Know-how-Bedarf, Möglichkeit der exakten Schnittstellendefinition, geringes Sicherheitsrisiko, geringer Zeitbedarf • Einsatzbeispiele: Entwicklung und Gestaltung von Kommunikationsmaßnahmen, Konzepte und Strategien für das Gesamtunternehmen
Versionen-konzept	• Projektmerkmale: hoher Zeitdruck, geringes Sicherheitsrisiko, Zwischenergebnis ist brauchbar, geringe Komplexität; eingeschränkte Testmöglichkeiten • Einsatzbeispiele: Fachbücher, Ideenskizzen, Schulungen

Abbildung 4.11: Überblick über Problemlösungstypen

Schließlich ist das **Versionenkonzept** zu identifizieren, bei dem nacheinander Näherungslösungen an das Ideal entwickelt werden. Im Gegensatz zum Prototyping wird jede Näherungslösung aber tatsächlich realisiert und erbringt mit jeder neuen Version eine Verbesserung.

Welches Verfahren im konkreten Fall eingesetzt werden kann, hängt von einer Reihe von Merkmalen ab. So ist etwa zu berücksichtigen, welches Risiko mit dem Projekt verbunden ist, in welchem Umfang Kapazitäten zur Verfügung stehen, wie genau die Leistungsanforderungen bekannt sind usw.

Zeitplanung

Meist ist eine große Zahl unterschiedlicher Aktivitäten zu koordinieren, die zeitlich voneinander abhängen und von unterschiedlichen Personen parallel ausgeführt werden sollen. Die Zeitplanung muss diese Aktivitäten vollständig berücksichtigen und deren Abhängigkeiten spiegeln. Ausgangspunkt der Zeitplanung ist in der Regel der **Projektstrukturplan**, der die einzelnen Aktivitäten mit ihren Abhängigkeiten auflistet.

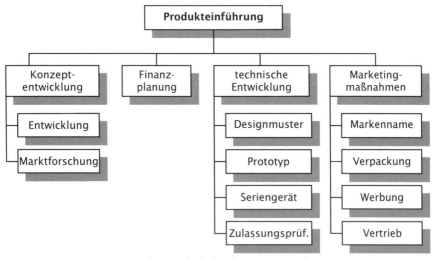

Abbildung 4.12: Projektstrukturplan

Die Vorgehensweise soll anhand des klassischen Beispiels einer Produkteinführung dargestellt werden (Abbildung 4.12). Als globale Tätigkeitsbereiche sind die Entwicklung des Produktkonzepts, die technische Entwicklung des Produkts, die Entwicklung von Marketingmaßnahmen und die Finanzplanung zu unterscheiden. Dazu sind das Ausgangsereignis „Feststellung des Innovationsbedarfs" und die Meilensteine „Verabschiedung des Innovationsplans", „Freigabe Technik" und „Produkteinführung" zu berücksichtigen.

Im nächsten Schritt wird der Zeitbedarf für die einzelnen Tätigkeiten ermittelt. Außerdem werden die Abhängigkeiten untereinander aufgelistet (Abbildung 4.13).

Mit Hilfe dieser Angaben lässt sich zunächst ein **Balkendiagramm** erstellen, in dem die einzelnen Tätigkeiten als Balken über einer Zeitachse gekennzeichnet sind, siehe Abbildung 4.14. Zu beachten ist noch, dass die Verpackungsentwicklung erst nach der Fertigstellung des Prototyps beginnen kann, weil sonst die Maße des Produkts nicht bekannt wären.

Nr.	Aktivität	Zeitbedarf	Start	abhängig von
1	Feststellung Innovationsbedarf	1 Wo	KW 1	-
2	Konzeptplanung Entwicklung	8 Wo	KW 2	1
3	Konzeptplanung Marktforschung	8 Wo	KW 2	1
4	Finanzplanung	4 Wo	KW 2	1
5	Verabschiedung Innovationsplan	-	KW 10	2,3,4
6	Designmuster	2 Wo	KW 10	5
7	Prototyp	12 Wo	KW 12	6
8	Freigabe Technik	-	KW 24	7
9	Seriengerät	16 Wo	KW 24	8
10	Markenname	4 Wo	KW 24	8
11	Verpackung	4 Wo	KW 28	10
12	Werbung	10 Wo	KW 28	10
13	Aufbau Vertrieb	12 Wo	KW 28	8
14	Zulassungsprüfung	1 Wo	KW 40	8
15	Produkteinführung	-	KW 41	11,12,13,14

Abbildung 4.13: Beispiel eines Zeitplans für eine Produktentwicklung

Aufgabe eines solchen Balken- oder **Gantt-Diagramms** ist es, aufeinander folgende und miteinander verbundene Aktivitäten in Bezug auf die Zeit darzustellen und eine zeitoptimale Planung zu ermöglichen. Die Zeitplanung kann auch gleich mit Hilfe dieses Diagramms erfolgen. In der Abbildung 4.14 wurde bereits eine Optimierung des Ablaufs vorgenommen, das heißt, die Tätigkeiten wurden so angeordnet, dass das Projekt in kürzestmöglicher Zeit beendet ist und möglichst wenige Leerzeiten entstehen.

Bei komplexen Projekten mit zahlreichen Restriktionen stößt dieses Verfahren jedoch an seine Grenzen. Vor allem lassen sich keine Pufferzeiten berechnen, das heißt Zeitreserven, die im Falle von Verzögerungen aufgebraucht werden können, ohne dass das Projektende nach hinten verschoben werden muss.

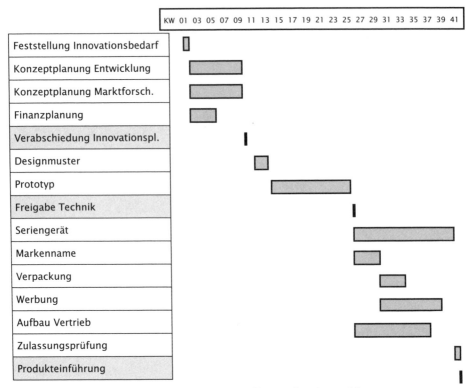

Abbildung 4.14: Beispiel eines Balken- oder Gantt-Diagramms

Die **Netzplantechnik** ermöglicht die Koordination komplexer Arbeitsabläufe, wie sie im Rahmen der Neuprodukteinführung, der Durchführung eines Finanzierungsprojekts, einer Unternehmensübernahme, der Erstellung des Geschäftsberichts usw. vorkommen. Das Planungsproblem entsteht dadurch, dass aus Gründen der Zeitersparnis und der besseren Ausnutzung von personellen und technischen Kapazitäten verschiedene Tätigkeiten parallel ausgeführt werden sollen. Dabei ist zu bestimmen, wann welche Tätigkeiten begonnen bzw. beendet sein müssen, um einen reibungslosen Ablauf des gesamten Prozesses zu gewährleisten.

Weiterhin macht die Netzplantechnik auf **Pufferzeiten** aufmerksam. Dies sind Zeitreserven, die entweder als Risikoabsicherung bewusst beibehalten oder für andere Tätigkeiten eingeplant werden können. Puffer entstehen immer dann, wenn eine Tätigkeit früher beendet ist als eine andere, auf deren Ergebnis gewartet werden muss. Abbildung 14.15 zeigt, wie das Ausgangsproblem nun in einen Netzplan umgesetzt wurde.

Um diesen Netzplan erstellen zu können, müssen die Start- und Endzeiten errechnet werden. Während sich der kürzestmögliche Projektablauf bei Verwendung des Balkendiagramms durch Hin- und Herschieben der Balken ergibt, was aufgrund der Abhängigkeiten schwierig werden kann, lässt sich nunmehr der Ablauf errechnen.

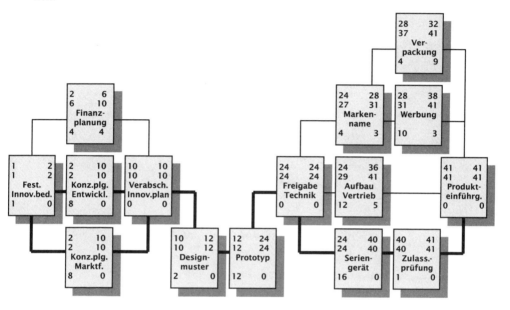

Abbildung 4.15: Beispiel eines Netzplans

Mit Hilfe der vorhandenen Angaben kann eine **Termintabelle** aufgestellt werden (Abbildung 4.16). Dabei werden folgende Abkürzungen verwendet:

FAZ = frühester Anfangszeitpunkt   FEZ = frühester Endzeitpunkt
SAZ = spätester Anfangszeitpunkt   SEZ = spätester Endzeitpunkt
Puffer = SEZ − FEZ

Zuerst werden die *frühesten* Anfangs- und Endzeiten vorwärts gerechnet. Zwischen dem FAZ und FEZ einer Tätigkeit liegt genau die Zeitdauer. Der FEZ einer Tätigkeit ist gleichzeitig FAZ der darauf folgenden. Sollte die folgende Tätigkeit von einer dritten abhängen, muss sie entsprechend warten. Im Beispiel entsteht bei der Verpackungsgestaltung ein größerer Puffer. Sie muss auf die Entwicklung des Markennamens warten, aber erst zur Produkteinführung fertig sein. Die erforderlichen vier Wochen müssen innerhalb des Zeitrahmens von der 28. bis zur 41.

Woche (jeweils Beginn) untergebracht werden. Daraus ergibt sich der Puffer von neun Wochen.

Ist man mit der Rechnung am Ende angekommen, wird wieder rückwärts gerechnet. Dadurch ergeben sich die *spätesten* Anfangs- und Endzeitpunkte. Die Differenz zwischen SAZ und FAZ ist jeweils der Puffer. Der Weg, auf dem keine Puffer existieren, ist der **kritische Pfad**.

Tätig-keit	1	2	3	4	5	6	7	8	9	10	11	12	13	14	15
Zeit	1	8	8	4	0	2	12	0	16	4	4	10	12	1	0
FAZ	1	2	2	2	10	10	12	24	24	24	28	28	24	40	41
FEZ	2	10	10	6	10	12	24	24	40	28	32	38	36	41	41
SAZ	1	2	2	6	10	10	12	24	24	27	37	31	29	40	41
SEZ	2	10	10	10	10	12	24	24	40	31	41	41	41	41	41
Puffer	0	0	0	4	0	0	0	0	0	3	9	3	5	0	0

Abbildung 4.16: Beispiel einer Termintabelle

Die grafische Darstellung des Netzplans kann auf unterschiedliche Weise erfolgen. Hier wird ein **Vorgangsknotennetz** dargestellt. Diese Vorgangsknoten enthalten folgende Informationen:

```
FAZ        FEZ
SAZ        SEZ

      Tätigkeit

Dauer      Puffer
```

Die fett gezeichnete Linie ist der kritische Pfad. Auf dem kritischen Pfad beträgt die Pufferzeit immer 0, es darf also zu keiner Verzögerung kommen. Wird nämlich eine Tätigkeit später abgeschlossen, verzögert sich der Projektabschluss entsprechend. Auf den anderen Pfaden kann eine Verzögerung unkritisch sein.

Die Gesamtdauer des Projekts beträgt 40 Wochen (vom Beginn der ersten bis zum Beginn der 41. Woche). Würden sämtliche Aktivitäten unkoordiniert nacheinander ausgeführt, wären 82 Wochen erforderlich. Die Anwendung der Netzplantechnik hat also zu einer Verkürzung der Projektdauer geführt.

Die Tätigkeit 5 „Verabschiedung des Innovationsplans" stellt einen so genannten **Meilenstein** dar. Sie hat keine Zeitdauer, weil es sich nur um einen Augenblick handelt, in dem Informationen zusammengetragen sein müssen und eine Entscheidung fällt. Solche Ereignisse können prinzipiell an geeigneter Stelle eingefügt werden, um Zwischenkontrollstationen zu erhalten. Sie sind immer daran zu erkennen, dass es sich um eine Tätigkeit mit einem Zeitbedarf von Null handelt.

Meilensteine

Meilensteine werden im V-Modell (siehe Kapitel 3.7) als **Entscheidungspunkte** bezeichnet, was deutlicher macht, worum es geht. Es handelt sich um besonders gekennzeichnete Zeitpunkte im Projekt, zu denen eine Fortschrittskontrolle möglich ist. „Zeitpunkt" ist allerdings relativ, denn die Zeit ist oft die Variable, während der Meilenstein durch eine gewisse Leistung definiert ist.

Das Vorsehen von Entscheidungspunkten in der Projektplanung ist ein wesentlicher Beitrag für das Risiko- und Qualitätsmanagement, weil sich dann die Einhaltung der Projektziele geplant (und nicht etwa zu einem willkürlichen oder sonst ungünstigen Zeitpunkt) kontrollieren lässt. Damit wird es möglich, im Falle von Abweichungen vom Plan rechtzeitig Maßnahmen zur Gegensteuerung zu ergreifen.

An welcher Stelle Meilensteine eingeplant werden sollten, ist in erster Linie von der Projektzielsetzung abhängig. Darüber hinaus lassen sich immer wieder Situationen identifizieren, in denen bei allen Projekten Meilensteine definiert werden können. Dies sind vor allem:

- Projektausschreibung
- Präsentation Projektidee
- Abgabe Projektantrag
- Genehmigung Projektantrag
- Fertigstellung Lastenheft
- Fertigstellung Pflichtenheft
- Fertigstellung Projekthandbuch
- Budgetvergabeentscheidung (ggf. mehrfach)
- Projektabnahme
- Änderungsauftrag

Beispiel Meilensteine eines Beratungsprojekts

Für ein managementbezogenes Beratungsprojekt, mit dem eine externe Gesellschaft beauftragt wird, bietet sich beispielsweise folgender Meilensteinplan an, der inhaltliche Fragen des Projekts unberücksichtigt lässt:

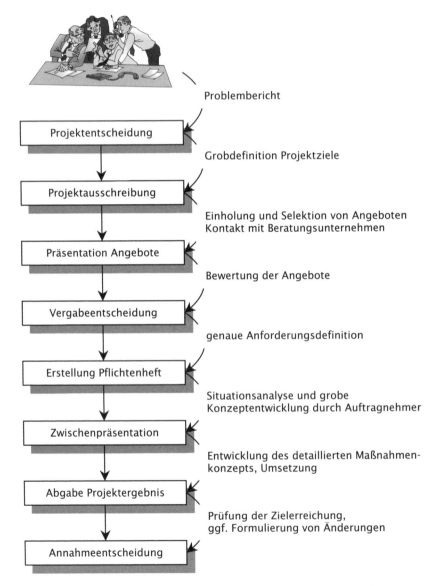

Abbildung 4.17: Meilensteinplan eines Beratungsprojekts

Beispiel Meilensteine eines internen Projekts

In einem Unternehmen soll im Zuge einer Informationskampagne der Berufsgenossenschaften und Krankenkassen ein dreimonatiges Projekt zur Förderung der Gesundheit der Mitarbeiter durchgeführt werden. Dabei gibt es keinen externen Auftragnehmer und keinen formalen Vertragsschluss, so dass ganz andere Meilensteine als in dem oben gezeigten Projekt zu definieren sind. Abbildung 4.18 zeigt, welche hierbei in Frage kommen.

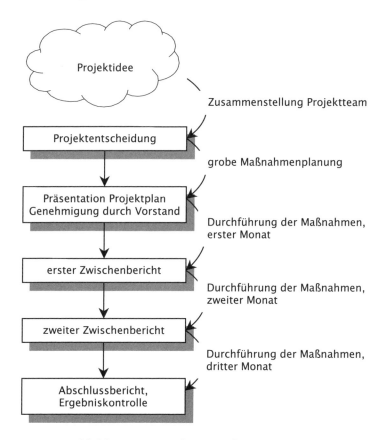

Abbildung 4.18: Meilensteinplan eines internen Projekts

4.2.2 Ressource (Personal-)Kapazität

 Die meisten Projekte basieren schwerpunktmäßig auf dem Einsatz von Mitarbeitern. Ihre optimale Einsatzplanung ist eine wesentliche Grundlage für Effizienz und Effektivität. Daher müssen sich Projektleiter zunächst damit beschäftigen, wann wie viele und welche Mitarbeiter im Projekt eingesetzt werden.

Bei umfangreichen Projekten mit ineinander verzahnten technischen Prozessen (Bau, Maschinenbau, Software, Qualität u. Ä.) ist die Kapazitätsplanung als eigenständige Planungsphase anzusehen, die sich nicht nebenbei erledigen lässt. Je genauer hier geplant wird, desto einfacher ist es dann auch, die Kosten zu bestimmen.

Die Kapazitätsplanung kann dann relativ leicht vorgenommen werden, wenn bereits ein Netzplan (oder Balkendiagramm) erstellt wurde oder sonst wie bekannt ist, wann welches Teilprojekt erledigt wird. Dann ist vor allem auch bekannt, wann Tätigkeiten parallel erledigt werden müssen. Hierin liegt einerseits der wesentliche Vorteil der Netzplantechnik (aber letztlich auch jeder Form von Projektplanung), andererseits aber auch der Nachteil. Das parallele Erledigen von Aufgaben „staucht" den ganzen Projektplan, so dass Zeit gespart wird, es setzt aber auch ausreichende Kapazitäten voraus. Stehen also nicht genügend Mitarbeiter (oder Maschinen, Arbeitsplätze usw.) zur Verfügung, müssen die Aufgaben entzerrt werden. Dann dauert es aber wieder länger. Die Projektleitung muss jeweils entscheiden, was wichtiger ist: schneller fertig werden, dafür aber Geld für höhere Kapazitäten ausgeben, oder länger arbeiten, dafür aber mit einer geringeren Gesamtkapazität auskommen.

Beispiel eines Kommunikationsprojekts

Eine Werbeagentur soll bis zum 31. August eine Werbekampagne entwickeln. Es ist der 1. Juli und der Etatdirektor erstellt einen Plan für die verbleibenden zwei Monate. Nach den konzeptionellen Vorarbeiten benötigt er für den August vier Grafiker. Diese sind aber in einem anderen Projekt eingeplant, das bis ca. 20. August laufen soll. Wartet er auf diese Leute (Angestellte der Agentur), dann verschiebt sich sein Projekt um ca. drei Wochen. Alternativ kann er auch Freelancer einsetzen, die allerdings höhere Tagessätze haben und erst einmal „gebrieft" werden müssen. Die Mehrkosten würden sich auf rund 15.000 EUR belaufen. Die entscheidende Frage ist somit, ob der Auftraggeber um drei Wochen zu vertrösten wäre oder die Mehrkosten das kleinere Übel wären.

Es ist nun zu ermitteln, wann welche Kapazitäten zur Verfügung stehen, welche ggf. noch aufgebaut werden müssen. Beispielsweise kann es erforderlich sein, extern Mitarbeiter oder Verarbeitungskapazitäten zu beschaffen. Mit den Daten eines Netzplans oder Balkendiagramms kann nun ein **Kapazitäts-** oder **Belastungsdiagramm** gezeichnet werden. Dabei wird der Kapazitätsbedarf in Abhängigkeit von der Zeit abgetragen.

Interessant wird die Kapazitätsplanung, wenn für unterschiedliche Projektaufgaben auf einen homogenen Mitarbeiterpool zurückgegriffen wird. Hier besteht eine Möglichkeit der Kostensenkung ja gerade darin, die Mitarbeiter optimal auf die Teilprojekte zu verteilen, so dass die Kapazität immer ausreicht, es aber auch möglichst keinen Leerlauf gibt.

Beispiel eines Corporate Identity-Projekts

In einer Werbeabteilung, die das Projekt „Umstellung der Unternehmenskommunikation auf die neue Corporate Identity" betreut, soll der Einsatz der Grafiker für einzelne Teilprojekte geplant werden. Als Ausgangspunkt wird ein Balkendiagramm verwendet, das die zeitliche Lage der Teilprojekte anzeigt (Abbildung 4.19). Dabei handelt es sich um die einzelnen Drucksachen und Werbemittel, die von dem Projekt betroffen sind. Abhängigkeiten unter den Teilprojekten ergeben sich daraus, dass einige Arbeiten auch für spätere Phasen verwendet werden können.

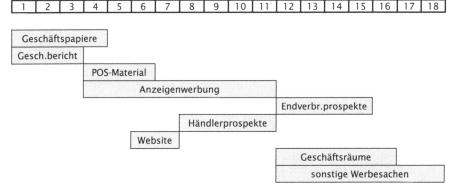

Abbildung 4.19: Balkendiagramm des Corporate Identity-Projekts

Abbildung 4.20 zeigt dazu das zugehörige Kapazitäts-(Belastungs-)Diagramm. Jede Box symbolisiert eine Tätigkeit. Je weiter sie sich in der Senkrechten erstreckt, desto höher ist der Ressourcen-(Personal-)Bedarf. In diesem Fall ergibt sich die Spitzenbelastung in Woche 4, wenn Geschäftspapiere, Anzeigenwerbung und POS-Material gleichzeitig überarbeitet werden. Die Projektleitung muss nun in diesem Umfang Kapazitäten beschaffen oder durch eine Umverteilung der Tätigkeiten die Spitzenkapazität verringern und die Belastung stärker ausgleichen.

Zum Beispiel ergibt sich gegen Ende eine geringere Kapazitätsnutzung, so dass mitunter die Webseiten später bearbeitet werden können. Der Bereich POS-Material könnte nach hinten verschoben werden, so dass der hohe Kapazitätsbedarf in Woche 4 entfällt. Wenn nun noch die Bearbeitung der Endverbraucherprospekte durch geringeren Personaleinsatz etwas gestreckt werden könnte, dann ließe sich der maximale Kapazitätsbedarf bei nur geringer Zeitverschiebung wesentlich senken. Der optimierte Plan wird in Abbildung 4.21 gezeigt.

Kapazität

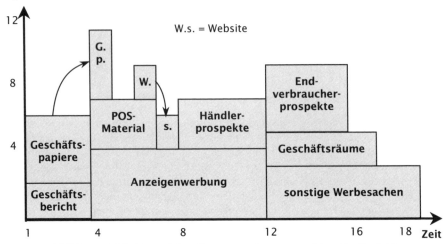

Abbildung 4.20: Kapazitätsdiagramm Corporate Identity-Projekt

Kapazität

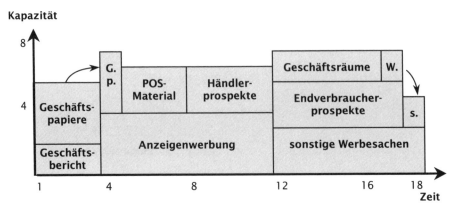

Abbildung 4.21: Optimierter Kapazitätsplan

Nun ist es allerdings mit dem Verschieben alleine nicht getan. Es muss auch festgestellt werden, ob die Neuordnung logisch möglich ist, das heißt ob auch wirklich die eher unwichtigen Teilaufgaben nach hinten verschoben werden. Die Projektleitung ist dafür verantwortlich.

Als Folge dieser optimierten Kapazitätsnutzung muss auch das Balkendiagramm entsprechend angepasst werden (Abbildung 4.22). Es hilft dann auch bei der Prüfung, ob die Änderungen überhaupt möglich sind.

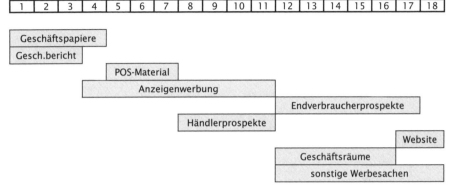

Abbildung 4.22: Neues Balkendiagramm des Corporate Identity-Projekts

4.2.3 Ressource finanzielle Mittel/Budgetplanung

> **!** Aufgrund der nicht selten aus dem Ruder laufenden Projektfinanzen wird dieses Kapitel nicht selten als „hoffnungslos" bezeichnet. Dies hängt aber nicht nur mit den Unwägbarkeiten eines Projekts zusammen, sondern auch mit dem oft mangelnden Kostenbewusstsein der Verantwortlichen. Durch verpflichtende Einführung einiger Formalien wie der Projektkostenrechnung ist es möglich, einen Überblick über die Kosten zu behalten.

a) Kostenrechnung im Projekt

Grundsätzlich können zwei Arten der **Vorgehensweise bei der Kostenplanung** unterschieden werden:

Bei der **Neuschätzung** wird mit den einzelnen, jeweils neu festzulegenden Kostenarten eine neue Kalkulation begonnen. Dieses Verfahren unterliegt einer großen Unsicherheit, weil nur wenige Komponenten über einen längeren Zeitraum prognostiziert werden können.

Eine sicherere Planungsgrundlage stellt die **Analogiemethode** dar, die jedoch die Existenz eines ähnlichen Projekts voraussetzt. Dann kann die Kostenplanung im

Vergleich zum alten Projekt vorgenommen werden, wobei erwartete Abweichungen näher beschrieben und begründet werden. Die Glaubwürdigkeit dieser Kostenplanung ist wesentlich höher einzuschätzen, damit verbunden aber auch die Anforderung an die Projektleitung, die Kostenplanung entsprechend einzuhalten.

Beispiele für Planungshilfen zur Anwendung bei der Analogiemethode

Softwareprojekte: Art und Zahl der Funktionen des Programms

Organisationsprojekte: Zahl der betroffenen Arbeitsplätze

Grafik-/Designprojekte: Umfang der Drucksachen, Zahl der zu gestaltenden Objekte

Buchprojekte: Zahl der Seiten

Coachingprojekte: Gehaltsklasse/hierarchische Stellung des Gecoachten

Kostensenkungsprojekte: Zahl der Kostenstellen, Höhe der relevanten Gemeinkosten

Die Grundlage einer kaufmännischen Projektsteuerung sind verlässliche Daten über die entstandenen Kosten vor, während und nach der Projektlaufzeit. Diese können einer **Kostenrechnung** entnommen werden. Im Rahmen einer Kostenrechnung wird systematisiert,

* welche Kosten es überhaupt gibt,
* an welchen Orten Kosten anfallen und
* welchen Produkten und Leistungen Kosten zugerechnet werden können.

Für den ersten Teil ist die **Kostenartenrechnung** zuständig, für den zweiten die **Kostenstellenrechnung** und für den dritten die **Kostenträgerrechnung**. Ein Projekt benötigt üblicherweise genau zwei davon. Die Kostenträgerrechnung erübrigt sich meist, weil es nur einen Kostenträger (eben das Projekt) gibt. Anders ist es etwa bei mehreren vernetzten Projekten bzw. beim Teilverkauf einzelner Projektleistungen. Dann könnte auch die Aufschlüsselung nach einzelnen Kostenträgern erforderlich sein.

Erster Schritt: Erfassung der Projektkostenarten

Zunächst sollte eine Inventur der Kostenarten durchgeführt werden. Nachdem die „Nicht-Kosten" (das sind Ausgaben, die nicht direkt dem Projektzweck dienen, wozu etwa die Getränke für das „Bergfest" gehören) herausgefiltert wurden, ist zu entscheiden, welche Kostenarten es überhaupt gibt. Dies ist notwendig, um Kosten überhaupt erst erfassen und dann analysieren zu können. Vielfach sind die Kostenarten auch Grundlage der Projektbudgetierung.

Da Projekte jeweils höchst unterschiedlich aussehen können, ergeben sich auch unterschiedliche Kostenarten, die erfasst werden müssen:

Checkliste 7: Kostenerfassung

Mit Hilfe der folgenden Checkliste können die Kosten eines Projekts erfasst werden. Prüfen Sie jeweils, ob die genannte Kostenart für Sie relevant ist und ergänzen Sie die Liste ggf. Sie dient später auch dazu, festzustellen, ob alle Kostenarten in die Kalkulation einbezogen und durch die jeweils Verantwortlichen kontrolliert wurden.

Position	Kosten
Personalkosten eigene Mitarbeiter Gehaltsklasse A:	
Personalkosten eigene Mitarbeiter Gehaltsklasse B:	
Personalkosten fremde Mitarbeiter Honorarklasse A:	
Personalkosten fremde Mitarbeiter Honorarklasse B:	
innerbetriebliche Raumkosten (verrechnete)	
fremde Raumkosten (z. B. Hotels, gemietete Büros)	
Software	
Hardware	
Maschinen/Anlagen (Anschaffungskosten bzw. Abschreibungsbetrag)	
interne Verrechnungspreise für Maschinen/Arbeitsgeräte	
Mietgebühren für Geräte	
Laborkosten, Prüfgebühren	
Rückstellungen für Nachbesserungen (Gewährleistung)	
Verbrauchsmaterial	
Gemeinkosten(-zuschlag) für das Projektbüro	
Energie	
Büroausstattung	
Reisekosten	
Kommunikation (Telefon, Datennetze usw.)	
Schulungen/Trainings	
Akquisitionskosten	
Literatur	
Bewirtung	
Projektdokumentation	
Büromaterial	
Kapitalkosten (bei größerer Kapitalbindung)	

Beispiel Projektkostenarten

Angenommen, ein Projekt besteht aus der Beratung eines externen Kunden. Dafür stehen zwei Mitarbeiter zur Verfügung, die meist beim Kunden tätig sind. Welche Kostenarten sind dann wichtig?

Vor allem spielen die Reisekosten eine Rolle. Zum einen erreichen sie oft ungeahnte Höhen, zum anderen ergibt sich oft auch ein Streit darüber. Deswegen sollten von vornherein entsprechende Kostenartenkategorien gebildet werden, die zumindest Transparenz schaffen. Sie einfach den Personalkosten zuzuschlagen kann unnötige Missverständnisse schaffen. Zudem ist die Abrechnung einfacher, weil Personalkostensätze unstreitig sind, Reisekosten aber eher nicht.

Nehmen wir in einem anderen Fall an, es soll eine Auftaktveranstaltung für die Einführung eines neuen Anreizsystems im Vertrieb durchgeführt werden. Die Projektkosten sind hier stärker technisch bestimmt (Raummiete, Musikanlage, Bewirtung usw.), Personalkosten beziehen sich auf einmalige Auftritte Externer (Moderator, ggf. Entertainer, Showeinlage usw.). Insofern müssen ganz andere Kostenarten erfasst und beobachtet werden als im ersten Beispiel.

Projekt Beratung	Projekt Veranstaltung
Personal	Raum-/Hallenmiete
– Gehalt	Nebenkosten Räume/Halle
– Zusatzkosten	Verpflegung
Reisekosten fremd	Honorar Musik
Kilometerpauschalen	Honorar Moderation
Bewirtung	Honorar Fotograf
EDV-Kosten	Raum-/Hallenausstattung
zentrale Dienste	Bühnenkosten
Raumkosten	Lizenzabgaben
Porto/Kommunikation	Reisekosten
Büromaterial	Porto/Kommunikation
Büroausstattung	Reinigung
fremde Dienstleister	Energie
Fortbildung/Fachliteratur	Bürokosten
Sonstiges	Personalkosten Projektleitung
	Druckkosten
	Sonstiges

Abbildung 4.23: Kostenartengliederungen für zwei Projekte

Die erste Aufgabe besteht für die Projektleitung also darin, die relevanten Kostenarten zu ermitteln und in eine übersichtliche Form zu bringen. Erster Anhaltspunkt können Checklisten sein, die vielleicht schon früher entwickelt wurden, um bei der Organisation nichts zu vergessen. Hieraus lassen sich die wesentlichen Kostenarten ablesen.

Bestimmte Positionen tauchen auf beiden Seiten auf, werden jedoch unterschiedlich detailliert erfasst. Beispielsweise sind Bürokosten für die Organisation der Veranstaltung, wozu der Büroraum der Projektleitung, Porto- und Telefonausgaben u. Ä. gehören, hier relativ gering, so dass sie nur als eine Position auftauchen. Eine stärkere Untergliederung würde zusätzliche, nicht unbedingt gerechtfertigte Kosten verursachen. Für das Beratungsprojekt sind solche Kosten wesentlich bedeutender, außerdem möchte der externe Kunde vielleicht auch eine nähere Aufschlüsselung haben. Daher werden auch die Detailpositionen erfasst.

Zweiter Schritt: Einrichtung der Projektkostenstellen

Mit der Auflistung der Projektkostenarten wurde ein erster Schritt in Richtung Transparenz und Steuerbarkeit unternommen. Für eher kleine und einfache Projekte reicht dies häufig aus, etwa wenn es um einmalige Aktionen wie z. B. die bereits erwähnte Veranstaltung geht. Die meisten Kosten fallen dabei nämlich genau einmal an (das Honorar für die Moderatorin wird einmal gezahlt, die Raummiete fällt einmal an usw.). Das Projekt wäre auf dieser Basis schon kalkulierbar.

In vielen Projekten kann es auch wesentlich komplizierter zugehen, nämlich wenn mehrere Teilprojekte nebeneinander herlaufen bzw. ein Projekt in mehrere Teilphasen unterschieden werden kann.

Im herkömmlichen System der Kostenrechnung, also beim Unternehmen mit Liniensystem, sind Kostenstellen die Orte der Kostenverursachung. Hier werden die Kosten erfasst, die eine Abteilung verursacht und die üblicherweise nicht eindeutig einem Kostenträger zugeordnet werden können. Ein Beispiel ist die Personalabteilung. Sie ist räumlich und funktional abgegrenzt und es können ihr unterschiedliche Kostenarten zugerechnet werden (Gehalt, Energie, Miete, Computer usw.). Da aber nicht jedes Produkt dieses Unternehmens eine eigene Personalabteilung hat, was auch völlig unlogisch wäre, muss ein gewisser Anteil dieser Kostenstellenkosten auf jedes Produkt verrechnet werden. Dazu werden meist prozentuale Zuschlagssätze auf die Herstellkosten berechnet. In der Herstellung teurere Produkte tragen dann einen höheren Anteil an Personalkosten als billigere.

In der Projektkostenrechnung hat die Kostenstellenbildung eine etwas anders gelagerte Funktion. Hier gibt es meist nur einen Kostenträger, nämlich das Projekt als Ganzes. Über Zuschlagssätze muss man sich keine Gedanken machen, weil das

Projekt alle in seinem Rahmen anfallenden Kosten tragen muss. Oft gibt es auch kein Projektbüro, dessen Kosten von den einzelnen Projekten mit getragen werden muss.

Kostenstellen – Konten

Hier wird mit dem Begriff Kostenstellen gearbeitet, während teilweise auch Konten verwendet werden. Im Prinzip läuft das jeweils aufs Gleiche heraus. Der Unterschied steckt eher im Detail: Konten kommen aus der Buchhaltung und sind für ein Projekt der Sammelposten für Ausgaben einer bestimmten Kategorie. Kostenstellen kommen aus dem Controlling und sind nicht nur ein Sammelplatz für Ausgaben (bzw. Kosten), sondern auch ein Verantwortungsbereich. Sie können auch umfangreicher gefasst sein als Konten. Die Kostenstellenverantwortlichen sorgen für effizientes Arbeiten und Planeinhaltung. Es steckt also inhaltlich mehr dahinter.

Es gibt aber trotzdem ein Transparenz- und Kontrollbedürfnis für einzelne Aktionsbereiche. Dieses besteht ja auch bezüglich der Termine, die durch einen Netzplan geplant und überwacht werden können.

Diese Aktionsbereiche haben als Teilprojekt in der Regel auch einen Verantwortlichen, der im Sinne der Projektziele nicht nur für die Leistungserstellung und Termineinhaltung, sondern auch für die Kosten verantwortlich ist. Insofern erhalten diese Teilprojektleiter eine Verantwortung wie ein Kostenstellenleiter. Die Summe aller Kostenstellenkosten ergibt die Gesamtkosten des Projekts.

Abbildung 4.24 zeigt anhand eines Ausschnitts einer Projektkostenrechnung, wie zwei Projektkostenstellen „Projektleitung" und „Softwareentwicklung" kostenrechnerisch erfasst werden können. Zusammen mit den anderen Projektkostenstellen ergibt sich dann die Abrechnung des Projekts insgesamt. Als Mindestanforderung werden für die einzelnen Kostenarten die Budgetvorgaben und die Istwerte erfasst. Aus der Abweichung können die Verantwortlichen jeweils erkennen, wie weit sie sich ggf. vom Ziel entfernen. Je nach Projektart und -dauer können auch automatisch Prognosen erstellt werden.

Projektkostenstelle Projektleitung			
Kostenart	Budget	Ist	Abwei-chung
Gehalt	35.000	35.000	–
– Zusatzkosten	10.000	10.000	–
Raumkosten	8.000	9.200	+ 15 %
Kommunikation	1.200	760	– 37 %
Reisekosten	3.800	4.150	+ 9 %
Büromaterial	2.300	2.200	– 4 %
Büroausstattung	17.100	15.800	– 8 %
Sonstiges	6.400	4.700	– 37 %
Summe	83.800	81.810	– 2 %

Projektkostenstelle Softwareentwicklung			
Kostenart	Budget	Ist	Abwei-chung
Gehalt Teilproj.leiter	30.000	30.000	–
– Zusatzkosten	9.000	9.000	–
Gehalt Programmier.	47.000	48.200	+ 3 %
– Zusatzkosten	13.400	13.700	+ 2 %
Gehalt Assistenz	8.500	9.100	+ 7 %
– Zusatzkosten	2.200	2.300	+ 5 %
Raumkosten/Energie	10.250	10.250	–
Hardwarekosten	3.100	2.850	– 8 %
Softwarekosten	4.700	6.200	+ 32 %
Kommunikation	200	80	– 60 %
Reisekosten	2.100	1.350	– 36 %
Büromaterial	3.300	2.900	– 12 %
Büroausstattung	6.000	7.200	+ 20 %
Sonstiges	4.600	2.700	– 41 %
Summe	144.350	145.830	+ 1 %

Projektkostenübersicht			
Projektkostenstelle	Budget	Ist	Abweichung
Projektleitung	83.800	81.810	– 2 %
Teilprojekt 1	80.100	72.350	– 10 %
Softwareentwicklung	144.350	145.830	+ 1 %
Teilprojekt 3	115.300	120.150	+ 4 %
Gesamt	423.550	420.140	– 1 %

Abbildung 4.24: Projektkostenstellenrechnung

Dritter Schritt: Kostenträgerrechnung – Durchführung der Projektkalkulation

Meist müssen nur die Kosten der einzelnen Projektkostenstellen addiert werden, um die Gesamtkosten des Projekts zu ergeben. Manchmal ist das ganze Projekt auch nur eine Kostenstelle (ein Arbeitspaket), so dass auch diese Arbeit entfällt. Die Schwierigkeit liegt hier eher im nächsten Schritt, nämlich der Kalkulation eines Projektpreises. Dies ist ja in der Projektkalkulation der entscheidende Schritt: Man will erfahren, was das Projekt erlösen muss, um die Kosten zu decken und einen Gewinnbeitrag zu erzielen.

Was muss also ein Projekt den Auftraggeber kosten? Muss oder darf es überhaupt einen Preis haben? Welchen Ertrag soll es erzielen? Eine Antwort auf diese Fragen ist jeweils unterschiedlich zu finden. Es kommt jeweils darauf an, um welche Art von Projekt es sich handelt.

Interne Projekte, z. B. im Rahmen von Umgestaltungen der Arbeitsorganisation, sollen über Jahre hinweg einen wirtschaftlichen Vorteil erbringen. Dann ist kaum festzulegen, bis zu welchem Preis sich das Projekt noch lohnt. Ganz davon abgesehen, dass der Preis den Gesamtkosten entspricht, weil das Projekt als interne Leistung keinen Ertrag erzielen soll. Ließe man diese Aufgabe von einer Beratungsgesellschaft durchführen, müsste diese einen Preis bestimmen, um einen Vertrag abschließen zu können. Zusätzlich zu den Kosten wäre die Gewinnerwartung/der Gewinnaufschlag des Auftragnehmers zu berücksichtigen. Ob das Projekt als externes insgesamt teurer ist denn als internes, lässt sich noch nicht einmal feststellen. So unterscheiden sich die Personalkosten, die Effizienz des Vorgehens, und ist vielleicht der externe Anbieter bereit, einen „politischen Preis" zu machen, um den Auftrag zu bekommen.

Es müssen insgesamt mindestens die folgenden drei Projektarten unterschieden werden:

1. Reine Verwaltungsprojekte im Unternehmen – z. B. Organisationsprojekte

Für solche Projekte kann kein Preis bestimmt werden. Sie werden im Auftrag der Unternehmensleitung ausgeführt, so dass die Kosten auch vom Unternehmen übernommen werden. Meist sind diese ohnehin nur kalkulatorisch feststellbar, weil Mitarbeiter aus ihrer Linienfunktion in das Projekt delegiert werden. Diese kalkulatorischen Kosten ergeben sich aus der Summe der Kostenarten bzw. Kostenstellen. Zielgröße sind damit kalkulatorische Gesamt-Projektkosten, die keine Gewinne oder Reserven enthalten.

2. Auftragsprojekte mit einer festen Preisvereinbarung – z. B. Entwicklungsprojekte im Kundenauftrag

Hierbei handelt es sich um Projekte, die im Vorfeld detailliert mit einem meist externen Kunden vereinbart wurden (Kunde kann aber auch ein anderer Bereich im eigenen Unternehmen sein – im Falle einer Profit Center-Struktur spielt eine Preisvereinbarung zur Sicherstellung der Gerechtigkeit im Rechnungswesen eine wichtige Rolle). Aufgabe der Projektkalkulation ist es, den Angebotspreis im Vorfeld zu bestimmen. Dazu müssen die Kosten nach Kostenarten und/oder Kostenstellen geschätzt werden. Nach Auftragserteilung kann nur noch festgestellt werden, in welchem Maße die geplanten Kosten über- oder unterschritten wurden.

In der Kalkulation ist es daher wichtig, einen angemessenen Wagniszuschlag zu berücksichtigen, der die identifizierten Projektrisiken berücksichtigt. Dafür ist ein entsprechendes Projektrisikomanagement erforderlich.

**3. Auftragsprojekte ohne feste Preisvereinbarung –
z. B. Anlagenbau, Baubranche**

Das Projekt wird hier zwar bezüglich seiner Leistungsmerkmale definiert, doch besteht keine Festpreisvereinbarung, etwa weil die tatsächlich benötigten Arbeitsstunden oder Materialien erst im Laufe des Projekts ermittelt werden können. Hierbei wird zunächst eine Vorkalkulation durchgeführt, die durch eine oder mehrere Zwischenkalkulationen korrigiert wird.

Die Projektkostenrechnung wird trotz allem immer wieder kontrovers diskutiert. Ein paar mehr oder weniger gute Argumente gegen die Projektkostenrechnung tauchen immer wieder auf:

„Projekte dienen dazu, Kosten aus Abteilungen herauszuverlagern. Es ist dann eher schädlich, zu sehen, wie hoch sie sind."

„Projektleiter sind Teamleader und keine Rechenknechte. Kostenrechnung ist nicht unser Ding."

„Wenn jeder vorher weiß, wie viel es kostet, dann kriegen wir keinen Auftrag mehr. Das Ganze kostet nur Zeit und Geld. Das zahlt uns dann keiner."

„Projekte sind einfach wichtig. Deswegen müssen sie gemacht werden. Die Kosten sind da nicht entscheidend."

„Wir wissen ja auch jetzt noch nicht, was man alles aus dem Projekt später herausziehen kann. Wir gewinnen vielleicht neue Kunden, die den Umsatz steigern. Dann lohnt es sich auch, ein paar Euro mehr dafür auszugeben."

„Kosten sind nicht alles. Solange man nicht den Nutzen eines Projekts zweifelsfrei berechnen kann, berechnen wir auch nicht dessen Kosten."

„Wer eine Kostenkalkulation von mir haben will, dem stelle ich sie auch in Rechnung."

b) Planung einzelner Kostenarten

Personalkostenplanung

Personalkosten werden in der Kostenrechnung meist in Löhne und Gehälter unterschieden. Dies hat eher historische Wurzeln und zieht eine Trennung zwischen Arbeitern und Angestellten, die in einigen Branchen aber schon abgeschafft ist. Für das Projektmanagement ist das irrelevant, so dass allgemein von Personalkosten gesprochen werden kann.

Für Projektleiter ist in erster Linie relevant, ob die Personalausgaben veränderbar sind oder nicht. Sein eigenes (kalkulatorisches) Gehalt – fixe Kosten – ist beispielsweise über die Projektlaufzeit unveränderbar, Aushilfen sowie Externe – variable Kosten – können je nach tatsächlichem Kapazitätsbedarf stärker oder weniger stark in Anspruch genommen werden. Mal lässt sich ein genauer Kostensatz pro Zeit- bzw. Leistungseinheit ermitteln, mal muss einfach die Anwesenheit pauschal bezahlt werden, weil eine leitende Tätigkeit oder komplexe Abläufe vorliegen.

In klassischen Gemeinkostenprojekten (Entwicklung von Verbesserungsmaßnahmen, kreative Projekte u. Ä.) bietet sich die Planung auf Tagessatzbasis an. Dabei wird aufgrund der Zeit- und Kapazitätsplanung ermittelt, wie viele Arbeitstage pro Projektmitglied (individuell oder nach Gehaltsklassen) zu berechnen sind. Für diese Arbeitstage muss dann der jeweilige Tagessatz bestimmt werden.

Externe Projektmitglieder sind einfacher zu bearbeiten, weil sie die kalkulatorische Tätigkeit selbst übernehmen und in die Vertragsverhandlung einbringen. Für die **Angestellten des eigenen Unternehmens**, die im Projekt als „abgestellte Mitarbeiter" eingesetzt werden, sieht es etwa wie in Abbildung 4.25 gezeigt aus, wobei für die Versicherungssätze der Einfachheit halber glatte Zahlen verwendet werden (je nach Gehaltshöhe ergeben sich ohnehin Unterschiede durch Über-/ Unterschreiten der Beitragsbemessungsgrenzen, wir unterstellen hier Einkünfte unterhalb der Grenzen).

Die Zahl der durchschnittlichen Arbeitstage ändert sich kaum, die der Sozialversicherungsbeiträge zwar des Öfteren, jedoch kann man ohne weiteres mit pauschalen Sätzen arbeiten, um diese Rechnung nur einmal durchführen zu müssen.

Tagessatzkalkulation für Angestellte	
Berechnung der Arbeitstage pro Jahr:	
theoretische Anzahl der Arbeitstage pro Jahr:	52 · 5 = 260
abzüglich durchschnittlicher Anzahl der Feiertage:	– 12 = 248
abzüglich durchschnittlicher Anzahl der Urlaubstage:	– 30 = 218
abzüglich durchschnittlicher Anzahl der Krankheitstage:	– 8 = 210
Berechnung des Gesamtgehalts pro Jahr:	
Bruttogehalt:	50.000 EUR
Arbeitgeberanteil Krankenversicherung:	7 % = 3.500 EUR
Arbeitgeberanteil Rentenversicherung:	10 % = 5.000 EUR
Arbeitgeberanteil Arbeitslosenversicherung:	3 % = 1.500 EUR
freiwillige Vergünstigungen (Kantine u. Ä.):	5 % = 2.500 EUR
Gesamtgehaltskosten pro Jahr:	(+ 25 %) = 62.500 EUR
Berechnung des Tagessatzes:	
Brutto-Tagessatz:	62.500 EUR : 210 = 298 EUR

Abbildung 4.25: Beispiel einer Tagessatzkalkulation für Angestellte ohne Arbeitsplatzkosten

> **!** Diese Rechnung berücksichtigt allerdings nur die reinen Personalkosten. Sie setzt voraus, dass alle weiteren personenbezogenen Kosten separat geplant werden. Davon sind etwa Büromaterial, Arbeitsplatz (Raummiete, Abschreibung für PC usw.), Kommunikations- und ggf. Reisekosten betroffen. Diese lassen sich jedoch auch von vornherein als pauschaler Aufschlag auf die Gehaltskosten kalkulieren. Auch wenn die Rechnung dadurch nicht genauer wird, vereinfacht sich die Planung doch erheblich, weil die Tagessätze in vielen Projekten (ohne Produktion, Tests usw.) dann die einzige Kalkulationsgröße sind.

Die jeweils anzusetzenden Kosten sind vom Einzelfall abhängig, so dass die Kalkulation in Abbildung 4.26 nur ein Beispiel sein kann:

Beispiel Kalkulation der Personalkosten

Für Räume wurde auf der Basis von 30 qm pro Person (Arbeitsplatz + anteilig Sozialräume, Zugänge usw.) und einer Brutto-Miete von 30 EUR/qm und Monat (inkl. Nebenkosten wie Heizung, Reinigung) kalkuliert. Dadurch ergeben sich pro Arbeitstag 51 EUR (30 EUR · 30 · 12 : 210).

Für Kommunikation werden pauschal 10 EUR/Tag angesetzt.

Büromaterial wird mit 5 EUR/Tag angesetzt.

Als Arbeitsmittel schlagen vor allem die EDV-Ausstattung und Tagungstechnik zu Buche. Eine exakte Planung ist schon deswegen nicht möglich, weil die Nutzungsdauer der Geräte schlecht planbar und insgesamt auch kaum kontrollierbar ist. Sofern allgemein bekannte Bürogeräte wie PC, Standardsoftware usw. eingesetzt werden, kann etwa mit 25 EUR pro Tag gerechnet werden.

Reisekosten spielen, wie bereits an anderer Stelle erwähnt, mal eine große, mal gar keine Rolle. Hier muss man einfach überlegen, ob regelmäßige Fahrten mit Privat- oder Firmenwagen in Frage kommen (z. B. zwischen zwei Firmenstandorten). Umfangreichere Dienstreisen sollten auf jeden Fall separat budgetiert werden.

Kalkulation der Gesamtkosten eines Angestellten pro Tag	
Tagessatz Gesamtgehalt:	298 EUR
Raumkosten pro Tag:	51 EUR
Kommunikationskosten pro Tag:	10 EUR
Büromaterialkosten pro Tag:	5 EUR
Arbeitsmittelkosten pro Tag:	25 EUR
Reisekosten bei durchschnittlich 50 km pro Tag mit Privatwagen (bei 0,30 EUR/km; bezieht sich *nicht* auf den Weg zur Wohnung):	15 EUR
Gesamtkostensatz pro Tag:	404 EUR
bzw. als Zuschlagssatz auf Tagessatz Gesamtgehalt:	36 %

Abbildung 4.26: Beispiel Kalkulation Gesamtkosten pro Tag

Die Gesamtkostenermittlung mit Hilfe eines Zuschlagssatzes stellt eine weitere Vereinfachung dar, zumal auch die Einzelposten nur grob zu schätzen sind. Das Gehalt als Bezugsbasis kann durchaus sinnvoll sein, weil einige Ausgaben der Höhe nach parallel zum Einkommen verlaufen. Somit können die Projektpersonalkosten recht einfach mit Zuschlagssätzen oder Multiplikatoren budgetiert werden, wenn nicht besondere Gründe dagegen sprechen.

Allerdings muss berücksichtigt werden, dass die Gehaltsinformationen der Projektleitung nicht immer bekannt sind bzw. sein dürfen (vor allem wenn Kollegen aus anderen Abteilungen nur für dieses Projekt delegiert werden). Dann kann mit Gehaltsklassen (Tarifklassen) oder Schätzungen gearbeitet werden.

Projektpersonalkostenkalkulation	
Gesamtpersonalbedarf (inkl. Leitung):	6 Personen
Gesamtzeitbedarf:	15 Tage
Gehaltsklasse:	durchschnittlich 45.000 EUR
Multiplikator für Personalzusatz- und sonstige Kosten [Beispiel: 100 · 1,25 · 1,36 = 170]:	1,70
Tagessatz (brutto):	45.000 EUR · 1,70 : 210 Tage = 364 EUR pro Tag
Projektpersonalkosten:	6 · 15 · 364 = 32.760 EUR

Abbildung 4.27: Beispiel einer Projektpersonalkostenkalkulation

In vielen Projekten gibt es nicht nur eine „Sorte" Personal, sondern externe und interne Mitarbeiter und/oder verschiedene Honorarsätze. Das Beispiel in Abbildung 4.28 zeigt eine Kalkulation mit eigenen und fremden Mitarbeitern, wobei für letztere zwei unterschiedliche Honorarsätze gelten (einmal mit einem vereinbarten Mengenrabatt).

Gesamt-Projektpersonalkostenkalkulation	
Gesamtpersonalbedarf (inkl. Leitung):	255 „Mann"-Tage
Gesamtzeitbedarf:	65 Tage
Gehaltsklasse eigene Mitarbeiter:	durchschnittlich 55.000 EUR
Multiplikator (für Personalzusatz- und sonst. Kosten):	1,70
Tagessatz eigene Mitarbeiter (brutto):	445 EUR
Einsatztage eigene Mitarbeiter:	190 Tage
Tagessatz fremde Mitarbeiter tageweise:	910 EUR
Tagessatz fremde Mitarbeiter im Block (ab 10 Tage, 90 EUR Nachlass):	820 EUR
Einsatztage fremde Mitarbeiter im Block:	50
Einsatztage fremde Mitarbeiter einzeln:	15
Gesamtkosten eigene Mitarbeiter:	190 · 445 EUR = 84.550 EUR
Gesamtkosten fremde Mitarbeiter:	50 · 820 + 15 · 910 = 54.650 EUR
Projektpersonalkosten:	**139.200 EUR**

Abbildung 4.28: Beispiel einer Gesamt-Projektpersonalkostenkalkulation

Materialkostenplanung

Um den Planungsaufwand so gering wie möglich zu halten, sollten Materialien für Produktion und Büro/Verwaltung unterschieden werden. Erstere fallen nämlich nur in bestimmten Projekten (mit Herstellung) und dann in leicht messbarem Umfang an. Letztere gehören zu jedem Projekt, lassen sich aber kaum exakt erfassen, so dass sie pauschal zu planen sind.

- Produktionsmaterialien

Zu den Produktionsmaterialkosten zählen alle beschafften Roh-, Hilfs- und Betriebsstoffe sowie fertige Produkt-/Bauteile. Rohstoffe und fertige Teile können in aller Regel leicht geplant werden, weil sich die Anzahl und Spezifikationen aus der Projektdefinition ergeben. Hilfs- und Betriebsstoffe gehören klassischerweise zu den Gemeinkosten, die als Zuschlag auf die ersteren in der Planung auftauchen. Dies ist so lange unproblematisch, wie sie nur einen geringen Anteil der Kosten ausmachen und sich proportional zu den Bezugsgrößen verhalten (wegen des prozentualen Aufschlags).

Produktionsmaterialeinzelkosten werden mit Hilfe der Angaben über die geplante Verbrauchsmenge für eine Mengeneinheit (ergibt sich aus der Projektdefinition bzw. Stückliste), den geplanten Ausschuss und Schwund und die geplanten Preise pro Materialeinheit geplant.

- Büromaterialien

Ihre Höhe ist wesentlich von der Zahl der Mitarbeiter abhängig, wobei der prozentuale Anteil an den Gesamtkosten jedoch in engen Grenzen bleibt. Daher ist es meist aus wirtschaftlichen Gründen sinnvoll, Büromaterial als Aufschlag auf die Gehaltskosten/Tagessätze der verursachenden Projektmitarbeiter oder als pauschaler tageweiser Kostensatz zu verrechnen. Dies wurde bereits oben bei der Planung der Tagessätze erläutert. Die Höhe dieses Aufschlags basiert meist auf Erfahrungssätzen; die Größenordnung von 5 % ist oft angemessen.

Projektinvestitionsplanung

Die problematischsten Positionen der Projektkostenplanung sind die Investitionen. Verursacht ein Projekt nur Personalkosten, ergänzt um Verbrauchsmaterial, Reisekosten usw., dann bleiben alle zu planenden Ausgaben projektintern. Ein anderes Bild ergibt sich, wenn eine Anschaffung erforderlich ist, die sich für das Projekt alleine nicht lohnt, also auch anderweitig eingesetzt werden muss. Oder wenn ein Gerät auch noch lange nach Projektende im Unternehmen genutzt werden kann. Die zentrale Frage lautet dann: Muss dann das Projekt die Gesamtkosten tragen und den Gegenstand dem Unternehmen nach Abschluss schenken? Oder kauft das Unternehmen den Gegenstand und überlässt ihn dem Projekt ohne Berechnung? Die Projektleitung bzw. das Projektbüro muss sich also Gedanken darüber machen, wie Investitionen zu behandeln sind, die über das Projekt hinaus eine Bedeutung haben (siehe z. B. Preißner 2003).

Kapitalkostenplanung

Je nach Projektumfang und -dauer kann es sinnvoll sein, die Position „Kapital" in die Budgetierung einzubeziehen. Projekte und die mit ihnen verbundenen Ausgaben binden nämlich Kapital, das vorfinanziert werden muss. Die Projekterlöse müssen diese (meist kalkulatorischen) Kosten mit decken. Bei Bauprojekten, aber auch der Softwareentwicklung, können diese Zeiträume zu einer erheblichen finanziellen Belastung führen.

Die Planung der Kapitalkosten soll berücksichtigen, dass das im Projekt gebundene Kapital Geld kostet und anderweitig verwendet werden könnte, so dass **Opportunitätskosten** entstehen. Sie wird global unterschieden in die Planung kalkulatorischer Zinsen auf das Anlagevermögen (Investitionen, fixe Kosten) und auf das Umlaufvermögen (laufende Ausgaben, variable Kosten).

Beispiel einer Kapitalkostenermittlung im Projekt

In einem Unternehmen wird ein Projekt im Bereich der Qualitätssicherung geplant. Die Projektleitung plant die Anschaffung eines Messgeräts, eines Prüfprogramms sowie die Erweiterung der Werkstatt. Alle Geräte/Investitionen können auch nach Projektende im Unternehmen verwendet werden. Durch die Nutzung verringert sich ihr Wert jedoch. Dieser wird im niedrigeren Liquidationserlös berücksichtigt, der den Wert für die weitere Verwendung im Unternehmen widerspiegelt. Die Projektdauer liegt bei einem halben Jahr. Da die Geräte neu angeschafft werden, entspricht der Anschaffungs- dem Wiederverkaufswert. (Im nächsten Projekt müsste die Projektleitung als Wiederbeschaffungswert den Wert einsetzen, der hier als Liquidationserlös verwendet wird.)

Für die Planung der Kapitalkosten auf Investitionen (in Maschinen oder andere nach Projektende weiterverwendbare Geräte) kann das vereinfachende Verfahren der **Durchschnittswertverzinsung** verwendet werden:

$$\text{Kapital-kosten} = \frac{\text{Wiederbeschaffungswert} + \text{geplanter Liquidationserlös am Projektende}}{2} \cdot \text{geplanter Zinssatz}$$

Position	Anschaffungswert	Liquidationserlös
Werkstatteinrichtung	40.000 EUR	35.000 EUR
Messgeräte	10.000 EUR	5.000 EUR
Software	8.000 EUR	2.000 EUR
Summe	**58.000 EUR**	**42.000 EUR**
durchschnittliche Kapitalbindung: (58.000 + 42.000) : 2 = 50.000 EUR		

Abbildung 4.29: Beispiel Kapitalkostenermittlung

Wenn das Unternehmen eine Verzinsung von 12 % anstrebt und das Projekt ein halbes Jahr dauert, dann sind 12 : 2 = 6 % Zinsen anzusetzen. Die Kapitalkosten liegen also bei 50.000 · 6 % = 3.000 EUR.

Wohlgemerkt werden hier nur die Kapitalkosten berücksichtigt! Zusätzlich ist die Abschreibung auf die Einzelpositionen im Budget anzusetzen: 58.000 – 42.000 = 16.000 EUR.

Mit Hilfe der Kostenplanung sowie der Schätzung zu erzielender Erlöse (bzw. dem vereinbarten Preis des Projekts) lässt sich ein **Finanzplan** für ein Projekt erstellen. Dieser geht auch in den bereits oben erwähnten Business Plan ein. Er ist die zentrale Grundlage für die interne Projektfinanzierung, da er den Bedarf finanzieller Mittel feststellt, die ggf. vom Unternehmen bereitgestellt werden müssen. Weiterhin kann unter Berücksichtigung der Ein- und Auszahlungszeitpunkte, was gerade bei langfristigen Projekten bedeutsam ist, die Projektprofitabilität/-rendite bestimmt werden.

Beispiele zur Projektfinanzplanung

Das folgende Projekt hat eine Laufzeit von vier Jahren. Vor Beginn sind Investitionen in Geräte erforderlich, für die 50.000 EUR veranschlagt werden. Die weitergehende Nutzung dieser Geräte ist anteilig berücksichtigt worden. In jedem Jahr fallen Auszahlungen an, wobei Personalkosten den größten Anteil haben. Sie werden daher separat ausgewiesen, um die Transparenz zu erhöhen. Einzahlungen entstehen erst zum Ende des Projekts, wenn der mit dem Auftraggeber vereinbarte Preis fällig ist.

Die Tabelle listet die Ein- und Auszahlungen jeweils zum Ende der angegebenen Periode auf. In der Zeile „Differenz" lässt sich der Finanzierungsbedarf erkennen, der durch das Projektunternehmen zu decken ist. Aufgrund der langen Dauer wird auch die Verzinsung der Zahlungen berücksichtigt. Alle Zahlungen nach dem Startzeitpunkt werden auf diesen abgezinst. In diesem Fall wurden 10 % Verzinsung angesetzt, was der angestrebten Unternehmensrendite entspricht. Dadurch können mehrere Projekte mit unterschiedlichen Finanzplänen miteinander verglichen werden, zudem lässt sich entscheiden, ob sich das Projekt insgesamt „lohnt". Dies ist dann der Fall, wenn der Barwert (die Summe aller auf den Startzeitpunkt abgezinsten Zahlungsüberschüsse) größer als Null ist. Dieses Projekt liefert einen Barwert (allgemeiner: Kapitalwert) von rund 45.000 EUR.

Jahr:	0	1	2	3	4	Gesamt
Auszahlungen Personal	10.000	30.000	50.000	50.000	40.000	180.000
Auszahlungen sonstige	10.000	20.000	30.000	30.000	40.000	130.000
Investitionen	50.000	0	0	0	0	50.000
Auszahlungen gesamt	70.000	50.000	80.000	80.000	80.000	360.000
Einzahlungen	0	0	0	0	500.000	500.000
Differenz	- 70.000	- 50.000	- 80.000	- 80.000	+420.000	+140.000
Barwert	- 70.000	- 45.455	- 66.116	- 60.105	+286.866	+ 45.190

Um den Barwert des Projekts zu berechnen, werden die Zahlungsüberschüsse (Einzahlungen – Auszahlungen) durch den Abzinsungsfaktor geteilt (dieser ergibt sich aus: $(1 + Zinssatz)^{Jahr}$; bei 10 % Zinsen wird im ersten Jahr durch $1,10^1$ geteilt, im zweiten Jahr durch $1,10^2$ usw.) und dann summiert.

Das zweite Projekt hat eine gänzlich andere Finanzstruktur. Hier werden in den einzelnen Jahren Einnahmen erzielt, weil schon Teilergebnisse verkauft werden können. Darüber hinaus werden auch in den folgenden zwei Jahren noch Einnahmen aus Verkäufen erzielt. Ein Finanzierungsbedarf besteht nur in den ersten beiden Jahren.

Jahr:	0	1	2	3	4	5	6	Gesamt
Auszahlungen Personal	0	80.000	60.000	50.000	20.000	0	0	210.000
Auszahlungen sonstige	0	50.000	50.000	30.000	10.000	0	0	140.000
Investitionen	0	0	0	0	0	0	0	0
Auszahlungen gesamt	0	130.000	110.000	80.000	30.000	0	0	350.000
Einzahlungen	0	100.000	100.000	100.000	100.000	100.000	100.000	600.000
Differenz	0	- 30.000	- 10.000	+ 20.000	+ 70.000	+100.000	+100.000	+250.000
Barwert	0	- 27.273	- 8.264	+ 15.026	+ 47.811	+ 62.092	+ 56.447	+145.839

Auch bei sorgfältiger Planung werden Budgets nicht immer eingehalten und muss Geld „nachgeschossen" werden, um das Projekt abschließen zu können. Schuld war natürlich niemand. Die häufigsten (und damit auch abgenutztesten) Ausreden, mit denen sich der Lenkungsausschuss auseinandersetzen muss, wenn am Ende das Budget nicht gestimmt hat, sind:

„Wir mussten unerwartet einen Spezialisten von außerhalb ins Projekt holen, weil unser Mann gekündigt hat. Das kostet natürlich mehr."

„Der Auftraggeber hat mittendrin noch Änderungen verlangt. Wir hatten alles vorher sehr genau geplant und waren auch voll im Plan. Die Änderungen schlagen da voll durch, das ist aber nicht unsere Schuld."

„Unsere Planung war keineswegs zu hoch angesetzt. Wir haben aber verschiedene Möglichkeiten zur Einsparung genutzt und waren einfach besser als gedacht. Nun bleibt noch was übrig."

„Kostensteigerungen können wir in der Planung nur berücksichtigen, wenn wir von vornherein Anzeichen dafür haben. Sonst hätten Sie uns das gleich wieder herausgestrichen. Dass einiges teurer wird als geplant, ist doch normal. Das wissen Sie doch auch."

„Dass wir später als geplant fertig wurden und dadurch höhere Personalausgaben hatten, liegt aber nicht an uns. Mehrmals wurden Mitarbeiter zu spät für das Projekt abgestellt, so dass wir ungeplanten Leerlauf hatten. Die Kosten können Sie einer anderen Abteilung zurechnen."

„Wir können froh sein, dass die Kosten letztlich nicht noch höher ausgefallen sind. Andere wurden noch stärker von Preissteigerungen getroffen, wir waren da wesentlich geschickter. Hätten wir nicht gleich reagiert und XY vorgezogen, dann hätte die Sache anders ausgesehen."

„Auf die Budgeteinhaltung kommt es doch letztlich gar nicht an. Wir haben ein tolles Ergebnis hingekriegt. Das soll erst mal einer besser machen. Die Qualität spielt doch letztlich die entscheidende Rolle. Das Projekt ist doch jetzt mehr wert als ursprünglich gedacht."

4.2.4 Ressource externe Partner

> Die Zusammenarbeit mit Externen (z. B. Beratern, Programmierern, Grafikern, Moderatoren, Autoren usw.) in einem Projekt zieht einen erhöhten Koordinationsaufwand nach sich. Es ist nämlich zu bestimmen, welche Rolle der Externe im Projekt spielt und vor allem, wie seine Rechte und Pflichten geregelt sind. Dies stellt einerseits eine Managementaufgabe für den Projektleiter dar, der beide Seiten „unter einen Hut bringen" muss, andererseits aber auch eine formale bzw. rechtliche. Hier sind die Voraussetzungen zu schaffen, externe und interne Mitarbeiter produktiv im Projekt einzusetzen und Reibungsverluste auf ein Minimum zu reduzieren.

Die formale Regelung der Zusammenarbeit geschieht sinnvollerweise auf vertraglicher Basis, selbst wenn der Aufwand dafür zunächst recht hoch erscheint. In der Praxis zeigt sich aber leider auch oft, dass sich im Nachhinein Probleme ergeben, die zwar lösbar sind, was aber Zeit kostet. Und damit verlängert sich die Projektlaufzeit, wenn man diesen Verwaltungsaufwand mitrechnet.

Der Vertrag soll also auch dazu beitragen, so etwas zu verhindern. Er soll einerseits die Absprachen, vor allem die finanziellen, dokumentieren, und andererseits regeln, was im Falle eventueller Missstimmungen oder Fehler passiert. Problematisch sind vor allem die Problembereiche, in denen kein wirklicher Fehler vorliegt, sondern vielmehr eine mehr oder weniger subjektive Unzufriedenheit beim Projektauftraggeber oder der Projektleitung.

Die Regelungen im Bürgerlichen Gesetzbuch (BGB) für die Zusammenarbeit (Werk- bzw. Dienstvertrag) schreiben zumindest allgemein vor, was wann wie von wem zu tun ist. Aber sie sind nur allgemein gehalten und gehen nicht auf die Besonderheiten etwa der Softwareproduktion oder kreativer Leistungen ein. Der Gesetzesinhalt muss daher entsprechend interpretiert werden. Verlassen sich die Partner darauf, dann entstehen Unsicherheiten, die auch dazu genutzt werden, verstärkt auf den eigenen Vorteil zu achten.

Ein **Vertrag** sollte daher alle Eventualitäten regeln, um nicht die Machtverhältnisse über die Streitschlichtung entscheiden zu lassen.

Ganz allgemein sollten folgende Komponenten enthalten sein:

- Definition der zu erbringenden Leistung (Art, Zeit, Ziel)
- Honorar/Entgelt
- Schadenersatz bei Nichterfüllung (durch den Auftragnehmer), Absage des Projekts oder Verschiebung (durch den Auftraggeber)

- eventuelles Wettbewerbsverbot für den Auftragnehmer
- Schutz/Übertragung von Urheberrechten an den Leistungen des Auftragnehmers
- Schutz der Betriebsgeheimnisse

Vorab muss generell festgestellt werden, ob es sich um einen **Werk- oder Dienstvertrag** handelt. Dies sind die beiden grundlegenden Vertragstypen, die im Recht vorgesehen sind. Sie unterscheiden sich so erheblich, dass hierüber kein Zweifel aufkommen sollte. Meist ergibt sich der Vertragstyp schon aus der Art des Projekts, aber nicht immer. Die Konsequenzen sind erheblich, was die Möglichkeit der Vertragskündigung und das Einfordern einer bestimmten Qualität angeht. In aller Regel werden diese Unterschiede allerdings auch von den Honoraren gespiegelt.

Im Vertrag lässt sich nun einiges so verändern, dass es den wirklichen Verhältnissen näher kommt. Auftragnehmer müssen dabei darauf achten, dass insbesondere im Falle eines faktischen Dienstvertrags nicht Rechte über Gebühr eingeschränkt werden (z. B. Möglichkeit des Rücktritts oder der Verschiebung). Andererseits sind die Regelungen beim Werkvertrag für den Auftraggeber mitunter nicht akzeptabel, wenn die Leistung dringend für den weiteren Projektfortschritt benötigt wird (z. B. im Hinblick auf Schadensersatzforderungen wegen Produktionsausfalls).

Checkliste 8: Eignung des Projekts für die Arbeit mit Externen

(Externe sind z. B.: Berater, Trainer, Technologieexperte, Moderator, Dokumentator, Designer.)

Mit dieser Checkliste können Sie prüfen, ob sich ein Projekt dazu eignet, mit Hilfe von Externen bearbeitet zu werden. Sie ergibt natürlich nur eine erste Einschätzung, an die sich eine genauere Analyse der verfügbaren Fachkräfte usw. anschließen sollte.

Nr.	Kriterium	Begünstigt den Einsatz Externer?		Zu-tref-fend ?
		ja	nein	
1	Für das Projekt wird Know-how benötigt, das im Unternehmen nicht oder nicht ausreichend vorhanden ist.			
2	Interne Mitarbeiter sind weitgehend anderweitig ausgelastet, so dass die Projektmitarbeit nicht sehr geschätzt bzw. seitens der Abteilungsleitungen abgelehnt wird.			
3	Es bestehen hohe Risiken, ob das Projekt überhaupt zu Ende geführt werden kann.			
4	Für bestimmte Projekttätigkeiten besteht ein Manpower-Markt, auf dem Externe beschafft werden können.			
5	Die Vorlaufzeit ist ausreichend, um eine gezielte Akquisition Externer vornehmen zu können.			
6	Seitens der internen Mitarbeiter besteht eine gewisse Aufgeschlossenheit gegenüber Externen.			
7	Es ist unklar, inwieweit es Folgeprojekte mit dem gleichen Ziel/Thema gibt.			
8	Im Rahmen des Projekts sind viele individuelle Tätigkeiten und weniger Gruppenarbeiten wie Besprechungen zu leisten.			
9	Die zu übertragenden Aufgaben lassen sich von den Projektmitgliedern überwiegend alleine bewältigen, die Kommunikation lässt sich gut elektronisch abwickeln.			
10	Das Projekt beschäftigt sich mit Themen, die stark dem Geheimhaltungsinteresse unterliegen.			
11	Das interne Projektteam arbeitet schon lange in verschiedenen anderen Projekten erfolgreich zusammen.			
12	Der Projektleiter ist eher unsicher und hat wenig Erfahrung mit Projektmanagement.			
13	Das Projekt lässt sich schlecht strukturieren, es ist unsicher, wann welche Tätigkeiten erledigt werden können.			
14	Das erarbeitete Know-how wird für Folgeprojekte benötigt.			

Die dunkelgrau unterlegten Felder zeigen, welche Antwort den Einsatz von Externen begünstigt. Je öfter Ihre Einschätzung in diese Felder passt, desto eher ist der Einsatz Externer zu befürworten.

- Bei 12–14 Treffern haben Sie nur unwesentlich mit Problemen zu rechnen. Es handelt sich dann jeweils um einzelne kleinere Hindernisse, die sich durch gezielte Maßnahmen ausräumen lassen.

- Bei 8–11 Treffern ist die Stimmung eher pro Externen-Einsatz, aber die Risiken sollten bewusst sein. Hier sind mehrere wichtige Fragen vorher zu klären.

- Bei 0–7 Treffern sollten Sie an Externe nur in Ausnahmefällen denken. Solche Projekte sind eher für eine rein interne Abwicklung geeignet.

Externe Mitglieder eines Projektteams haben ebenso einen Einfluss auf die Qualität des Projektergebnisses wie interne Mitglieder. Oft ist er sogar noch höher, weil Personen mit besonderen Kenntnissen engagiert werden, die das Ergebnis entsprechend stärker prägen. Parallel dazu ist das Verhältnis durch ein hohes Maß an Unsicherheit geprägt, weil sich Projektleiter und Externer selten gut kennen. Daher muss ergänzend zu einer Beurteilung der Projektleistung auch eine Beurteilung der Leistung der Externen vorgenommen werden. Diese kann dann Grundlage für eine Entscheidung über die weitere Zusammenarbeit sein.

Checkliste 9: Bewertung externer Projektmitglieder (nächste Seite)

Mit dieser Checkliste kann ein externes Projektmitglied bewertet werden. Sie berücksichtigt alle relevanten nicht-fachspezifischen Kriterien.

Um einen Gesamtwert zu erhalten, der die Leistung insgesamt charakterisiert, werden Einzelwerte von 5 für „uneingeschränkt" bis 1 für „überhaupt nicht" vergeben. Diese werden dann mit den Gewichten (Angaben in Prozent!) multipliziert und über alle Kriterien addiert. Die Gewichtungen können auch verändert werden, sie sind hier als Vorschlag zu verstehen.

Ein Gesamtwert von 1–2,5 sollte dazu veranlassen, die Beziehung zu prüfen. Offensichtlich läuft einiges nicht rund und muss dringend verändert werden, wenn nicht gar eine Trennung sinnvoll ist. Bei Werten von über 2,5 bis unter 3,5 soll und kann die Zusammenarbeit verbessert werden. Liegt das Ergebnis bei 3,5 und darüber, dann ist die Beziehung recht gut oder sogar perfekt, so dass allenfalls im Detail über eine Verbesserung gesprochen werden muss.

Beurteilung des externen Projektmitglieds		Bewertung					
		Gewicht	uneinge-schränkt		unent-schieden		überhaupt nicht
Termine	Wurden Abgabetermine/Meilensteine eingehalten?	15					
	Wurden Besprechungs-/Strategietermine eingehalten?	5					
Informa-tionen	Sind Informationen über den Arbeitsfort-schritt geflossen?	5					
	Wurden relevante Infos über Probleme/Verzögerungen rechtzeitig gegeben?	5					
Honorar	War die Honorarforderung wettbewerbsfähig?	5					
	War das Honorar der Leistung angemessen?	15					
Leistungs-umfang	Entsprach die geleistete Tages-/Stundenzahl der vereinbarten?	5					
	Wurde das Projekt vollständig abgeschlossen?	5					
Leistungs-qualität	Wurden die Ziele der Arbeit verwirklicht?	15					
	Wurde eine besondere Zufriedenheit des Auftraggebers erzielt?	5					
	Konnten zusätzliche Leistungen/Qualitätsmerkmale realisiert werden?	5					
Atmosphäre	War das Arbeitsklima im Team angenehm und produktiv?	10					
	War das Verhältnis zur Projektleitung angemessen?	5					
Gesamt		100					

Vertragsinhalte

Die Vertragspartner müssen sich darüber einigen, welche Inhalte in den Vertrag aufgenommen werden sollen. Dabei bestehen Unterschiede zwischen Werk- und Dienstvertrag. Die Frage, welche Vertragsart gewählt wird, hängt von der Art der Aufgabe, aber auch den definierten Zielen ab. So kommt für eine Leistung, deren Ziel nicht klar definiert ist, ein Werkvertrag nicht in Frage, denn dieser setzt eine Leistungsdefinition voraus. Andererseits werden gelegentlich Aktivitäten, die sich im Wesentlichen über die Zeit definieren, durch einen Werkvertrag kontrollfähig gemacht. Dann besteht für den Auftragnehmer ein wesentlich größeres Interesse, eine Zufriedenheit des Auftraggebers zu erzielen.

Grundcharakteristikum des **Dienstvertrags** ist das Bemühen des Auftraggebers über einen bestimmten Zeitraum. Dabei muss keine exakte Leistung erbracht werden, das Bemühen ist ausreichend, und zwar über einen definierten Zeitraum. Geht es beispielsweise um Schulungstätigkeiten oder eine inhaltlich nicht zu definierende Mitarbeit in einem Projektteam (z. B. auch für kreative und administrative Leistungen), wird ein Dienstvertrag geschlossen. Der Auftraggeber erhält damit keine Gewähr für eine zufrieden stellende Leistung, sollte sich daher im Vertrag um Regelungen bemühen, die auf eine zielorientierte Arbeit hinwirken. Es ist übrigens nutzlos, einen inhaltlich als Dienstvertrag erkennbaren Vertrag nur Werkvertrag zu nennen, um auf den Auftraggeber entsprechenden Druck ausüben zu können.

Werkverträge sind erfüllt, wenn eine definierte Leistung erbracht wurde. Dabei ist gleichgültig, wie viel Aufwand dafür erforderlich war. Der Auftraggeber ist meist in der besseren Position, weil er die Möglichkeit hat, Nachbesserungen zu verlangen. Da Projektziele immer gewissen Unsicherheiten unterliegen, entsteht dadurch eine erhebliche Ungewissheit über die erfolgreiche Abnahme der Leistung. Übertrieben anspruchsvolle Definitionen wirken letztlich demotivierend und führen zur Ablehnung des Vertrages durch den Auftragnehmer. Zudem ist nicht immer klar, welche Leistung genau der Vertragspartner erbringen soll, zumal sich die Aufgabenzuteilung noch ändern kann. Auf jeden Fall ist für die Erstellung eines Werkvertrags eine genaue Projektplanung mit Anforderungsdefinition/Pflichtenheft und Strukturplanung/Aufgabenpaketen erforderlich. Die Flexibilität des Einsatzes des Auftragnehmers kann eingeschränkt sein.

Checkliste 10: Vertragsinhalte

Diese Checklisten (für Werk- und Dienstverträge) enthalten wichtige Vertragsinhalte für das Engagement externer Projektmitglieder. Mit ihrer Hilfe kann festgestellt werden, welche Inhalte in einen Vertrag aufzunehmen sind.

Werkvertrag	Rele-vant?	Erle-digt?

Leistungsbeschreibung

Wo muss der Auftragnehmer die Leistung erbringen?

Wann und wie wird die Mangelfreiheit der Leistung bestimmt?

Welche Arbeitsmittel/Daten/Arbeitsplätze werden dem Auftragnehmer zur Verfügung gestellt?

Muss die Leistung persönlich erbracht werden oder darf der Externe Vertreter einsetzen?

Welche Normen/Regeln (auch betriebsinterne Vorschriften und Anweisungen) müssen eingehalten werden?

Honorar

Wird das Honorar pauschal/pro Stunde/pro Tag/pro Monat/bei Erfolg gezahlt?

Wie hoch ist das Gesamthonorar (max./Schätzung)? Sind Nachverhandlungen (unter welchen Bedingungen?) möglich?

Werden zusätzlich zum Honorar Sozialabgaben gezahlt? Falls ja, an wen?

Wann wird es gezahlt (nach Abschluss, Abschlagszahlungen)?

Werden Prämien für besondere Leistungen (z. B. Termineinhaltung) gezahlt?

Werden Spesen ersetzt? In welchem Rahmen (Bahnfahrten, Pauschalen)?

Zeit

Wie lange dauert das Projekt?

Wann beginnt es? Ist der Termin gesichert oder an Bedingungen geknüpft?

Bis zum wievielten Tag vor dem planmäßigen Beginn kann das Projekt ohne Schadensersatz abgesagt werden?

Wie wird die Mitarbeit bei einer Verlängerung geregelt? Wann und wie kann der Vertrag frühzeitig beendet werden?

Regelungen bei Leistungsstörungen

In welchem Umfang kann der Auftraggeber Nachbesserungen verlangen? Welche Fristen sind einzuhalten?

Kann der Auftraggeber Nachbesserungen selbst vornehmen?

Wird die Nachbesserung ausgeschlossen wegen Fristablauf (fixes Projektende)?

Welches Ausfallhonorar wird gezahlt, wenn das Projekt nicht stattfindet oder abgebrochen wird?

Muss der Auftragnehmer Schadensersatz zahlen, wenn er die Leistung nicht erbringt?

Werkvertrag	Rele-vant?	Erle-digt?
Wettbewerbsklausel		
Wird eine Tätigkeit des Auftragnehmers für Wettbewerber während der Projektlaufzeit/nach dem Projekt ausgeschlossen?		
Unterliegt der Auftragnehmer einem Werbeverbot, wenn er durch das Projekt in Kontakt mit Kunden des Auftraggebers kommt?		
Verhältnis Auftraggeber/Auftragnehmer		
Gibt es ein Weisungsrecht des Auftraggebers?		
Bestehen Ansprüche auf eine weitere Beschäftigung/Auftragserteilung?		
Ist der Auftraggeber der einzige des Auftragnehmers?		
Geheimhaltung		
Wie lange sind Unterlagen aus dem Projekt aufzubewahren?		
In welchem Maße darf der Auftragnehmer persönliche Daten einsehen, wie muss er sich im Hinblick auf Datenschutz verhalten?		
Wie wird die Verschwiegenheit geregelt? Muss eine Konventionalstrafe bei Verstoß gezahlt werden?		
Dürfen Projektergebnisse vom Auftragnehmer veröffentlicht werden?		
Müssen Informationen über die Geschäftsbeziehung/den Vertrag geheim gehalten werden?		
Urheberrecht		
Wer hat das Urheberrecht an Ideen des Auftragnehmers?		
In welchem Umfang/wie lange können Entwicklungen des Auftragnehmers vom Auftraggeber genutzt werden?		
Wie wird der Auftragnehmer an Schutzrechten aus Teamentwicklungen beteiligt?		

Dienstvertrag	Rele-vant?	Erle-digt?
Leistungsbeschreibung		
Welche Dienstleistung soll erbracht werden? Womit befasst sich das Projekt?		
An welche Richtlinien/Konzepte ist der Auftragnehmer gebunden?		
Honorar		
Wird das Honorar pauschal/pro Stunde/pro Tag/pro Monat gezahlt?		
Wie hoch ist das Gesamthonorar?		
Bei Pauschalhonorar: Welche Honorierung erfolgt bei Überschreiten der geplanten Projektdauer?		
Werden zusätzlich zum Honorar Sozialabgaben gezahlt? Falls ja, an wen?		
Wann wird es gezahlt (nach Abschluss, Abschlagszahlungen)?		
Werden Spesen ersetzt? In welchem Rahmen (Bahnfahrten, Telefongebühren)?		
Zeit		
Wie lange dauert das Projekt? Ist der Vertrag an die Projektdauer gebunden oder an eine feste Zeitvorgabe?		
Wann beginnt es? Ist der Termin gesichert oder an Bedingungen geknüpft?		
Kann das Projekt ohne Schadensersatz vom Auftraggeber abgesagt werden?		
Falls ja, bis zum wievielten Tag vor Projektbeginn?		
Wie hoch ist das Ausfallhonorar bei Absage des Projekts?		
Wie wird die Mitarbeit bei einer außerplanmäßigen Verlängerung geregelt?		
Kündigungsregelungen		
Unter welchen Bedingungen kann der Auftragnehmer während der Projektlaufzeit kündigen?		
Welche Schadensersatzforderungen kommen dann in Frage?		
Werden gesetzliche Kündigungsregelungen übernommen?		
Wettbewerbsklausel		
Wird eine Tätigkeit des Auftragnehmers für Wettbewerber während der Projektlaufzeit/nach dem Projekt ausgeschlossen?		
Unterliegt der Auftragnehmer einem Werbeverbot, wenn er durch das Projekt in Kontakt mit Kunden des Auftraggebers kommt?		

Dienstvertrag	Rele-vant?	Erle-digt?
Verhältnis Auftraggeber/Auftragnehmer		
Gibt es ein Weisungsrecht des Auftraggebers? Besteht dies fachlich/ disziplinarisch?		
Bestehen Ansprüche auf eine weitere Beschäftigung/Auftragserteilung?		
Ist der Auftraggeber der einzige des Auftragnehmers?		
Geheimhaltung		
Wie lange sind Unterlagen aus dem Projekt aufzubewahren?		
In welchem Maße darf der Auftragnehmer persönliche Daten einsehen, wie muss er sich im Hinblick auf Datenschutz verhalten?		
Wie wird die Verschwiegenheit geregelt? Muss eine Konventionalstrafe bei Verstoß gezahlt werden?		
Dürfen Projektergebnisse vom Auftragnehmer veröffentlicht werden?		
Müssen Informationen über die Geschäftsbeziehung/den Vertrag geheim gehalten werden?		
Urheberrecht		
Können Ideen/Entwicklungen des Auftragnehmers vom Auftraggeber genutzt werden? Falls ja, wie lange und in welchem Umfang?		
Wie wird der Auftragnehmer an Schutzrechten aus Teamentwicklungen beteiligt?		

Beratungsprojekte

Eine besondere Art der Zusammenarbeit mit Externen betrifft die Beratungsprojekte. Wie schon der Überblick über gescheiterte Projekte im zweiten Kapitel zeigte, kommt es hier oft zu Problemen, nicht nur was die erzielte Leistung, sondern auch was die Auftragsvergabe angeht. Beratungsprojekte (sofern sie nicht von internen Beratern durchgeführt werden) nehmen eine Sonderstellung ein, weil es sich zwar um Externe in einem Projekt handelt, aber in der Regel keine Mitarbeiter des Auftraggebers in das Projektteam eingebunden sind. Zudem sind meist hohe Auftragsvolumina betroffen, die einer besonders sorgfältigen Analyse bedürfen. Beratungsprojekte sind dadurch als ein Sonderfall zu behandeln, der geeignete Maßnahmen der Steuerung von vor allem Effizienzkontrolle bedarf.

a) Prinzipien der Beraterauswahl

Die Auswahl geeigneter Berater stellt vielfach schon das erste Problem dar. Dabei ist noch zu berücksichtigen, wer den Anstoß für das Beratungsprojekt gibt. Vielfach geschieht dies aufgrund akquisitorischer Bemühungen des Beraters. Dieser Fall kann hier jedoch nicht betrachtet werden, weil die Projektzielsetzung als Ausgangsbasis verwendet wird. Das heißt es erfolgt zuerst die Entscheidung für ein Beratungsprojekt, basierend auf einer erkannten Problemsituation, und dann die Auswahl eines geeigneten Beraters.

Der Auswahlprozess für Berater sollte zwei Prinzipien berücksichtigen:

- **Mehrpersonenentscheidung** (auch „Vier-" oder „Sechs-Augen-Prinzip") und
- **Transparenz.**

Nicht selten wird die Vergabe von Beratungsaufträgen mit dem „Handschlag auf dem Golfplatz" verbunden, das heißt persönliche Bindungen zwischen Auftraggeber und -nehmer spielen eine zentrale Rolle. In einem solchen Fall ist nicht zu gewährleisten, dass die Auswahl nach objektiven Kriterien erfolgt.

Die Einbeziehung mehrerer Personen, vor allem der Mitglieder des Lenkungsausschusses bzw. des Projektbüros, stellt sicher, dass eine umfassende Bewertung der Auftragnehmer erfolgen kann. Vor allem kommen Kriterien unterschiedlicher Art zum Einsatz, z. B. wirtschaftliche, leistungsbezogene, psychologische. Eine einfache Regel kann hier lauten, den Auftrag immer nur durch drei Personen gleichzeitig vergeben zu dürfen.

Beispiel zur Vergabe von Beratungsaufträgen

Ein Großunternehmen vergibt regelmäßig Beratungsaufträge im Volumen von mehreren Millionen Euro pro Jahr. Je nach Bereich erfolgte die Vergabe nach unterschiedlichen Kriterien, maßgebend waren die Vorstellungen des jeweils Verantwortlichen. Die interne Revision stellte erhebliche Unterschiede bei den gezahlten Tageshonoraren fest, ebenso wurde die Kontrolle der Projekte unterschiedlich und eher nachlässig gehandhabt.

Man erkannte ein erhebliches Einsparungspotenzial, zum einen was die Höhe der Honorare, zum anderen was die Auftragsvergabe an Externe überhaupt angeht. Im Zentraleinkauf wurde eine Stelle eingerichtet, die speziell für den Einkauf von Beratungs- und vergleichbaren Dienstleistungen verantwortlich ist. Alle Beratungsaufträge müssen nun über diese Stelle abgewickelt werden, die dadurch einen Überblick über Auftragsvolumina, Honorarsätze usw. erhält. Sie beschäftigt sich systematisch mit der Auswahl von Beratern und analysiert auch Berichte über Kundenzufriedenheit und Erfolg.

In das **Auftragsvergabeteam** können z. B. folgende Personen einbezogen werden:

- Facheinkäufer Dienstleistungen/Beratung (Einkaufsabteilung)
- zuständiger Abteilungs-/Bereichsleiter

- Mitarbeiter des Projektbüros
- erfahrener Projektleiter
- Mitglied der Geschäftsführung

Das zweite Prinzip der **Transparenz** wird einerseits durch die transparente Auftragsvergabe, andererseits auch durch eine transparente Leistungsbewertung, die dann Grundlage einer weiteren Vergabe oder Nichtvergabe von Aufträgen ist, gewährleistet. Die Auftragsvergabe wird dabei nicht geheim (z. B. ad hoc durch Geschäftsführer), sondern im Voraus angekündigt und unter Einbeziehung weiterer Personen, vorgenommen. Zusätzlich ist es sinnvoll, die Entscheidung zu dokumentieren, also die Gründe für die Auftragsvergabe sowie die Inhalte der Vereinbarung im Unternehmen zu kommunizieren. Auf diesem Wege lassen sich im Falle von Managementberatungsprojekten zudem interne Widerstände eingrenzen.

Die Leistung des Auftragnehmers sollte ähnlich transparent gemacht werden, vor allem im Hinblick auf die Vergabe von Folgeaufträgen. Dazu gehören die Kommunikation des jeweiligen Abschlussberichts bzw. besser noch eigene Erhebungen zum Erfolg des Projekts.

b) Prozess der Auftragsvergabe

Ein transparenter Vergabeprozess berücksichtigt mehrere Stufen, die der näheren Analyse und schließlich Entscheidung dienen. Je komplexer das zu vergebende Projekt ist, desto komplexer kann und muss auch der Vergabeprozess sein. Er muss auch die in der Regel mangelnde Transparenz des Beratermarkts berücksichtigen. Folgender dreistufiger Prozess bietet sich für umfangreichere Projekte an:

1. Erstellung einer Longlist

Auf der Grundlage einer Marktrecherche werden die potenziellen Auftragnehmer ausgewählt, die allgemeine formale Kriterien erfüllen. Dazu gehören z. B. die grundsätzliche personelle und intellektuelle Kapazität, Erfahrung in der Branche, ggf. räumliche Nähe, Erreichbarkeit u. Ä. Grundlage dafür sollten möglichst umfassende Verzeichnisse von Unternehmen sein, wie sie etwa von Dienstleistern im Internet oder Verbänden geführt werden. Auch die Stichwortsuche im Internet kann helfen. Auf der „langen Liste" sollten nicht mehr als zehn Unternehmen geführt werden.

2. Erstellung der Shortlist

Die Beratungsunternehmen der Longlist werden angesprochen und um nähere Informationen über einschlägige Projekterfahrungen, vorhandene Mitarbeiter, Preisvorstellungen, Vorgehensweisen usw. gebeten. Diese Informationen werden systematisch für alle Unternehmen erfasst. Wichtig dabei ist es, jeweils die gleichen Fragen zu stellen, um Verzerrungen zu vermeiden. Mit deren Hilfe wird die ursprüngliche Liste auf meist drei Unternehmen reduziert, die insgesamt am besten geeignet erscheinen.

3. Individuelle Verhandlung

Die ca. drei Unternehmen der Shortlist werden zu persönlichen Gesprächen bzw. einer Kurzpräsentation eingeladen. Dabei sollen mehrere Mitarbeiter des Auftraggebers die Gelegenheit haben, Fragen zu stellen und sich eine Meinung zu bilden. In diesem Rahmen wird das zu vergebende Projekt konkret angesprochen, es kann auch nach ersten Lösungsansätzen gefragt werden (Fairnessgebot beachten, das heißt keine kostenfreie Beratung im Rahmen eines Vorstellungstermins verlangen!). Im Anschluss an alle Gespräche wird dann eine Teamentscheidung über die Auftragsvergabe getroffen.

c) Individuelle Bewertung von Beratern

Im Rahmen des individuellen Verhandlungsprozesses kann eine Vielzahl von Einzelkriterien für die Auswahlentscheidung eingesetzt werden. Als Unterstützung bietet sich die Entwicklung einer Checkliste an, wie etwa die im Folgenden gezeigte.

Checkliste 11: Auswahl von Beratern

Diese Checkliste führt wichtige Kriterien für die Auswahl von externen Beratern auf. Mit ihrer Hilfe kann eine umfassende Bewertung erzielt werden. Eine Verdichtung zu Punktwerten kann vorgenommen werden, bietet sich aber nicht unbedingt an, da viele Kriterien letztlich als Ausschlusskriterien einzustufen sind.

Kriterium	Geklärt?
Verfügt das Beratungsunternehmen über ausreichende Erfahrung in der Branche?	
Über welche Qualifikation verfügen die Mitarbeiter?	
Ist beim Erstkontakt ein angenehmer persönlicher Eindruck entstanden?	
Gibt es einschlägige Referenzkunden, die kontaktiert werden können?	
Inwieweit wird auf die individuellen Projektvorgaben eingegangen?	
Wie wird intern die Qualität sichergestellt? Gibt es ein eigenes Qualitätsmanagement? Werden Kundenzufriedenheitsbefragungen durchgeführt? Welche Kontrollmechanismen werden eingebaut?	
Wird zugesichert, welcher Mitarbeiter mit welchen Aufgaben betraut wird?	
Nach welcher Systematik wird gearbeitet? Gibt es eine einheitliche Vorgehensweise? Werden bestimmte Verfahren und Techniken eingesetzt?	
Ist die Vorgehensweise für den Auftraggeber verständlich?	
Wer übernimmt beim Auftragnehmer die Gesamtverantwortung für das Projekt?	
Wird ein Probekonzept/eine Arbeitsprobe angefertigt?	
Wie groß sind die personellen Kapazitäten? Können Personalausfälle ausgeglichen werden?	
Erfolgt eine innerbetriebliche Weiterbildung? Sind die Themen für das Projekt relevant?	
Inwieweit werden Normen und Standards berücksichtigt/eingehalten bzw. sind sie überhaupt bekannt?	
Existieren Ethikstandards? Welche Regelungen werden dabei getroffen? Wie wird die Einhaltung kontrolliert?	
Werden die Kosten transparent aufgeschlüsselt?	
Lässt sich ein erfolgsabhängiges Honorar vereinbaren?	
Welcher Preis wird kalkuliert?	
Kann der Auftrag in mehreren Stufen vergeben werden? Welche Zwischenstufen können vereinbart werden?	
Bestehen persönliche Kontakte zu Mitarbeitern des Auftraggebers?	
Kann ein (unerwünschtes) Interesse an der Vermarktung weiterer Leistungen wie IT-Dienstleistungen bestehen?	

4.3 Personal- und Kommunikationsmanagement

4.3.1 Personalauswahl

Projektleistungen sind in hohem Maße von den Leistungen einzelner Mitarbeiter und deren Zusammenspiel abhängig. Da ein Projekt zeitlich befristet ist, bietet sich wenig Zeit für eine Einarbeitung oder ein Aneinandergewöhnen. Der Projektleiter bzw. Lenkungsausschuss muss sich daher frühzeitig Gedanken über die geeigneten Mitarbeiter machen und kann nicht auf ein Zusammenwachsen während des Projekts hoffen.

Die **Auswahlentscheidung** muss zwei wesentliche Faktoren berücksichtigen:

* Welchen fachlichen Beitrag leisten die Mitarbeiter im Projekt?
* Welchen Beitrag leisten sie für die Zusammenarbeit des Teams?

In der Praxis spielt natürlich die Frage der Verfügbarkeit eine ebenso wichtige Rolle, doch kann durch frühzeitige Planung und Absprache mit den jeweiligen Linienabteilungen Vorarbeit geleistet werden. Mitunter ist es für Projektleiter hilfreich, Linienmanager mit in den Lenkungsausschuss zu berufen, um ihre Unterstützung sicherzustellen.

Projektmitarbeiter können anhand der beiden zentralen Auswahldimensionen in einem Diagramm „verortet" werden (Abbildung 4.30). Dieses wird zwar den individuellen Qualifikationen und Charaktermerkmalen der Personen nicht gerecht, hilft aber bei der Zusammenstellung eines Teams. Es ist zwar verlockend, ein Team aus hoch qualifizierten Spezialisten zusammenzustellen, die genau die Anforderungen erfüllen, die im Lastenheft stehen. Praktisch funktioniert es aber nie, weil nicht alle Aufgaben vorhersehbar sind und Generalisten benötigt werden, die flexibel Troubleshooting betreiben können. Ebenso ist die Teamorientierung kritisch zu sehen. Während ein Projekt zwar auf einer guten Zusammenarbeit basiert, müssen aber auch teils sehr spezielle Einzelaufgaben erledigt werden, auf die sich eine Einzelperson mit hohem Verantwortungsbewusstsein konzentrieren muss.

In der Regel lässt sich daher eine **optimale Teamstruktur** an einem ausgewogenen Mix von fachlichen Generalisten und Spezialisten sowie Teamarbeitern und Einzelkämpfern erkennen. Wo Schwerpunkte zu setzen sind, hängt vom Projektinhalt ab. Kreative und gestalterische Projekte benötigen eine andere Teamstruktur als technologisch anspruchsvolle.

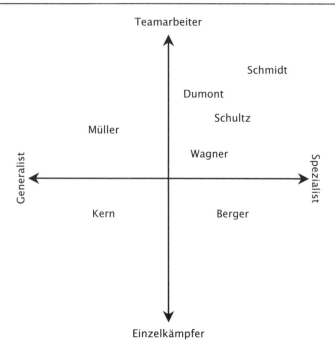

Abbildung 4.30: Projektmitarbeitertypendiagramm

Das Verhalten der Mitarbeiter in Projekten ist immer wieder Thema kritischer Diskussionen. Dabei lässt sich auch regelmäßig feststellen, dass die Mitarbeiter bestimmte Rollen einnehmen, die für den Projekterfolg mehr oder weniger förderlich sind. Der Projektleiter ist gefordert, dieses Rollenverhalten zu erkennen und in geeigneter Weise zu steuern. Während einzelne Mitarbeiter eher zu motivieren sind, müssen andere in ihrem Tatendrang gebremst werden. Teilweise muss auf mehr Teamarbeit hingearbeitet werden, teilweise ist die Eigenverantwortung zu stärken.

Um diese Identifikationsleistung zu erleichtern, werden hier einige Typen in leicht überzeichneter Form dargestellt. Unter den Mitarbeitern aus dem eigenen Unternehmen finden sich meist folgende:

Der Zwangsdelegierte – Wurde aus der Linie in das Projekt delegiert und musste seine alltägliche Beschäftigung dafür unterbrechen. Dass diese ihm viel mehr Spaß macht, lässt er die Projektkollegen täglich spüren. Am liebsten wäre es ihm, das Projekt wäre sofort zu Ende, egal, ob erfolgreich oder nicht.

Der Karrierist – Macht gerne in Projekten mit und nutzt sie als Bühne für die Selbstdarstellung. Erfolg ist das Wichtigste für ihn, er engagiert sich daher weit überdurchschnittlich. Darunter leidet die Teamorientierung, auf die der Projektleiter achten muss.

Der Experte – Interessiert sich für „die Sache", arbeitet sich schnell in neue Fachthemen ein, wenn er nicht schon den Überblick hat. Achtet weniger auf Termine und Kosten, mehr auf Leistung und Qualität. Muss geschickt in das Team integriert werden, kann das Projekt dann aber gut voranbringen.

Der Assistent – Will nie im Mittelpunkt stehen, aber immer nützlich sein. Braucht jemanden, der ihm sagt, wo es langgeht. Übernimmt auch Tätigkeiten, die sonst verschmäht werden, etwa das Verfassen von Protokollen oder die Erstellung des Projekthandbuchs.

Der Entertainer – Legt viel Wert auf eine angenehme Zusammenarbeit. Ist sehr humorvoll und bemüht sich um eine gute Stimmung, verlässt dabei oft das Thema. Motto: „Ein bisschen Spaß bei der Arbeit muss sein."

Werden auch Externe eingesetzt, dann ist zusätzlich deren Rollenverhalten zu beachten:

Der Interessenvertreter – Sitzt für irgendeine Firma im Projekt und fühlt sich eher dieser als dem Projekt verpflichtet. Blockiert gerne Entscheidungen, wenn sie nicht im Interesse seiner Firma sind. Achtet eher darauf, dass „alles gut läuft", als dass er selbst aktiv wird.

Der Überaktive – Ist grundsätzlich in Eile, kommt tendenziell zu spät und spricht von anderweitigen Terminen. Zeigt allen, wie gut er beschäftigt ist und dass sie froh sein müssen, dass er überhaupt Zeit für das Projekt findet. Streut einzelne Gedanken ein, überlässt die Detailarbeit aber gerne anderen.

Der Unsichere – Findet sich nur sehr langsam in das Projektteam ein, wartet erst einmal ab, was passiert und wer welche Rolle übernimmt. Bearbeitet gerne Aufgaben, die ihm zugewiesen werden, achtet auf Termintreue und andere Formalien. Kreative und strategische Gedanken sind nicht seine Sache.

Der Auftragsjäger – Denkt immer einen Schritt voraus, was für ihn einen Folgeauftrag bedeuten kann. Präsentiert sich gerne als Troubleshooter und bietet gleich neue Leistungen an. Neigt dabei aber eher dazu, Probleme zu finden und zu verlängern, als sie zu lösen.

Der immer Freundliche – Passt sich schnell an neue Gegebenheiten an, ist nett und freundlich zu jedem. Keine Führungspersönlichkeit, aber ein fleißiger Arbeiter. Sieht sich im Projekt in der Rolle des Gastes, der sich der Gastfreundschaft der anderen verpflichtet fühlt. Man weiß aber nicht immer, was er wirklich denkt.

Der Berater – Sieht sich in seiner Rolle als Externer in einer herausgehobenen Position. Ist zwar nicht der Projektleiter, will aber fachlich führend sein. Mischt daher auch oft in anderen Aufgabenbereichen mit, die ihm eigentlich nicht zugeordnet sind. Muss eher gebremst als motiviert werden.

In längerfristig angelegten Projekten, die eine systematische Personalplanung ermöglichen, bietet es sich an, eine **Projektstellenbeschreibung** anzufertigen. Sie
legt fest, welche Funktionen im Projekt zu erbringen sind und welche Anforderungen die jeweiligen Mitarbeiter dafür erfüllen müssen. Vor allem, wenn auch
externe Mitarbeiter einbezogen werden sollen, sorgt dieses Vorgehen für Klarheit.
Dieser Stellenplan orientiert sich inhaltlich am Projektstrukturplan und muss
daher auf ihn abgestimmt sein.

Projekt Erstellung der Dokumentation zum Produktdesign			
Stellenplan			
Projektmitarbeiter 1	**Projektmitarbeiter 2**	**Projektmitarbeiter 3**	**Projektmitarbeiter 4**
Funktion:	**Funktion:**	**Funktion:**	**Funktion:**
Grafik/ Bildbeschaffung/ Layout	Texterstellung	Recherche intern	fachliche Beratung
Qualifikation:	**Qualifikation:**	**Qualifikation:**	**Qualifikation:**
Grafiker oder Fotograf	Autor für Fach-themen (Design, Wirtschaft)	Vertrautheit mit Unternehmen, Designabteilung	Produktgestalter, längere Firmenzu-gehörigkeit
Aufgaben:	**Aufgaben:**	**Aufgaben:**	**Aufgaben:**
kreative Gestaltung des Buches, Beschaf-fung und Bearbei-tung der Bildquellen, Koordination mit Druckerei, Beauftragung von Fotografen, Erstellung der Druckdatei	Verfassen der Einlei-tung und Zusam-menfassungen, schriftliche Kommentierung der Designentwicklun-gen, Beschaffung und Verarbeitung von Hintergrundin-formationen	Beschaffung von benötigten Informa-tionen im Unter-nehmen, Protokollierung von Interviews mit Designern, Redigieren von Texten, Bereitstellung von Fotomustern	Prüfung der Texte auf inhaltliche Rich-tigkeit, Weitergabe von Anregungen, Mitwirkung bei der inhaltlichen Konzeption
Mitarbeit:	**Mitarbeit:**	**Mitarbeit:**	**Mitarbeit:**
Interner, parallel zu Linienfunktion, regelmäßige Freistel-lung gesichert	Externer, selbst-ständiger Autor	Interner, parallel zu Linienfunktion, wird auf Abruf tätig	Interner, nimmt an Teambesprechungen und Kreativsitzun-gen teil, sonst nach Bedarf

Abbildung 4.31: Beispiel eines Projektstellenplans

Beispiel eines Dokumentationsprojekts

In einem konsumgüterproduzierenden Unternehmen soll ein Buch verfasst werden, das die Designgeschichte dokumentiert. Das Bildmaterial kann nur intern beschafft bzw. erstellt werden, für den Text wird aber ein Externer eingesetzt, der in diesem Bereich Erfahrung hat. Im Unternehmen gibt es mangels entsprechender Erfahrungen keine solche Person. Zudem verspricht man sich dadurch eine schnellere Erstellung der Texte.

Zu den vier Beteiligten, von denen Grafiker und Autor die wesentlichen Aufgaben übernehmen, kommt die Projektleiterin, die Direktorin Corporate Communications. Diese Entscheidung ist nicht unproblematisch, da sie aufgrund der hierarchischen Position nicht „neutral" sein kann. Insgesamt stand hier aber der Gedanke im Vordergrund, den Gesamtaufwand so gering wie möglich zu halten. Abbildung 4.31 stellt den zugehörigen Stellenplan dar.

Der Umfang der Stellenbeschreibungen für ein Projekt muss dem Umfang angemessen, das heißt weniger umfangreich sein als für eine Linienstelle. Der Stellenplan muss vor Projektstart erstellt werden, also auch bevor die einzelnen Posten vergeben werden. Zuständig ist die Projektleitung bzw. der Lenkungsausschuss, je nachdem, wann der Plan erstellt wird und die nötigen Informationen zur Verfügung stehen.

4.3.2 Projektkommunikation

Die Bedeutung der Kommunikation auch für Projekte muss heute nicht mehr betont werden. Eine besondere Bedeutung erhält sie, wenn es sich um ein virtuelles Projekt handelt, bei dem alle Beteiligten an verteilten Orten arbeiten und nur über Inter-/Intranet bzw. Telefon kommunizieren. Dann ist die Kommunikationsinfrastruktur die Grundlage für ein Funktionieren der Zusammenarbeit.

Aber auch in einem „realen" Projekt ist die Kommunikation ein Erfolgsfaktor. Daher sollte möglichst frühzeitig festgelegt werden,

- welche Kommunikationsmittel überhaupt eingesetzt werden,
- welche Mitteilungen
- von wem und an wen
- wie oft

erforderlich sind (Abbildung 4.32). Auf dieser Grundlage lässt sich entscheiden, wie die Kommunikationsinfrastruktur aufzubauen ist.

> **!** Dazu gehört auch, nicht zu viele Medien anzubieten, die dann gar nicht oder nur unzureichend genutzt werden oder die Kommunikation in falsche Bahnen lenken. Beispielsweise kann ein hohes Maß an Elektronisierung (Einsatz von Inter- und Intranet) dazu führen, dass kleinere Abstimmungen nicht mehr mündlich erfolgen, was aber oftmals ausreichen würde. Zudem gewinnen die Projektmitglieder durch persönliche Absprache mehr Einblick in die Tätigkeiten der anderen und können diese Kenntnisse für ihre eigene Arbeit benutzen.

Wenn also eine intensive Teamarbeit geplant und zudem davon auszugehen ist, dass die Teammitglieder sich aufgrund unterschiedlicher Vorkenntnisse gegenseitig unterstützen, dann ist die Einrichtung eines projektinternen Kommunikationssystems kontraproduktiv. Wenn aber einzelne Mitglieder an anderen Orten arbeiten (in Niederlassungen, beim Kunden, in eigenen Büros usw.), dann sind Mailverkehr, Projektforen u. Ä. mitunter existenziell wichtig.

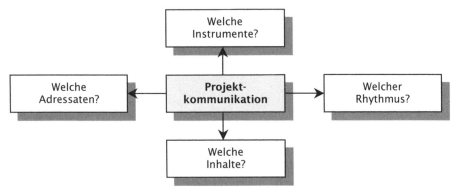

Abbildung 4.32: Zentrale Fragen der Projektkommunikation

Das Projektkommunikationssystem

Je nach Niveau der Ausgestaltung können verschiedene Stadien der Kommunikation im Projekt identifiziert werden (Abbildung 4.33). Sie spiegeln die technologische Entwicklung in der Kommunikation, sind aber alle heute noch anzutreffen.

Insbesondere die derzeit umfassendste Variante (Stadium 5), das internetbasierte Projektportal, eignet sich hervorragend für die Steuerung verteilter Teams, die entweder nur aus Externen mit unterschiedlichen Arbeitsorten bestehen oder zumindest den einen oder anderen integrieren müssen.

In welcher Form das Kommunikationssystem aufgebaut wird, hängt natürlich vom Umfang des Projekts, der Zahl der Teilnehmer und vor allem auch den Arbeitsorten ab. Ein dreitägiges Projekt, das im Wesentlichen in einem Büroraum stattfindet, benötigt keine internetbasierte Infrastruktur, alle relevanten Informationen können persönlich kommuniziert oder in Ordnern oder Ablagekörben abgelegt werden. Liegt die Projektdauer bei mehreren Monaten und sind mehrere Externe mit entfernten Arbeitsorten beteiligt, dann sollte in ein Projektportal auf Internetbasis investiert werden. Hierdurch entsteht zwar bei der Entwicklung eine gewisse zeitliche und finanzielle Hürde, im Projektverlauf ist aber mit erheblichen Kosteneinsparungen und Kommunikationsgewinnen zu rechnen. Zudem ergibt sich meist eine positive Wirkung auf die Mitarbeiterzufriedenheit.

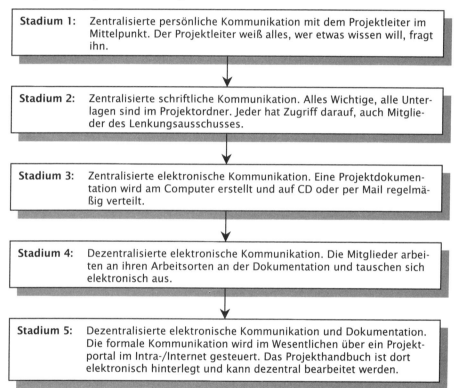

Stadium 1: Zentralisierte persönliche Kommunikation mit dem Projektleiter im Mittelpunkt. Der Projektleiter weiß alles, wer etwas wissen will, fragt ihn.

Stadium 2: Zentralisierte schriftliche Kommunikation. Alles Wichtige, alle Unterlagen sind im Projektordner. Jeder hat Zugriff darauf, auch Mitglieder des Lenkungsausschusses.

Stadium 3: Zentralisierte elektronische Kommunikation. Eine Projektdokumentation wird am Computer erstellt und auf CD oder per Mail regelmäßig verteilt.

Stadium 4: Dezentralisierte elektronische Kommunikation. Die Mitglieder arbeiten an ihren Arbeitsorten an der Dokumentation und tauschen sich elektronisch aus.

Stadium 5: Dezentralisierte elektronische Kommunikation und Dokumentation. Die formale Kommunikation wird im Wesentlichen über ein Projektportal im Intra-/Internet gesteuert. Das Projekthandbuch ist dort elektronisch hinterlegt und kann dezentral bearbeitet werden.

Abbildung 4.33: Entwicklung der Instrumente der Projektkommunikation

Der Begriff „Projektportal" soll verdeutlichen, dass es eine zentrale und für alle offene Informationsplattform gibt. Neben den unterschiedlichen Kommunikationswegen, die internetbasiert angeboten werden können, spielt auch die umfassende Verfügbarkeit der Informationen eine Rolle. Problematisch ist oft genug die Weitergabe von Informationen, aber auch das Wissen über deren Existenz. Werden sie jedoch in strukturierter Form bereitgestellt, kann kein Verfügbarkeitsnachteil mehr entstehen.

Der Umfang eines solchen Projektportals muss individuell bestimmt werden. Es bietet sich an, aus der Aufstellung der Elemente in diesem Kapitel diejenigen auszuwählen, die in der jeweiligen Situation in Frage kommen. Das heißt konsequenterweise auch, das wegzulassen, was keinen Nutzwert hat.

Checkliste 12: Bausteine des Projektportals

Diese Checkliste führt Elemente auf, die in ein Projektportal integriert werden können. Mit ihrer Hilfe lässt sich ein solches Portal konzipieren.

Element	Erfor-derlich?	Vorhan-den?
Ablage In diesen Bereich gehören alle Materialien, die projektbezogen sind und auf die zumindest gelegentlich zurückgegriffen werden muss. Der Projektfortschritt wird dokumentiert. Im Einzelnen gehören dazu:		
Relevante **Verträge** mit Auftraggeber(n).		
Protokolle der Projektsitzungen und Präsentationen.		
Terminübersicht: Abschluss der Teilprojekte, Präsentationstermine, Sitzungstermine.		
Berichte über den **Projektfortschritt** und ggf. einzelne Problembereiche.		
Bei technischen Projekten: **Materialien/Zeichnungen** von erstellten Bauteilen/Elementen, insbesondere, wenn andere Mitglieder damit weiterarbeiten müssen (Schnittstellen).		
Know-how Der Bereich Know-how ist eine sinnvolle Ergänzung, wenn das Projekt ein erhebliches Fachwissen benötigt. Die Teilnehmer können damit schnell auf Ressourcen zugreifen, Suchaufwand wird gespart. In diesem Zusammenhang können auch Ergebnisse vergangener Projekte zugänglich gemacht werden.		
Wesentlicher Bestandteil sind **Fachartikel** aus Zeitschriften und Sammelbänden sowie **Berichte eigener Mitarbeiter**. Gegebenenfalls kann auch an einen (möglicherweise kostenpflichtigen) Zugriff auf Artikeldatenbanken und Loseblattsammlungen gedacht werden.		
Ergänzend bieten sich **Abschlussberichte von Projekten** mit verwandten Themen an.		

Element	Erforderlich?	Vorhanden?

Nachschlagewerke

Hierzu gehören alle Informationen, die nicht nur im Rahmen des Projekts relevant sind. In der Regel bestanden sie bereits vor dem Projektstart. Auf diese Informationen bzw. einen Teil davon muss aber teilweise zugegriffen werden. Meist reicht es aus, einen Link zu einer vorhandenen Quelle im Intranet des Unternehmens oder bei einem anderen Anbieter bereitzustellen. Zu den externen Quellen können z. B. Verbände, Ministerien, Hersteller, Wissensportale gehören.

Normen als verbindliche Spezifikation bei technischen Entwicklungen und zur Definition von (technischen) Schnittstellen.

Gesetze und sonstige relevante rechtliche Bestimmungen.

Handlungsanweisungen innerhalb des Unternehmens, z. B. **Lastenhefte**, allgemein gültige Vorgaben über Sicherheitsstandards, Abläufe im Zusammenhang mit Zertifizierungen, Genehmigungsprozesse, Einkaufsrichtlinien, interne Prüfvorschriften für technische Produkte, Budgetkalender.

Gestaltungsvorgaben, z. B. Regelungen im Rahmen der Corporate Identity für die Gestaltung von Werbemitteln.

Team und Ablaufplan

Insbesondere für externe Mitglieder, aber auch zur Information über diese ist diese Komponente wichtig, um persönliche Informationen zu vermitteln und die bürokratische Abwicklung zu erleichtern. Sofern an verteilten Standorten gearbeitet wird, spielt die persönliche Komponente (Lebenslauf der Teammitglieder, Fotos) eine wichtige Rolle. Im Einzelnen ist an folgende Komponenten zu denken:

Beschreibung der **Teammitglieder.**

Formulare zur Zeiterfassung (sofern für die Abrechnung relevant).

Formulare für Reisekostenabrechnungen.

Projektorganigramm mit Darstellung der Arbeitsgruppen, Teilprojekte usw.

Aufgabenbeschreibungen (Gesamtprojektdefinition, Definition der Arbeitspakete).

Aktualisierter Netzplan, soweit eingesetzt.

Element	Erfor-derlich?	Vorhan-den?
Kommunikationsfunktionen Schließlich können Kommunikationsfunktionen angeboten werden, um den Austausch unter den Projektmitgliedern zu fördern. Dies bietet sich vor allem an, wenn an unterschiedlichen Orten gearbeitet wird und/oder die Mitglieder zu unterschiedlichen (Tages-)Zeiten aktiv sind. Die Möglichkeit zur asynchronen (zeitlich versetzten) Kommunikation über Foren kann z. B. eingesetzt werden, um Zeitzonen zu überbrücken und die Kommunikation mit Mitgliedern zu erleichtern, die nur „nebenbei" am Projekt mitarbeiten.		
Forum (ggf. nach Themen gegliedert) zur asynchronen und öffentlichen Kommunikation. Hier können vor allem die Themen behandelt werden, die auch für andere Mitglieder relevant sein könnten. Entsprechend sollte jedes Mitglied Zugriff auf die Beiträge haben.		
Schwarzes Brett, d. h. die Möglichkeit, Mitteilungen an alle abzulegen. Diese Funktion sollte so gestaltet werden, dass ein schneller Zugriff darauf erfolgen kann. So kann sichergestellt werden, dass bei wichtigen Nachrichten alle Mitarbeiter schnell erreicht werden können. In diesem Zusammenhang kann es sinnvoll sein, eine Verpflichtung zum täglichen Besuch des Schwarzen Bretts einzuführen.		
Persönliche Seiten – Hier können sich die Mitglieder über die offizielle Vorstellung hinaus präsentieren, z. B. eigene Ideen zur Diskussion stellen. Wichtig ist hierbei, dass Inhalte schnell erstellt werden können.		
E-Mail – Für die individuelle Kommunikation sollte der E-Mail-Verkehr vorgesehen werden. Wickelt man diesen über ein intranetbasiertes System ab, besteht die Möglichkeit, den Abruf von Dateien zu überwachen. So lässt sich z. B. feststellen, ob ein Mitglied eine Nachricht bereits gelesen hat.		
Virtueller Konferenzraum – Dieser kann (soll aber nie ganz) die Kommunikation der ganzen Gruppe oder eines einzelnen Teams unterstützen, ohne dass z. B. die Anreise erforderlich ist. Im einfachsten Fall erfolgt dies durch einen Chatraum, es bieten sich aber auch Videokonferenzen an. Mit Hilfe dieser Funktion lassen sich auch Brainstormings durchführen, die sonst aufgrund des hohen Aufwands für die persönliche Anwesenheit unterbleiben.		

Soll ein solches **Kommunikationssystem** verwirklicht werden, sind einige **Grundsätze** zu bedenken, um nicht mehr Probleme zu schaffen als zu lösen:

- Persönliche Kommunikation darf nicht durch virtuelle ersetzt werden. Der persönliche Kontakt ist ein motivierender Faktor, so dass beide Kommunikationsarten in einem ausgewogenen Verhältnis zueinander stehen sollten. Auf jeden Fall soll zum Projektstart eine Veranstaltung mit 100-prozentiger persönlicher Anwesenheit stattfinden.

- Für den Austausch von Informationen und Daten müssen Standards festgelegt werden. Dazu gehören beispielsweise feste Rhythmen für die Berichterstattung, definierte Formate für auszutauschende Dateien, ggf. auch die Einigung auf eine Sprache bei internationalen Teams.

- Die Pflege der Kommunikationsplattform muss geregelt werden. Es muss ein Ansprechpartner für Fragen und Vorschläge vorhanden sein, der auch Fehler schnell beseitigen und benötigte Informationen ergänzen kann.

Ein Projektportal übernimmt auch die Funktion des **Projekthandbuchs**, das heißt es enthält mindestens die gleichen Inhalte. Ist die Möglichkeit der elektronischen Erstellung nicht gegeben, sollte aber zumindest auch eine „Papierversion" des Projekthandbuchs existieren, das den Mitarbeitern für alle fachlichen Fragen zur Verfügung steht.

Checkliste 13: Elemente des Projekthandbuchs

Diese Checkliste führt die Inhalte auf, die im Projekthandbuch enthalten sein sollten. Zu weiteren Erläuterungen sei auf die Checkliste 12 verwiesen.

Element des Projekthandbuchs	Erforderlich?	Vorhanden?
Verträge mit dem Auftraggeber		
Verträge mit Lieferanten		
Protokolle der Projektbesprechungen		
Termine und Definition der Meilensteine		
Projektfortschrittsberichte		
Zeit- und Netzpläne mit Aktualisierungen		
relevante Normen und Gesetze		
unternehmensspezifische Handlungsanweisungen und Richtlinien		
Lasten-/Pflichtenheft		
Vorstellung der Teammitglieder – persönlich und mit Aufgabenbeschreibung		
Projektorganigramm		

Besondere Ereignisse

Im Rahmen eines Projekts bietet es sich an, besondere Ereignisse für die Kommunikation und nicht zuletzt auch für die Förderung der Mitarbeiterzufriedenheit einzusetzen. Diese Ereignisse haben meist einen Mischcharakter aus dienstlicher

Verpflichtung und Freizeit, bieten aber einen erheblichen Nutzen für die Qualität der Zusammenarbeit. In Abhängigkeit vom Projektfortschritt sind folgende Veranstaltungen sinnvoll:

a) Kick-off-Meeting

Das Kick-off-Meeting ist ein zelebrierter Projektstart, zu dem alle Beteiligten, in erster Linie die Projektmitarbeiter, aber auch Mitglieder des Lenkungsausschusses, zusammenkommen. Das Treffen ist meist mit einem Essen, einer Präsentation o. Ä. verbunden und dient in erster Linie dem Kennenlernen und der Rollenfindung. Vor allem neue Mitglieder können in das Projektteam eingeführt werden und sich persönlich bekannt machen. Die beim Projektstart üblicherweise entstehende Formierungsphase, die die Produktivität nicht unerheblich beeinträchtigt, kann dadurch wesentlich verkürzt werden.

b) Meilensteinbesprechungen

Meilensteine werden in die Planung eingebaut, um zu einem festgelegten und geeigneten Zeitpunkt die erreichte Leistung zu bestimmen. Dieser Zeitpunkt bietet sich an, um das gesamte Team über die Entwicklung zu informieren und Rückmeldungen einzuholen. Dabei können neben der Leistung und den eventuellen Know-how-Problemen auch die interne Kommunikation und Führung ein Thema sein:

- Sofern ein Steuerungssystem wie die Balanced Scorecard eingesetzt wird, bietet sich die Kontrolle und Durchsprache der festgestellten Zwischenergebnisse an. Auf diese Basis können dann Planänderungen für die weitere Projektzeit vorgenommen werden.

- Entstandene Zeitprobleme und -verzögerungen werden analysiert und bewertet. Entsprechend kann der Zeitplan angepasst werden, ggf. werden auch Maßnahmen beschlossen, um Verzögerungen durch Mehreinsatz aufzuholen.

- Evidente Führungsprobleme (unverständliche Anweisungen des Projektleiters, demotivierende Arbeitsatmosphäre u. Ä.) werden diskutiert und nach Möglichkeit abgestellt.

- Falls Mitglieder Schwierigkeiten mit den ihnen zugewiesenen Aufgabenbereichen haben, können diese anderen Personen zugewiesen werden, um die Effektivität zu steigern.

- Bei deutlichen und unvermeidbaren Überschreitungen des Budgets kann ein neuer Budgetplan erarbeitet werden, der dem Lenkungsausschuss zur Geneh-

migung vorgelegt wird. Andernfalls sind Maßnahmen zur Kostensenkung ein-
zuleiten.

c) Teamentwicklungsveranstaltungen

Vor allem dann, wenn sich Schwierigkeiten bei der Zusammenarbeit herausstellen,
sollten Maßnahmen zur Teamentwicklung ergriffen werden. Hierzu bieten sich
kurzfristig einzuberufende Trainings zu Kommunikation und Gruppenverhalten
an. Auch fachbezogene Seminare können während der Projektlaufzeit eingesetzt
werden, um Know-how-Defizite abzubauen. Die Entscheidung dazu trägt der Projektleiter.

Besondere Bedeutung in längeren Projekten haben Motivationsmaßnahmen, die
z. B. vor oder nach Erledigung besonders schwieriger Aufgaben eingesetzt werden.
Sie wirken sich meist sehr positiv auf die Zufriedenheit der Teammitglieder aus
und lassen sich situativ einsetzen. Beispiele sind gemeinsame Ausflüge (auch mit
Abenteuercharakter) oder bezahlte Kurzreisen.

d) Abschlusstreffen

Eine Besprechung zum Abschluss dient der (nicht selten emotional geprägten)
Nachbetrachtung des Projekts, sollte aber vor allem eingesetzt werden, um die
Zielerreichung und wesentliche Probleme zu diskutieren. Solange die Erlebnisse
noch „frisch" sind, stellen sich Lerneffekte ein, die die Leistung im nächsten Projekt steigern helfen. Die Projektmitglieder sollten dazu aufgerufen werden, offen
Kritik zu üben (auch und gerade im positiven Sinne!) und Verbesserungsvorschlä-
ge zu machen, die vom Projektleiter dokumentiert werden.

4.4 Projektrisikomanagement

Die Bedeutung des Risikomanagements wurde bereits an anderen Stellen angedeu-
tet und ist auch unternehmensweit als strategisch wichtig anerkannt. Während
aber Unternehmen insgesamt relativ feste Strukturen zur Überwachung von Risiken installieren können, muss im Falle von Projekten eine jeweils individuelle
Struktur entwickelt werden. Von einem Projekt zum anderen ändern sich die Risikofaktoren und Einzelrisiken und damit verbunden auch die möglichen Vermei-
dungsstrategien. Bevor ein Risikomanagementsystem konzipiert werden kann,
müssen die möglichen Risikoarten und projektbezogenen Einzelrisiken bekannt
sein. Hierbei bestehen erhebliche individuelle Unterschiede zwischen den Projektarten und -situationen.

Zunächst muss klar sein, was ein **Risiko** ist. Es handelt sich dabei um keine besondere Erscheinung, sollte daher auch nicht als etwas Übles charakterisiert werden, das um jeden Preis zu vermeiden ist. Projekte, die sich auch größeren Risiken gegenübersehen, sind nicht automatisch abzulehnen oder zum Scheitern verurteilt, vielmehr sind die Risiken oft Existenzgrundlage für ein Projekt. So werden Projektaufträge u. a. vergeben, wenn das damit verbundene Risiko dem Auftraggeber zu groß und vom Auftragnehmer besser beherrschbar zu sein scheint. Projektteams sind dann in erster Linie Risikoträger, deren Rolle ganz besonders darin besteht, Risiken zu übernehmen und zu beherrschen. Eine zentrale Projektleistung besteht dann darin, geeignete Maßnahmen zur Risikobewältigung zu entwickeln.

Ein häufiges Problem mit Risiken besteht darin, dass sie nicht „an sich" existieren, sondern es sich um eine Eigenschaft von Ereignissen handelt. Ereignisse, die nicht sicher sind, sind **Risiken** (im negativen) oder **Chancen** (im positiven Fall). Risiken sind immer mit einem möglichen Ereignis verbunden. Eine Aussage wie: „Das ist riskant", hilft wenig, weil immer dazugesagt werden muss, wie sich diese Risiken äußern.

Risikobeispiele

Ein typisches Unternehmensrisiko sind Veränderungen bei den Wechselkursen, so dass meist von Währungsrisiken gesprochen wird. Exportiert ein Unternehmen viel und steigt der Kurs der eigenen Währung, dann sinken die Einnahmen im Ausland. Sinkt allerdings der Kurs der eigenen Währung, dann steigen die Einnahmen. Insofern handelt es sich bei der (möglichen) Wechselkursänderung um eine Chance. Das Unternehmen kann sich gegen solche Schwankungen absichern und zahlt damit eine Art Prämie dafür, keine Verluste im Falle von Wechselkursschwankungen zu erleiden. Es kann aber auch darauf spekulieren, dass es sich nicht um ein Risiko, sondern um eine Chance handelt, und auf eine Absicherung verzichten. Letztlich kommt es darauf an, wie die Risiken eingeschätzt werden.

Zu der Einschätzung der Wechselkursänderung als Risiko (und nicht als Chance) kommt noch die Einschätzung der Auswirkung und der Eintrittswahrscheinlichkeit. Man könnte auch anders sagen: „Risiko" bezeichnet nichts anderes als das Ausmaß einer negativen Wirkung eines Ereignisses multipliziert mit ihrer Eintrittswahrscheinlichkeit. Das Risiko einer Wechselkursänderung setzt sich dann z. B. aus folgenden Komponenten zusammen:

- Eine Wechselkursänderung wird als möglich, aber nicht sicher angesehen.

- Die Wechselkursänderung wird als negativ eingeschätzt.

- Die Wechselkursänderung wird zu einem Verlust von x % führen.

- Die Wechselkursänderung wird mit einer Wahrscheinlichkeit von y % eintreten.

Geeignete Maßnahmen zur Beherrschung des Risikos können nur dann eingeleitet werden, wenn x und y geschätzt werden können. Würde sich der erwartete Verlust z. B. in sehr engen Grenzen halten und wäre die Eintrittswahrscheinlichkeit sehr gering, wären Gegenmaßnahmen nicht erforderlich.

Für ein Projekt besteht ein wesentliches Risiko darin, dass der Auftraggeber seinen Auftrag zurückzieht, gewollt oder ungewollt. Dieses Ereignis ist ein Risiko, weil unsicher und negativ. Der Verlust kann durch die bis zum jeweiligen Zeitpunkt erbrachten Aufwendungen beziffert werden (z. B. auch Vorlaufkosten vor dem Vertragsschluss). Die Wahrscheinlichkeit kann bzw. muss anhand von Erfahrungen und des Gefühls der Projektleitung geschätzt werden. Hier kommen Faktoren wie das wirtschaftliche Umfeld, die Machtposition des Auftraggebers u. Ä. in Frage.

Weitere Beispiele für typische Projektrisiken sind:

- Verfügbarkeit qualifizierter Mitarbeiter

- nicht ausreichendes technisches Know-how

- Nicht-Berücksichtigung bzw. Nicht-Kenntnis von Anforderungen des Auftraggebers

- äußere Einflüsse, die zur Hinfälligkeit des Projektauftrags führen

- Abberufung von Teammitgliedern in andere Projekte

Der Risikomanagementprozess orientiert sich meist an vier Phasen, wobei der Rahmen des Risikomanagements durch eine Festlegung der Risikokultur bestimmt wird. Abbildung 4.34 verdeutlicht die Abläufe.

1. Risikoidentifikation

Zunächst ist eine Identifikation von Risiken erforderlich. Die Kenntnis der relevanten Risikoarten hilft dabei. Sie müssen aber noch als solche erkannt und aufgegriffen werden. Dies erfordert eine erhebliche Sensibilität. Schließlich ist die Risikoidentifikation umso effektiver, je früher sie erfolgt. Sie muss vor dem Start des eigentlichen Projekts beginnen, da möglicherweise Änderungen in der Ablaufplanung oder der Kalkulation notwendig sind.

Damit ist auch schon ein Dilemma des Identifikationsprozesses angesprochen: Je früher Risiken identifiziert werden sollen, desto weniger scharf zeichnen sie sich ab. Es fällt schwer, sie als tatsächliche Bedrohung des Projekterfolgs anzusehen, so dass sie weniger ernst genommen werden. Die Konsequenz ist nicht selten ein Vertrauen auf die Improvisationsfähigkeit des Teams, gezielte Maßnahmen werden unterlassen.

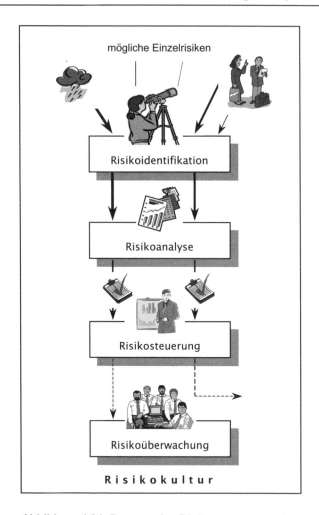

Abbildung 4.34: Prozess des Risikomanagements

Der Identifikationsprozess bleibt in gewissem Maße immer ein subjektiver, der je nach Verantwortlichem unterschiedlich ausgeführt wird. So neigen Projektleiter, wenn sie die Risikoidentifikation allein durchführen, nicht selten dazu, Risiken zu ignorieren, während ein Lenkungsausschuss wesentlich vorsichtiger ist. Der Identifikationsprozess sollte daher stets von mehreren Personen durchgeführt werden, um die Berücksichtigung unterschiedlicher Sichtweisen und Stile zu gewährleisten.

Im Zuge des Prozesses können einige Hilfsmittel als **Identifikationsraster** eingesetzt werden, die jeweils unterschiedliche Schwerpunkte aufweisen:

a) Kreativitätstechniken

Der Einsatz von Kreativitätstechniken, insbesondere das **Brainstorming,** hilft bei der Identifikation möglicher Risiken. Vor allem durch die vielschichtige Zusammensetzung der Teilnehmerkreise (Mitglieder des Lenkungsausschusses, Anwender des Projektprodukts, Projektmitarbeiter) lassen sich unterschiedliche Risikoquellen bearbeiten und die Risiken umfassend auflisten. Sie verhindert ein zu enges Vorgehen, bei dem etwa schwerpunktmäßig die zeitlichen oder kostenbezogenen Risiken analysiert werden.

b) Schwache Signale

Als schwache Signale werden Früherkennungsindikatoren bezeichnet, die eine Entwicklung mit längerer Vorlaufzeit andeuten. Ihre Erkennung wurde als Voraussetzung für eine langfristig ausgerichtete Planung angesehen. So sinnvoll und wichtig dies ist, so schwierig ist es auch. Insofern wundert es kaum, dass das Thema nach der Blütezeit der strategischen Planung weniger behandelt wurde, im Zusammenhang mit dem Risikomanagement aber wieder an Bedeutung gewinnt. Grundlegendes Merkmal ist die nicht vorhandene Systematik, das heißt schwache Signale treten eher zufällig auf und lassen sich schlecht kanalisieren. Das Hauptaugenmerk richtet sich daher auf die Methoden und vor allem Quellen, die schwache Signale anzeigen.

Eine erfolgreiche Arbeit mit schwachen Signalen basiert auf einer kontinuierlichen Auswertung von Informationsquellen, die innerhalb des Projekts entstehen, aber auch der intuitiven Erfassung von Gefahrenquellen, wie sie sich in Gesprächen oder Verhaltensweisen andeuten. Die „Schwäche" der Signale ist im Rahmen eines Projekts anders zu würdigen als in der Unternehmensplanung. Hier sind Risikofaktoren gemeint, die sich in einem frühen Projektstadium, etwa bis zur Hälfte der Projektlaufzeit bemerkbar machen.

Beispiele schwacher Signale in Projekten

* Die zwischenzeitliche (frühzeitige!) Analyse von Zeiterfassungsbelegen ergibt deutlich geringere eingetragene Arbeitszeiten als geplant. Die Zeitplanung kann möglicherweise nicht eingehalten werden.

* Die Analyse von Fortschrittsberichten ergibt weniger erstellte/abgeschlossene Leistungseinheiten als geplant. Zeit- und/oder Leistungsziel sind in Gefahr.

* Informationen der Projektmitarbeiter über ihren Leistungsfortschritt werden zunehmend unpräziser. Sie können möglicherweise den Entwicklungsstand nicht mehr einschätzen, so dass das Leistungsziel in Gefahr gerät.

- Die zwischenzeitliche (frühzeitige!) Analyse der Entwicklung der Kostenstellen-kosten stellt deutlich höhere Kosten als geplant fest. Bedingung ist hier eine Pla-nung nach Wochen/Monaten/Quartalen (je nach Projektlaufzeit). Das Budget dürfte nicht ausreichen.

- Vorher vereinbarte zwischenzeitliche Informationen/Unterstützung des Auftrag-gebers bleiben aus. Möglicherweise verliert er das Interesse am Projekt und will sich zurückziehen. Es könnte ein Projektabbruch drohen.

- Der Auftraggeber stellt unerwartete Fragen nach dem Projektfortschritt bzw. den -kosten. Er sucht möglicherweise einen Grund, um das Projekt abbrechen zu können. Möglicherweise ist die Finanzierung nicht mehr gewährleistet.

- Es gibt personelle Veränderungen beim oder im Umkreis des Lenkungsausschus-ses. Der Machtpromotor könnte verloren gehen, ggf. droht ein Projektabbruch.

- Die Analyse von Forumsbeiträgen im Projektportal bzw. von Diskussionen in Projektmeetings ergibt eine Häufung bestimmter Probleme. Möglicherweise muss das Know-how ausgebaut werden, sonst droht das Verfehlen des Leis-tungsziels.

- Einzelne Projektaufgaben werden durch die verantwortlichen Mitarbeiter ver-schoben. Möglicherweise fehlt Know-how oder die Zeitvorgaben sind nicht mehr einzuhalten.

- Der Auftraggeber ändert kurzfristig die Projektziele. Die Wahrscheinlichkeit eines erfolgreichen Abschlusses sinkt.

Die verfügbare Zeit für eine Reaktion auf schwache Signale korreliert negativ mit der Häufigkeit ihres Auftretens. Je mehr Hinweise es auf eine Entwicklung gibt, desto schneller steht sie bevor. Gibt es jedoch nur wenige und zudem vage Hinwei-se, dann ist die Wahrscheinlichkeit eines Irrtums noch recht hoch. Mit schwachen Signalen zu arbeiten heißt auch, rechtzeitig zu erkennen, wann ein relevanter Trend vorliegt. Eine einmaliger Verschiebung eines Termins kann durchaus bei nächster Gelegenheit wieder eingeholt werden. Tritt das Problem aber dauerhaft auf, ist die Nichteinhaltung des Projektziels schon vorprogrammiert.

c) Delphi-Technik

Die Delphi-Technik ist ein Verfahren, das auf der Befragung von Experten nach dem Eintritt von Ereignissen basiert. Es wird meist schriftlich durchgeführt, so dass auch die Integration von Fachleuten an anderen Orten einfach möglich ist.

1. Dazu müssen zunächst die Personen ausgewählt werden, die zu möglichen Projektrisiken befragt werden sollen. Hierbei gilt es, eine möglichst breite Basis zu schaffen. Hilfreich ist es z. B. auch, Mitarbeiter vergangener Projekte zu be-fragen.

Projekt: Umstellung der Produktverpackung

Experte: *Werner Schmitz*

Risiko	Meine Einschätzung für die		Risiko-wert (nicht ausfül-len)
	Wkt. des Eintretens 1 = sehr gering ... 7 = sicher	Auswirkung des Risikos 1 = keine ... 7 = sehr hoch	
Lieferant kann nicht rechtzeitig gefunden werden.			
Falltest wird nicht bestanden.			
Verpackung wird vom Handel nicht akzeptiert.			
Verpackungsvorgang dauert länger und führt zu Problemen in der Produktion.			
Material erweist sich nicht als stabil genug.			
Qualität der Bedruckung ist nicht ausreichend.			
Neues Format passt nicht in vorhandene Lager- und Transportsysteme.			
Geringere Wertanmutung durch neues Material.			
Bei der Gestaltung (Größe, Form) werden Fehler gemacht.			
Alte Waren müssen noch umgepackt werden.			
...			

Wkt. = Wahrscheinlichkeit

Projekt: Umstellung der Produktverpackung			**Statistik**	
Risiko	Durchschnittswerte			Rang
	Eintre-tenswkt.	Auswir-kung	Risiko-wert	
Lieferant kann nicht rechtzeitig gefunden werden.				
Falltest wird nicht bestanden.				
Verpackung wird vom Handel nicht akzeptiert.				
Verpackungsvorgang dauert länger und führt zu Problemen in der Produktion.				
Material erweist sich nicht als stabil genug.				
Qualität der Bedruckung ist nicht ausreichend.				
Neues Format passt nicht in vorhandene Lager- und Transportsysteme.				
Geringere Wertanmutung durch neues Material.				
Bei der Gestaltung (Größe, Form) wurden Fehler gemacht.				
Alte Waren müssen noch umgepackt werden.				
...				

Abbildung 4.35: Beispiel für Delphi-Formulare

2. Im zweiten Schritt werden die Personen angeschrieben und über das Projekt informiert. Sie werden dabei aufgefordert, mögliche Risiken aufzulisten. Je nach Projektumfang kann es sinnvoll sein, eine Checkliste bzw. Risikokategorien vorzugeben. Die Liste der Risiken wird zurückgeschickt und von der Projektleitung/dem Projektbüro ausgewertet.

3. Je nach Umfang wird im dritten Schritt eine vollständige Liste der genannten Risiken oder nur eine Liste der am häufigsten genannten an die Teilnehmer verschickt. Sie werden nun aufgefordert, die aufgeführten Risiken zu bewerten, indem sie die Eintrittswahrscheinlichkeit und das Maß der Auswirkung schätzen. Da es sich dabei meist nicht um eine detaillierte Analyse handeln kann, beschränkt sich die Bewertung auf Punkte einer 5er- oder 7er-Skala.

4. Diese Bewertung wird wieder zurückgeschickt und dann statistisch ausgewertet. Anhand der Bewertungen lässt sich erkennen, welche Risiken als bedeutend angesehen werden und daher besonders intensiv beobachtet werden müssen.

Abbildung 4.35 zeigt ausschnittweise ein Formular, das im Rahmen einer Delphi-Analyse eingesetzt werden kann.

d) Checklisten

Bei der Arbeit mit (oder besser: gegen) Risiken ist ein hohes Maß an Systematik erforderlich. Dabei können Kataloge möglicher Risiken in einzelnen Risikobereichen oder eine Betrachtung **phasenspezifischer Projektrisiken** helfen. Einzelnen Projektphasen lassen sich typische Projektrisiken zuordnen. Je nach Projekt sind jedoch immer wieder unterschiedliche Phasen abzugrenzen, so dass auch dabei individuelle Vorarbeiten erforderlich sind.

Abbildung 4.36 listet typische Projektrisiken auf, die sich bei Projekten für externe Auftraggeber ergeben können.

Neben der phasenweisen Betrachtung können Risiken auch nach Aktionsbereichen erfasst werden. Dabei steht die Leistungserstellung während des Projekts im Vordergrund, weniger eine spezielle projektspezifische Situation.

Projektphase	Typische Risiken
Akquisitions-/ Vorbereitungsphase	• gefährdete Zahlungsfähigkeit des Auftraggebers • geringe Erfahrung des Auftraggebers mit dem Projektthema bzw. mit Projektvergaben allgemein • unklare Zuständigkeiten beim Auftraggeber (Machtpromotor, Budgetverantwortlicher usw.) • undurchsichtiges Ausschreibungsverfahren, unklare Vergaberegeln
Angebotsphase	• Umfang des Know-hows beim Auftraggeber unbekannt • mögliche Budgetrestriktionen unbekannt • mögliche interne Konkurrenz durch andere Projekte • Unklarheit über eigenes Know-how und Verfügbarkeit von Technologien
Verhandlungsphase	• unklare Bedeutung einzelner Vertragsbestandteile für Auftraggeber • Regelung der Haftungsverhältnisse • Bestimmtheit der Vorgaben durch den Auftraggeber • Bedeutung des Auftrags für das eigene Unternehmen
Planungsphase	• Bekanntheit aller relevanten Risiken • Zeitreserven • Verfügbarkeit von Anlagen, externen Dienstleistungen, Material • Preisentwicklung bei den Ressourcen • Vollständigkeit und Verständnis der Anforderungen des Auftraggebers
Leistungsphase	• Ausfall von Mitarbeitern und Ressourcen • mangelnde Beherrschung von Entwicklungsprozessen • fehlende Testmöglichkeiten • fehlende/verzögerte Beiträge des Auftraggebers • Veränderungen bei den Anforderungen
Abnahmephase	• Wechsel der Verantwortung beim Auftraggeber • Durchführung nicht vereinbarter Tests • veränderte Rahmenbedingungen

Abbildung 4.36: Projektrisiken nach Projektphasen

Checkliste 14: Risikoanalyse

Die Liste stellt eine Übersicht über Risiken in projektrelevanten Bereichen vor. Dabei werden jeweils Prüffragen angegeben, mit deren Hilfe die Bedeutung der Risiken festgestellt werden kann. Immer dann, wenn eine Frage nicht zufrieden stellend beantwortet werden kann, sollte eine genauere Bewertung erfolgen.

Risiko-bereich	Typische Risiken	Prüffragen	o. k.?
Personal	Verfügbarkeit der Projekt-mitarbeiter	• Wurde ein Personaleinsatzplan erstellt? • Sind ausreichende Personalkapazitäten prinzipiell vorhanden? • Wurde der Einsatz mit dem Linienmanagement abgesprochen?	
	Kosten der Projekt-mitarbeiter	• Wurde eine Personalkostenkalkulation erstellt? • Sind die (zu verrechnenden) Kosten der Mitarbeiter bekannt? • Sind Veränderungen während der Projektlaufzeit zu erwarten?	
	Verfügbarkeit Externer	• Ist der Einsatz Externer im Projekt notwendig? • Wurde die Verfügbarkeit dieser Externen geklärt? • Wurde eine systematische Auswahl Externer vorgenommen?	
	Qualifikation der Projekt-mitarbeiter	• Wurden Qualifikationsprofile der Projektmitarbeiter erstellt? • Sind die fachlichen Anforderungen durch die Mitarbeiter abgedeckt?	
	Motivation der Projekt-mitarbeiter	• Kann bei den Projektmitarbeitern ein hohes Engagement vorausgesetzt werden? • Fühlen sich die Mitarbeiter „zwangsdelegiert"? • Welche Anreize können gesetzt werden? • Sind Maßnahmen vorgesehen, um dem nachlassenden Engagement in der Projektmitte abzuhelfen?	
	Arbeitsklima im Projekt	• Ist mit Problemen bei der Zusammenarbeit zu rechnen? Welche Ursachen können dafür bestehen? • Stehen Maßnahmen und Instrumente zur Verfügung, um das Arbeitsklima zu verbessern?	

Risiko-bereich	Typische Risiken	Prüffragen	o. k.?
Ge-schäfts-leitung (des Projekt-unter-nehmens)	Unterstüt-zung durch Macht-promotor	• Ist bekannt, wer hinter dem Projekt steht? • Ist seine Motivation bekannt, das Projekt zu unter-stützen? • Wie kann diese Unterstützung über die Projektdauer gesichert werden?	
	Priorität für das Projekt	• Welche weiteren Projekte laufen im Unternehmen? • Welche weiteren Projekte stehen in Budgetkonkur-renz? • Anhand welcher Kriterien werden die Projektprioritä-ten im Unternehmen festgelegt?	
	strategische Veränderun-gen	• Sind Änderungen der Unternehmensstrategie möglich? • Betreffen diese die Unterstützung für das Projekt? • Welche Strategieänderungen könnten für das Projekt relevant sein?	
externer Kunde als Auftrag-geber	Anforderun-gen an das Projekt	• Sind die Anforderungen des Kunden an das Projekt vollständig erhoben worden? • Ist sichergestellt, dass die Anforderungen auch verstanden wurden? • Sind die Anforderungen als realistisch anerkannt?	
	organisatori-sche Verän-derungen	• Kann das Projekt durch organisatorische Veränderun-gen beim Kunden gefährdet werden? • Ist mit personellen Veränderungen/neuen Zuständig-keiten zu rechnen? Wie könnten sie sich auf das Projekt auswirken?	
	wirtschaft-liche Leistungs-fähigkeit	• Ist die Finanzierung des Projekts gesichert? • Ist mit Veränderungen der Finanzierungssituation zu rechnen? • Bestehen Möglichkeiten, die Finanzierung eigenstän-dig zu sichern?	
	Vertragstreue	• Ist damit zu rechnen, dass der Kunde seine Verpflich-tungen nicht einhält? • Besteht die Gefahr eines Rücktritts vom Vertrag? • Können Konventionalstrafen vereinbart werden?	
	Beiträge zur Projekt-leistung	• Welche Informationen/Teilleistungen sind vom Kun-den zu erbringen? • Sind diese Leistungen und die Termine vertraglich fixiert? • Sind die Folgen eines Verzugs vertraglich geregelt?	

Risiko-bereich	Typische Risiken	Prüffragen	o. k.?
externer Kunde als Auftrag-geber	Bedeutung des Projekt-ergebnisses	• Welche Bedeutung hat das Projekt für den Kunden? • Welche Konsequenzen entstehen bei einem Scheitern bzw. der Nichterfüllung einzelner Ziele? • Welche Entscheidungen/Maßnahmen sind vom Projektergebnis abhängig?	
Techno-logie	Bekanntheit der benötig-ten Techno-logien	• Wurde geprüft, welche Technologien und Verfahren für die Projektleistung benötigt werden? • Sind entsprechende Vorgaben des Kunden verstanden worden und erfüllbar?	
	technologi-sche Vorga-ben durch Auftraggeber	• Welche technologischen Restriktionen bestehen? • Welche Kompatibilitätsanforderungen sind zu beachten?	
	Beherrschung der benötig-ten Techno-logien	• Sind Erfahrungen mit den einzusetzenden Technolo-gien vorhanden? • Beherrschen Mitarbeiter einzelne Technologien (z. B. Programmiersprachen, Produktionsverfahren)? • Ist zusätzliches Know-how (durch Externe, Schulun-gen usw.) notwendig?	
	Investitions-erfordernisse	• Sind zusätzliche finanzielle Mittel für Investitionen erforderlich? • Welche Auswirkungen ergeben sich auf die Projektkalkulation? • Inwieweit können die Investitionen auch anderweitig eingesetzt werden?	
Anwen-der des Projekt-ergebnis-ses	Anforderun-gen der Anwender	• Welche Bedeutung haben die Anwender des Projekt-ergebnisses? • Sind diese identifiziert (z. B. vom Auftraggeber bekannt gegeben)? • Wurden die Anforderungen der Anwender erhoben und verstanden?	
	Akzeptanz des Projekt-ergebnisses	• Mit welchen Widerständen ist seitens der Anwender zu rechnen? • Welche Gegenmaßnahmen können ergriffen werden?	
	Bekanntheit der Anwen-dungs-bedingungen	• Hat der Auftraggeber über die Anwendungsbedin-gungen informiert? • Sind eigene Erhebungen dazu nötig und möglich? • Besteht eine Kontaktmöglichkeit zu den Anwendern?	
	Veränderung des Anwen-derkreises	• Welche Veränderungen im Anwenderkreis sind denkbar? • Ist eine rechtzeitige Information über Veränderungen des Anwenderkreises sichergestellt?	

Risiko-bereich	Typische Risiken	Prüffragen	o. k.?
Projekt-leiter	Qualifikation des Projekt-leiters	• Welche Eigenschaften/Kenntnisse sind beim Projektleiter wichtig? • Ist die Auswahl des Projektleiters systematisch erfolgt? • Welche Projekterfahrung hat der Projektleiter?	
	Verfügbarkeit des Projekt-leiters	• Besteht für den Projektleiter Konkurrenz durch andere Projekte? • Ist die Projektleitung eine Nebentätigkeit oder steht er Vollzeit zur Verfügung?	
	Akzeptanz des Projekt-leiters	• Verfügt der Projektleiter über ausreichend soziale Kompetenz? • Wird er von den Teammitgliedern akzeptiert? • Worin könnten Akzeptanzhürden bestehen?	
Projekt-steuerung	Funktionswei-se der Projekt-steuerung	• Wurde eine umfassende Projektkostenrechnung eingerichtet? • Wurden die Projektmitarbeiter zur Erfassung und Kontrolle der Kosten verpflichtet? • Wurde eine umfassende Zeitplanung vorgenommen? • Wird die Einhaltung des Zeitplans kontrolliert? • Wurden geeignete Meilensteine definiert?	
Beschaf-fung	Verfügbarkeit von Beschaf-fungsobjekten	• Wurde die Notwendigkeit der Beschaffung von Teilen/Anlagen usw. geprüft? • Sind geeignete Lieferanten bekannt? • Wurde die Verfügbarkeit der Beschaffungsobjekte geprüft?	
	Kosten der Beschaffungs-objekte	• Wurden Preise für die Beschaffungsobjekte angefragt? • Sind Verträge mit Lieferanten vorhanden? • Wurden mögliche Preisänderungen analysiert?	
	Qualität der Beschaffungs-objekte	• Sind die Anforderungen an die Beschaffungsobjekte definiert? • Wurde die Leistung der Lieferanten geprüft?	
Umfeld	rechtliche Rahmenbe-dingungen	• Welche Abhängigkeiten von Rechtsvorschriften bestehen? • Mit welchen Änderungen dieser Vorschriften ist zu rechnen?	
	wirtschaftliche Veränderun-gen	• Welche Einflüsse haben Veränderungen der wirtschaftlichen Rahmenbedingungen? • Mit welchen Änderungen dieser Rahmenbedingun-gen ist zu rechnen?	

Risiko-bereich	Typische Risiken	Prüffragen	o. k.?
Umfeld (Fortset-zung)	Einfluss einmaliger Störereignisse	• Welche Abhängigkeit besteht von einmaligen Ereig-nissen wie Anschlägen, Klimaänderungen, Unfällen usw.? • Wurden Gegenmaßnahmen für den Fall solcher Ereignisse geprüft?	

2. Risikoanalyse

Die identifizierten Risiken müssen nun bewertet werden, um zu einer Entschei-dung über das weitere Vorgehen zu kommen. Dabei werden meist zwei Dimensio-nen herangezogen, die **Eintrittswahrscheinlichkeit** und das **zu erwartende Schadensausmaß**. Darüber hinaus spielt die Häufigkeit des (möglichen) Auftre-tens eine Rolle, die aber auch in die Dimension Ausmaß eingearbeitet werden kann. Für jedes Risiko kann dann eine Übersicht mit Bewertung erstellt werden. Abbildung 4.37 zeigt ein Beispiel für das Risiko „Projektleiter steht zum Projekt-start nicht zur Verfügung".

Risikobewertung	Risiko: „Ausfall des Projektleiters"
Risiko	Zum Projektstart steht der vorgesehene Projektleiter nicht zur Verfügung. Es muss daher auf eine andere Person ausgewichen werden.
Eintrittswahrscheinlichkeit	10 % – gering
finanzielle Auswirkung	Aufgrund der Qualifikation des ausgewählten Projektlei-ters ist mit Mehrkosten durch Fehler in der Projektleitung zu rechnen. Auswirkung: ca. 40.000 EUR.
nicht-finanzielle Auswirkungen	Negativer Einfluss auf die Motivation der Projektmitarbei-ter. Höhere Gefahr des Fehlschlagens des Projekts insgesamt, Stärkere Unterstützung des neuen Projektleiters durch Linienmanager erforderlich.

Abbildung 4.37: Beispiel einer Risikobewertung

In größeren Projekten mit entsprechend hoher Zahl von Risiken ist eine verbale Beschreibung insofern wenig hilfreich, als eine Verdichtung praktisch unmöglich ist. (Eine Ausnahme sind allerdings technisch orientierte Projekte, bei denen ein-zelne kleinere Risiken ohne weiteres das Projekt insgesamt gefährden können.) Daher werden die relevanten Faktoren mit Punkten bewertet, so dass sich das Risikomaß quantifizieren und in Relation zu anderen Risiken darstellen lässt. Prinzipiell muss davon ausgegangen werden, dass z. B. im Rahmen von Entwicklungsprojekten meist hunderte Risiken zu beachten sind, die eine Festlegung von Prioritäten erforderlich machen.

Eine wichtige Aufgabe des Projektrisikomanagements ist daher die systematische Erfassung und Dokumentation der Einzelrisiken, die dann auch eine geeignete Steuerung ermöglicht. Abbildung 4.38 zeigt ein entsprechendes Erfassungsschema. 1 steht dabei für „nicht/kein", 10 für „sehr hoch/sehr stark". Das Schadensausmaß sollte auf die Projektzielkategorien bezogen werden. Dabei ist zu unterscheiden, ob sich das Risiko auf das Zeit-, das Kosten-, das Leistungs- oder das Umsetzungsziel auswirkt. Diese Aufschlüsselung erleichtert es später, Maßnahmen zur Risikobewältigung zu veranlassen.

Nummer	Risikobereich	Risikofaktor	Eintrittswahrsch.kt. 1 ... 10	Zeiteinfluss 1 ... 10	Kosteneinfluss 1 ... 10	Leistungseinfluss 1 ... 10	Umsetzungseinfluss 1 ... 10	Risikowert (E x S)	Risikoanteil
1	Personal	Projektmitarbeiter werden nicht aus der Linie abgestellt.	3	4	3	2	0	8,4	2,10 %
2	Personal	Projektmitarbeiter verstehen das eingesetzte Entwicklungswerkzeug nicht.	5	3	3	3	0	13,5	3,38 %
3	Finanzen	Projektbudget wird nach Projektstart gekürzt.	6	3	8	5	2	27,0	6,75 %
4	Leitung	Unternehmensstrategie wird während Projektlaufzeit geändert und führt zu Zieländerungen.	4	3	2	8	6	18,4	4,60 %
...	...	...	...	...				...	...
								400	100 %

Abbildung 4.38: Erfassungsliste für Risiken

Der **Risikowert** setzt sich multiplikativ aus Eintrittswahrscheinlichkeit und Schadensausmaß zusammen. Letzteres wird gewichtet aus den Einzelbewertungen für Ziel-, Kosten-, Leistungs- und Umsetzungseinfluss ermittelt. Wie stark diese vier Faktoren jeweils zu gewichten sind, hängt von der Zieldefinition des Projekts ab. Sind die Kosten von vornherein hervorgehoben, dann müssen sie auch hier stärker gewichtet werden. Im Zweifel werden die Faktoren gleich gewichtet. Zusätzlich lässt sich in der Liste erkennen, welches Ziel am stärksten gefährdet ist.

Wird im oben gezeigten Beispiel die Gewichtung mit 40 % (Zeit), 20 % (Kosten), 30 % (Leistung) und 10 % (Umsetzung) bestimmt, dann ergeben sich die in der Spalte Risikowert aufgeführten Werte und in der rechten Spalte die jeweiligen Anteile am Gesamt-Risiko.

Um einen Überblick über die Gesamtheit aller Risiken des Projekts zu gewinnen, können diese anhand ihrer Eintrittswahrscheinlichkeits- und Schadensausmaßbewertung in eine **Risikomatrix (Risk Map)** eingezeichnet werden, aus der sich ein Handlungsbedarf schnell ablesen lässt. Abbildung 4.39 zeigt ein Beispiel mit zehn Risiken (R 1 bis R 10). Ein Risiko fällt jeweils in die Kategorie „gering", wenn die Bewertung zwischen 1,0 und 4,33 liegt, „mittel" bei 4,34 bis 7,66 und „hoch" bei 7,67 bis 10,0 Punkten. In der Abbildung hat R 2 z. B. eine Eintrittswahrscheinlichkeit von 8,5 und ein Schadensausmaß von 8,2.

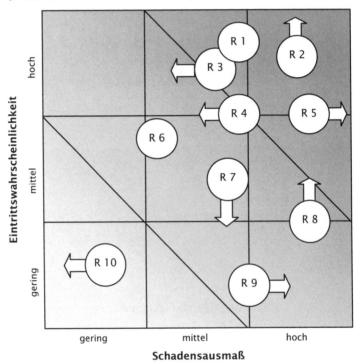

Abbildung 4.39: Beispiel einer Risikomatrix

Risiken, die in den Bereich rechts oben fallen, also ein überdurchschnittliches Schadensausmaß und/oder überdurchschnittliche Eintrittswahrscheinlichkeiten haben, müssen besonders intensiv bearbeitet werden (hier: R 1 bis R 5). Im unteren Dreieck finden sich die Risiken, die durchaus vernachlässigt werden können (R 10). In der Mitte sind die Risiken mit mittlerer Bedeutung eingezeichnet. Zusätzlich gibt ein Pfeil an, in welche Richtung sich das Risiko entwickelt. Beispielsweise hat sich R 5 im Laufe der Beobachtungen weiter in Richtung auf ein höheres Schadensausmaß entwickelt. R 1 und R 6 haben sich nicht verändert. Risiken in kritischen Feldern rechts oben, die zudem eine Tendenz nach oben oder rechts aufweisen, sind besonders zu beachten.

Risiken sind laufend zu beobachten. Dazu gehört die Feststellung, ob das Risikoausmaß durch geeignete Maßnahmen verringert werden konnte. Insofern bietet es sich an, die Risiken in einer erweiterten Liste zu führen, die auch über die Wirksamkeit von Maßnahmen des Risikomanagements Auskunft gibt. Abbildung 4.40 zeigt ein Beispiel dafür. Dabei wird an das Beispiel in Abbildung 4.38 angeknüpft, so dass einige dort aufgeführte Informationen entfallen können.

Aus dieser Liste ist auch ersichtlich, welche Kosten die Maßnahmen verursachen und welchen Nutzen sie erbringen (hier in Risikowerten). Wird das Schadensausmaß in Geld bewertet, dann lassen sich die Kosten für das Risikomanagement dem verringerten Schadensausmaß gegenüberstellen. Ebenso können bzw. sollten auch mehrere Möglichkeiten des Risikomanagements erfasst werden, um so eine Entscheidung für die wirksamste Methode fällen zu können.

Nummer	Risikobereich	Risikowert (E x S)	RM-Aktivität?	Beschreibung	Wirksamkeit	Risikowert nach RM	Kosten/ verantwortlich
1	Personal	8,4	ja	Einfordern von Zusagen für die Freigabe der Mitarbeiter.	mittel	6,0	0/ Projektleiter
2	Personal	13,5	ja	Schulung für Betroffene durchführen.	hoch	4,0	4.000/ Projektleiter
3	Finanzen	27,0	ja	Zusage vom Vorstand einfordern.	gering	25,0	0/ Lenkungs- ausschuss
4	Leitung	18,4	nein	–	–	18,4	–
...	...	...		...	...	...	
Summe		400				280	4.000

RM = Risikomanagement

Abbildung 4.40: Beobachtungsliste für Risiken

Eine besondere Problematik wirft die Abhängigkeit von Risiken auf. Wird ein Ereignis zu Beginn des Projekts wirksam, zieht es womöglich weitere Schadensereignisse während es weiteren Verlaufs nach sich. Selbst wenn es als Einzelereignis als relativ unbedeutend eingeschätzt wird, kann es insgesamt das ganze Projekt gefährden. Daher muss auch die Abhängigkeit der Risiken untereinander beachtet werden. Sie werden prinzipiell umso gefährlicher, je früher sie wirken.

3. Risikosteuerung

Anhand der Risikomatrix lässt sich eine Präferenzordnung der zu bearbeitenden Risiken aufstellen. Es schließt sich die Frage an, wie mit diesen Risiken umzugehen ist. Dafür stehen vier prinzipielle **strategische Alternativen** zur Verfügung: akzeptieren, verringern, überwälzen und vermeiden. Welche Strategie gewählt wird, muss individuell entschieden werden. Dabei spielen Fragen wie die wirtschaftliche Bedeutung des Projekts, die finanziellen Möglichkeiten, Abhängigkeiten der Risiken untereinander usw. eine Rolle.

a) Akzeptieren von Risiken

Risiken, die von ihren Auswirkungen her eher unbedeutend sind und auch nur mit geringer Wahrscheinlichkeit eintreten, können akzeptiert werden. Solche Risiken gehören zum „Tagesgeschäft" der Projektleitung, ihre Vermeidung oder Absicherung hätte Kosten zur Folge, die wirtschaftlich nicht vertretbar wären. Regelmäßig eintretende Risiken mit geringer Schadenshöhe lassen sich zudem auch leicht in der Kosten- oder Zeitkalkulation durch einen geringen Zuschlag berücksichtigen.

Beispiele für zu akzeptierende Risiken

- mögliche Unabkömmlichkeit einzelner Mitarbeiter
- Verzögerung bei einzelnen Projektaufgaben
- geringfügige Kostenrisiken
- Know-how-Unsicherheiten im Projektteam, die aber mit externer Hilfe leicht behoben werden können
- Auftraggeber liefert Informationen nicht, die aber selbst beschafft werden können
- Veränderung einzelner Spezifikationen durch den Auftraggeber während der Projektlaufzeit

Beispiel eines Schulungsprojekts

Im Zusammenhang mit der Einführung eines elektronischen Bestellsystems für Büro- und Produktionsmaterial im Unternehmen wurde eine Trainingsgesellschaft beauftragt, 40 Mitarbeiter, die mit dem System arbeiten sollten, zu schulen. Dabei sollten einerseits die Software, andererseits auch die neuen Regularien wie Genehmigungs-verfahren vorgestellt werden. Innerhalb von drei Monaten sollte das Projekt abge-schlossen sein und das System von allen benutzt werden. Es stellte sich jedoch heraus, dass mindestens die Hälfte der Mitarbeiter weiter telefonisch oder per Fax bestellten. Auf Nachfrage zeigten sie sich tendenziell uneinsichtig und begründeten ihre Einstellung mit Unkenntnis des Systems und den alten Gewohnheiten.

Die Geschäftsführung wandte sich erzürnt an die Trainer und fragte, warum das Projekt denn gescheitert sei. Diese klärten darüber auf, dass nicht alle Betroffenen zu den Trainings gekommen seien und dass sie keine Handhabe gehabt hätten, Druck auszuüben. Außerdem hätte man die alte Bestellweise schlichtweg für unwirk-sam erklären können, dann gäbe es die Probleme nicht. Die Trainings an sich seien gut verlaufen und man habe positive Rückmeldung erhalten.

Hier zeigt sich, dass stillschweigend das Risiko einer nicht vollständigen Teilnahme an den Trainings auf das Projektteam übertragen wurde. Es lag aber nicht in ihrer Verantwortung, sondern in der des Auftraggebers. Dies hätte vorher geregelt wer-den müssen, dann hätte der Auftraggeber wahrscheinlich an eine Verpflichtung zur Teilnahme gedacht und der Auftragnehmer wäre nicht in den Verdacht geraten, schlechte Trainings zu veranstalten. Einen nachvollziehbaren Grund, diese Risikore-gelung abzulehnen, gibt es nicht.

b) Überwälzen von Risiken

Während gesamtunternehmerische Risiken auf verschiedenen Wegen auf Dritte überwälzt werden können (in erster Linie handelt es sich dabei um Versicherungs-gesellschaften oder spezielle Dienstleister), kommt für ein Projekt nur der Auftrag-geber in Frage. Es stellt sich also die Frage, wie die Risikoverteilung zwischen Auf-traggeber und Projektteam geregelt werden kann.

Die Entscheidung, welche Risiken vom Projektleiter ausgeschlossen werden und vom Auftraggeber zu tragen sind, ist in Abhängigkeit von der Projektthematik, dem vorhandenen Know-how und der Beziehung der Partner untereinander vor-zunehmen.

> **!** Vielfach wird das Abwälzen von Risiken von den Machtverhältnissen abhängig gemacht. Ist der Auftraggeber ein externer, kritischer Neukunde, der mit anderweitiger Auftragsvergabe droht, geben Projektleiter oft nach und über-nehmen die Risiken, um den Auftrag nicht zu verlieren. Dabei wird nicht be-rücksichtigt, dass die Erfüllung der Projektziele in Gefahr gerät und die Ge-schäftsbeziehung dann noch stärker gestört wird. Gerade dann, wenn der Auftraggeber noch nicht gut bekannt ist, ist ein teilweiser Ausschluss von Risiken sinnvoll.

Beispiele für Risiken, die auf den Auftraggeber überwälzt werden könnten

- Verzögerungen und Mehrkosten, die durch nicht rechtzeitige Information über Anforderungen, Lieferung zu verwendender Daten, zwischenzeitliche Tests usw. durch den Auftraggeber entstehen.

- Erforderliche Nachbesserungen und Mehrkosten, die durch nicht gewährten Zugang zu Anwendern des Projektprodukts (z. B. Software, Anlagen) entstehen.

- Aufwendungen im Zusammenhang mit Änderungswünschen des Auftraggebers nach dem Abschluss des Pflichtenhefts.

- Nicht vom Projektleiter zu vertretende Kostensteigerungen und Zeitverzögerungen aufgrund von Lieferengpässen bei Beschaffungsobjekten, Rohstoffpreissteigerungen u. Ä.

- Unerwartete Verzögerungen oder Projektleistungsminderungen aufgrund von Gestaltungs- und Entwicklungsvorgaben des Auftraggebers (z. B. Verpflichtung zum Einsatz eines Softwareentwicklungswerkzeugs, zur Programmierung in einer bestimmten Programmiersprache, zum Einsatz bestimmter Personen wie Berater oder Trainer).

c) Verringern von Risiken

Risiken lassen sich auch durch strategische Entscheidungen verringern. Dazu kann beispielsweise eine entsprechende Einschränkung in der Projektzieldefinition gemacht oder können einzelne Risikofaktoren durch Verfahrensänderungen umgangen werden (z. B. durch Ausweichen auf andere Entwicklungsverfahren, Einsatz anderer oder zusätzlicher Mitarbeiter, intensivere Kontroll- und Abstimmungsmechanismen).

> **!** Auch hierbei gilt wieder, dass die Abstimmung zwischen Auftraggeber und Projektleiter eine zentrale Rolle spielt. Wenn frühzeitig eine Risikoidentifikation durchgeführt und mit dem Auftraggeber besprochen wird, lassen sich durch entsprechende Änderungen der Rahmenbedingungen und Zielvorgaben Eingrenzungen der Risiken vornehmen. Dabei muss oft eine psychologische Hürde überwunden werden. Auf zu viele Risiken hinzuweisen hat schnell den Makel des Überfordertseins, Auftraggeber mögen dazu neigen, aus „Sicherheitsgründen" den Projektauftrag anderweitig zu vergeben. Dieses Verhalten beruht jedoch auf einer Fehlinterpretation des Risikomanagements!

Eine ganze Reihe von Risiken lässt sich zudem mit Hilfe von Präventivmaßnahmen eindämmen. Diese kann der Projektleiter mehr oder weniger offen in seiner Projektplanung „einbauen". Folgende Liste führt einige Beispiele auf:

Beispiele typischer Präventivmaßnahmen zur Verringerung von Risiken

- Einplanen von Personalreserven, Nichtausnutzung der maximal verfügbaren Kapazitäten
- Einplanen von zusätzlichen Pufferzeiten im Netzplan/von Zeitreserven
- Einplanen mehrerer Meilensteine und Prüfzeitpunkte
- frühzeitige Analyse der Qualifikation der Projektmitarbeiter
- Einplanen von Kostenreserven
- rechtzeitige Suche nach möglichen Informationsquellen, Schulungs- und Beratungsmöglichkeiten für Problemfälle
- Analyse der Berichte früherer Projekte im Hinblick auf Risiken und ihre Bewältigung
- genaue Definition der zu liefernden Leistungen/Waren durch externe Lieferanten/Dienstleister
- Bereitstellung schneller Kommunikationsmittel für die Projektmitarbeiter
- Analyse der einzusetzenden Hilfsmittel, Techniken und Werkzeuge im Hinblick auf erforderliche Qualifikationen und Fehlerquellen
- zwischenzeitlicher Test von Teillösungen bei den Anwendern
- Definition der Arbeitspakete/Teilprojekte anhand testfähiger Teillösungen
- Verfolgung der identifizierten Risiken im Projektablauf und Trendanalyse
- Aktualisierung der Zeit- und Kostenvorgaben während der Projektlaufzeit

Als Problem stellen sich die Abhängigkeiten der Zieldimensionen untereinander heraus. Beispielsweise kann eine Zeitplanung mit Zeitreserven gegen Risiken abgesichert werden, doch führt dies zu einer späteren Fertigstellung und meist auch höheren Kosten. Zusätzliche Tests tragen zu einer höheren Qualität des Projektprodukts bei, verursachen aber Kosten. Die Maßnahmen zur Verringerung der Risiken sollten daher vor dem Hintergrund von negativen Einflüssen auf andere Ziele gesehen werden (Abbildung 4.41).

In der Grafik sind durch die viereckigen Flächen zwei Maßnahmen(pakete) symbolisiert, mit denen Risiken verringert werden. Dabei wurden jeweils Präferenzen gesetzt. Im ersten Fall (fette Linie) wurde auf Leistung und Kosten zu Lasten von Zeit und Umsetzung Wert gelegt, im zweiten Fall (halbfette Linie) war die Zeit das wichtigste Ziel. Man kann sich die Schwerpunktsetzung etwa so vorstellen, dass eine elastische Fläche im Zieldiagramm gedehnt werden kann, wobei ein Mehr bei einem Ziel automatisch zu einem Weniger bei anderen Zielen führt.

d) Vermeiden von Risiken

Schließlich besteht die Möglichkeit, ganz auf ein Projekt zu verzichten, weil das Risiko als zu groß angesehen wird. Dies kann sinnvoll sein, wenn die Zielerreichung als unwahrscheinlich angesehen wird und der Kunde keine Risikoübernahme akzeptiert.

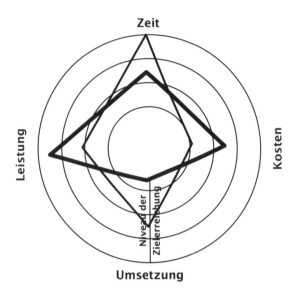

Abbildung 4.41: Zielkonflikte durch Maßnahmen der Risikovermeidung

4. Risikoüberwachung

Die Maßnahmen der Risikosteuerung müssen kontinuierlich überwacht werden, um ihre Wirksamkeit sicherzustellen. Dabei wird festgestellt, ob und inwieweit Risiken erkannt und gesteuert wurden, ob die Projektleitung ihre risikobezogenen Zielsetzungen erreicht hat. Die Überwachung ist ein dauerhafter Prozess, der in die Projektsteuerung integriert werden muss.

Im Einzelnen sind folgende **Aufgaben** zu erfüllen:

Kontrolle des Gesamt-Risikoniveaus – Hier geht es vor allem um die Einhaltung eines Grenzwerts für das Gesamtrisiko, um das Projekt nicht insgesamt zum Scheitern zu bringen. Dabei müssen Toleranzgrenzen bei den einzelnen Zieldimensionen berücksichtigt werden, deren Erreichen als noch akzeptabel angesehen wird. Gibt es eine besonders kritische Größe (etwa den Fertigstellungstermin), dann kann auch ein an sich „kleiner" Risikofaktor zu einer Überschreitung des akzeptierten Gesamt-Risikoniveaus führen.

Kontrolle der Wirksamkeit von Maßnahmen des Risikomanagements – Hierbei wird geprüft, ob die geplante Verringerung des Risikos bei den jeweiligen Maßnahmen tatsächlich eingetreten ist und ob sich daraus eine veränderte Einschätzung der Gesamt-Risikosituation ergibt. Dabei spielen auch Abhängigkeiten von Risiken untereinander eine Rolle. So kann die Beherrschung eines Risikos in einer frühen Phase mehrere weitere Risiken in späteren Phasen verhindern.

Erfassung von Veränderungen bei den beobachteten Risiken – Es muss festgestellt werden, ob zu den bekannten Risiken neue hinzugekommen oder Veränderungen bei den bereits erfassten eingetreten sind. Dazu gehören sowohl Risiken, die sich später als doch nicht relevant herausstellen, als auch solche, deren Schadenspotenzial steigt.

Prüfung, ob neue Risiken entstanden und erfasst wurden – Da Risiken einer gewissen Dynamik unterliegen, muss festgestellt werden, welche neuen Risiken seit der letzten Analyse entstanden sind. Ebenfalls muss geprüft werden, ob die Beteiligten solche Risiken aufgreifen und die Dokumentation aktualisieren.

Beispiel zur Risikoüberwachung in einem privaten Theater

Der Inhaber eines privaten Theaters leitet das Projekt „Uraufführung eines neuen Stücks". In dessen Rahmen ist die Aufführung künstlerisch vorzubereiten, es sind aber auch Maßnahmen zur Vermarktung und die technische Organisation erforderlich. Risiken liegen in der Verfügbarkeit (und Qualität) der Schauspieler, dem Zuspruch durch Besucher und der Funktionsfähigkeit der (vor allem technischen) Einrichtung. Um die Risiken zu begrenzen, wurden verschiedene Vorkehrungen getroffen. Für die wichtigsten Schauspieler wurden Zweitbesetzungen engagiert, der Kartenverkauf wird täglich kontrolliert und durch Werbemaßnahmen in der lokalen Presse unterstützt. Die Bühnentechnik wurde mehrfach von Fachleuten getestet.

Das Gesamtrisiko beläuft sich auf den vollständigen Verlust der Einnahmen und die vertraglich zugesicherten Honorare sowie die Festkosten des Theaters. Der Inhaber schätzt die Summe auf insgesamt 50.000 EUR, bis ein alternatives Programm gestartet werden könnte.

Um die Wahrscheinlichkeit eines Eintretens zu reduzieren, wurden 12.000 EUR für Ersatzkräfte, technische Tests und Werbemaßnahmen ausgegeben. Ein Ausfall der Aufführung wird daraufhin als höchst unwahrscheinlich angesehen. Der Inhaber schätzt sein verbleibendes Risiko, das u. a. durch Wetter, kurzfristige Konkurrenzangebote an den Veranstaltungstagen, geringeres Medieninteresse usw. geprägt ist, auf nur noch rund 10.000 EUR. Möglicherweise zusätzlich auftretende Risiken werden von der Belegschaft zusammen überwacht. Dazu werden die lokalen Kulturprogramme ausgewertet und es wird regelmäßig mit den lokalen Kulturredaktionen gesprochen. Der Fortschritt der Proben wird ebenfalls beobachtet. Insgesamt wurden 12.000 EUR für risikomindernde Maßnahmen ausgegeben, das Gesamtrisiko wurde um 40.000 EUR verringert.

4.5 Projektsteuerung mit der Balanced Scorecard

Immer wieder lässt sich beobachten, dass Unternehmen besonders dann erfolgreich sind, wenn sie es verstehen, die einzelnen Bereiche (Funktionsbereiche, Sparten, Profit Center, Projekte) entsprechend ihren Leistungspotenzialen zu führen. Erfolgreiche Unternehmen verstehen, warum sie Gewinn erzielen, und zwar nicht, weil sich aus der Rechnung „Einnahmen – Ausgaben" ein Überschuss ergibt. Sie erkennen die einzelnen Beiträge zum Gesamterfolg, qualitative wie quantitative, und fördern sie.

Der Gesamterfolg steht letztlich immer auf mehreren Beinen, eine einseitige Ausrichtung bringt meist nur kurzfristige Erfolge, bewirkt langfristig aber das Gegenteil. Allzu lange einseitig auf Gewinnsteigerung zu achten, hat oft einen Rückgang der Kundenzufriedenheit zur Folge, was sich wieder in steigenden Kosten oder schrumpfenden Erlösen widerspiegelt. Auf diese Weise sind die einzelnen Steuerungsgrößen miteinander vernetzt, so dass man behutsam eingreifen und vor allem mehrere Größen gleichzeitig im Auge behalten sollte. Ein „ausbalanciertes" Vorgehen ist das Ziel.

Diese Erkenntnis ist die Basis des Balanced Scorecard-Konzepts, das von den US-Amerikanern Robert S. Kaplan und David P. Norton entwickelt wurde. Während zunächst Unternehmen als Ganzes sich mit Balanced Scorecards beschäftigten, wurde das Konzept auch immer häufiger auf einzelne Bereiche und Abteilungen übertragen und wird in wachsendem Maße auch zur Steuerung von Projekten eingesetzt. Die Anwendung ist nicht nur vergleichsweise einfach, weil das Projekt letztlich ein Unternehmen im Unternehmen darstellt, sondern auch besonders hilfreich, weil die Steuerungsgrößen je nach Projekt individuell entwickelt und kommuniziert werden müssen. Gerade hierfür bietet sich die Balanced Scorecard als Managementinstrument hervorragend an. Sie verhindert zudem, das Projekt einseitig unter Ertragsaspekten zu führen und dabei qualitative, terminliche und motivatorische Aspekte zu vergessen.

Beispiele für solche Fehlsteuerungen von Projekten

Die Projektleitung sieht den Fertigstellungstermin als wichtigste Zielgröße an. Als sich erste Verzögerungen einstellen, wird der Druck auf die Mitarbeiter erhöht. Diese geben dem Druck nach, so dass sich Qualitätsmängel einschleichen. Aus Zeitmangel werden Prüfungen unterlassen. Das Projekt wird zwar rechtzeitig fertig, der Kunde verlangt aber Nachbesserungen, außerdem verweigert er Folgeaufträge. Die einseitige Orientierung am Termin war hier also nicht optimal, das Projekt ist aus dem Gleichgewicht von Kosten, Qualität und Termin gekommen.

Die Unternehmensleitung vergibt ein Kundenprojekt an ein Projektteam. Sie betont die Wichtigkeit des Kunden; er möge als Referenzkunde angesehen werden. Die Projektleitung achtet daraufhin auf höchste Qualitätsorientierung und führt während der Projektlaufzeit zusätzliche Qualitätsprüfungen ein. Die zusätzlichen Kosten werden als weniger problematisch angesehen, weil sie sich über mögliche Folgeaufträge wieder einspielen lassen. Außerdem kommt es zu Terminverschiebungen, die aber als „bei der guten Qualität verzeihlich" angesehen werden. Für den Kunden stellen die Verzögerungen große Probleme dar, er hatte sich auf den Liefertermin verlassen. Es stellt sich heraus, dass sein Qualitätsanspruch gar nicht so hoch war.

„Balanced" ist nur ein Element des Konzepts. Ziel ist letztlich die Gestaltung einer Scorecard, was ins Deutsche meist als Berichtsbogen übersetzt wird. Dabei geht es um die Steuerungsgrößen des Unternehmens oder Projekts, dies sind die Kennzahlen und/oder Ziele. Eine Scorecard enthält eine Reihe von Kennzahlen, die nach dem **Prinzip der Ausgewogenheit** (eben „balanced") ausgewählt wurden.

Im Unterschied zu den Kennzahlen und Kennzahlensystemen, die sich nicht selten recht unkontrolliert im Unternehmen tummeln, soll eine Scorecard ein Arbeitsinstrument sein, effektiv und übersichtlich. Sie soll operative wie strategische Entscheidungen unterstützen und über das jeweils aktuelle Maß der Zielerreichung informieren. Dabei soll sie vor allem eine Beschränkung auf die Informationen unterstützen, die wirklich benötigt werden. Sie ist damit auch ein Instrument zur Konzentration auf die wesentlichen Steuerungsgrößen, zur Beseitigung des Informationsüberflusses.

Ein weiteres Merkmal ist die **Individualität** der Scorecard. Während man sich früher gerne Gedanken über möglichst weit anwendbare Kennzahlensysteme machte, steht nun die Anpassung an individuelle Gegebenheiten im Vordergrund. Je nach Anlage des Projekts können höchst unterschiedliche Scorecards zum Einsatz kommen oder bewusst auch eine Standardversion für alle Projekte, die Vergleiche untereinander vereinfacht (z. B. bei immer wiederkehrenden Softwareprojekten eines Anwendungsbereiches).

Das Prinzip der Kausalität

Kennzahlen sind überwiegend darauf ausgerichtet, alleine zu stehen. Sie orientieren sich an unternehmerischen Zielen und messen deren Einhaltung. Klassische Kennzahlensysteme müssen sich zudem der Kritik aussetzen, dass die Verbindung zwischen den Handlungen im Unternehmen und finanziellen Erfolgsgrößen zu wenig dargestellt wird und der Zukunftsbezug fehlt.

Kaplan und Norton griffen die zu einseitige finanzwirtschaftliche Ausrichtung von Kennzahlen und die zu starke Vergangenheitsorientierung als Kritikpunkte auf und entwickelten ein vernetztes System von Kennzahlen, das sich in seiner Grundform **vier Perspektiven** widmet:

- der finanzwirtschaftlichen Perspektive,
- der Kundenperspektive,
- der internen Prozessperspektive und
- der Lern- und Entwicklungsperspektive.

Diese vier Perspektiven stehen in einer kausalen Beziehung zueinander und decken (im Normalfall) einen erheblichen Teil der erfolgsrelevanten Bereiche des Unternehmens ab. Maßgebend ist die Unternehmensstrategie, aus der sich die finanziellen Ergebnisse ableiten lassen. Um diese zu erreichen, sind bestimmte Leistungen bei den Kunden erforderlich, die wiederum geeignete interne Prozesse voraussetzen. Schließlich stellen Lernprozesse die Grundlage für eine erfolgreiche Prozessgestaltung dar. Abbildung 4.42 gibt einen Überblick.

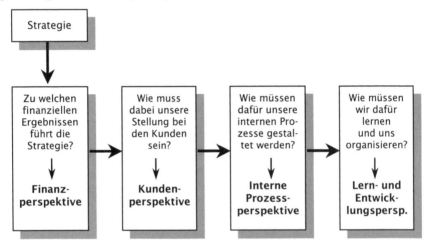

Abbildung 4.42: Kausalbeziehungen zwischen den vier Perspektiven der Balanced Scorecard

Diese vier Perspektiven sind aber nicht gar so streng miteinander verbunden, wie es Abbildung 4.42 zeigt. Vielmehr haben hervorragende interne Prozesse auch direkte Auswirkungen auf das finanzielle Ergebnis des Unternehmens, wie sich etwa auch eine effiziente Informationsnutzung durch die Mitarbeiter unmittelbar auf die Kundenzufriedenheit auswirkt. Es handelt sich also nicht um ein lineares Modell, vielmehr soll es die Vernetzung von Ursachen und Erfolgsfaktoren spiegeln.

Die **finanzwirtschaftliche Perspektive** repräsentiert die ertragsorientierten Ziele des Unternehmens/Projekts. Jede unternehmerische Handlung ist letztlich darauf ausgerichtet, die Rentabilität zu steigern. Die Anteilseigner und Fremdkapitalgeber erwarten eine festgelegte oder maximale Verzinsung ihres Geldes. Projekte müssen einen angemessenen Beitrag dazu leisten. Insofern verbirgt sich hier die zentrale Zielsetzung des Unternehmens. Die finanziellen Ziele alleine sind jedoch für die Unternehmensführung nicht hilfreich, weil sie die Ursachen für die Erfüllung oder Nichterfüllung außer Acht lassen. So wird dem Management nicht kommuniziert, über welche Stufen ein Ertragsziel zu erreichen ist. Diese Verbindung herzustellen ist Aufgabe der weiteren Perspektiven.

Finanzieller Erfolg wird beispielsweise durch eine hohe Kundenzufriedenheit erreicht. Zufriedene Kunden sind langfristige Kunden, so dass Marketingaufwand gespart werden kann und der Druck auf die Preise abnimmt. Die Erzielung einer hohen Kundenzufriedenheit führt automatisch zu einer hohen finanzwirtschaftlichen Leistung, wenn auch mit einer gewissen Zeitverzögerung. Die Balanced Scorecard bezieht **kundenspezifische Kennzahlen** ein, weil sie ein wichtiger Baustein für die Unternehmensleistung sind. Sie eignen sich als Kontrollinstrument, weil konkretes Handeln Auswirkungen auf die Beziehung zu Kunden hat.

Erfolg bei Kunden und finanzieller Erfolg werden durch eine entsprechende Leistungsfähigkeit der **unternehmensinternen Prozesse** erreicht. Im Rahmen der internen Prozessperspektive werden Ziele formuliert, die sich auf die erfolgsträchtigsten Prozesse beziehen. Dazu ist zu analysieren, wie die finanziellen und kundenbezogenen Ziele erreicht werden können. Neben bestehenden Prozessen (Produktionsverfahren, Vertriebsmethoden, Führungssysteme, Serviceleistungen usw.) sollen auch innovative Prozesse einbezogen werden, die erst in nächster Zukunft eingesetzt werden. Damit soll verhindert werden, dass durch das Kennzahlensystem der Status quo erhalten bleibt.

Schließlich muss zur Erreichung der Ziele eine geeignete Infrastruktur zur Verfügung stehen. Dazu gehören Faktoren wie Weiterbildung und Informationssysteme. Mit der **Lern- und Entwicklungsperspektive** soll die Lücke zwischen den Leistungszielen und den Menschen geschlossen werden, die sie erreichen sollen. Oftmals wird sie auch als Mitarbeiterperspektive bezeichnet. Sie beinhaltet personalwirtschaftliche Zielsetzungen wie etwa die Mitarbeiterzufriedenheit und analysiert die Qualität der Informationsversorgung, zum Beispiel über die Kunden.

Wichtige Voraussetzung für die Konstruktion und Anwendung einer Balanced Scorecard ist das Verständnis für **Ursache-Wirkungs-Zusammenhänge**. Hat man festgestellt, dass die Kundentreue ein Faktor zur Steigerung der Rendite ist, ist zu fragen, wovon die Kundentreue abhängt. Dies kann die pünktliche Lieferung der Waren sein. Eine pünktliche Auslieferung wird in den internen Prozessen durch eine bestimmte Prozessqualität und kurze Durchlaufzeiten gewährleistet. Diese setzen wiederum Fachwissen der Mitarbeiter über die Prozessgestaltung voraus. So sind umfangreiche Abhängigkeiten dargestellt, die deutlich machen, dass eine Kennzahl zur Lieferzuverlässigkeit Auswirkungen auf die erreichte Rendite hat. Gleichzeitig zeigt sie Möglichkeiten auf, die Rendite weiter zu steigern.

Perspektive	Grundfrage	Ziele	Wichtige Kennzahlen
Finanzen	Wie sollen wir gegenüber unseren Teilhabern auftreten, um finanziellen Erfolg zu haben?	Ertragswachstum/-mix	Umsatzwachstumsrate
			Neuproduktanteil
			Rentabilität
		Kostensenkung/ Produktivitätssteigerung	Mitarbeiterproduktivität
			Kostensenkungsrate
			Kostenanteile
		Nutzung von Vermögenswerten	Investitionsanteil
			Kapitalrentabilität
			Working Capital
Kunde	Wie sollen wir gegenüber unseren Kunden auftreten, um unsere Vision zu verwirklichen?	Identifikation der Kunden- und Marktsegmente, in denen das Unternehmen tätig und wettbewerbsfähig sein will	Kundenzufriedenheit
			Kundenrentabilität
			Kundentreue
			Kundenakquisition
			Marktanteil
Interne Geschäftsprozesse	In welchen Geschäftsprozessen müssen wir die Besten sein, um unsere Teilhaber und Kunden zu befriedigen?	Ausrichtung der internen Prozesse auf die Ziele der Kunden und Anteilseigner; Steuerung mit Hilfe eines umfassenden Performance-Measurement-Systems	Prozesszeit
			Prozessqualität
			Prozesskosten
			Innovationszeit
			Innovationsqualität
			Innovationskosten
			Kundendienstqualität
Lernen und Entwicklung	Wie können wir unsere Veränderungs- und Wachstumspotenziale fördern, um unsere Vision zu verwirklichen?	Schaffung der für die Erreichung der Ziele der anderen Perspektiven notwendigen Infrastruktur	Mitarbeiterzufriedenheit
			Mitarbeitertreue
			Mitarbeitermotivation
			Informationsnutzung

Abbildung 4.43: Die Standardperspektiven der Balanced Scorecard

Abbildung 4.43 gibt einen zusammenfassenden Überblick über die Perspektiven. Die genannten Kennzahlen stellen dabei nur die Auswahl wichtiger, allgemein einsetzbarer Kennzahlen dar. Je nach Unternehmen und Branche eignen sich andere Kennzahlen, die spezifischer auf die Situation ausgerichtet sind. Hier muss das Controlling individuell prüfen, welche Kennzahlen eingesetzt werden und welche Kausalzusammenhänge jeweils bestehen.

Die Entwicklung einer projektbezogenen Balanced Scorecard

Das vorgestellte Konzept ist relativ einfach auf ein bestimmtes Projekt zu übertragen. Dabei wird das Projekt wie ein mehr oder weniger selbstständiges Unternehmen betrachtet, das vorgegebene Ziele erreichen will und dabei die Interessen seiner Kunden/Auftraggeber berücksichtigen muss. Es erbringt seine Leistung durch geeignete, qualitativ hochwertige Prozesse und baut dabei auf den Potenzialen der Mitarbeiter und vorhandenen Informationen auf.

Dieser Zusammenhang muss sich sowohl in den Perspektiven als auch in den ausgewählten Steuerungsgrößen spiegeln. Projekte, deren Zweck die Erstellung einer marktfähigen Leistung ist (eine individuelle Anlage, eine Software, eine abgeschlossene Dienstleistung usw.), kommen in der Regel mit den bereits vorgestellten vier Perspektiven gut zurecht. Kreative Projekte, etwa die Entwicklung einer Werbekampagne, die Organisation eines Betriebsausflugs u. Ä. benötigen dagegen meist eine individuellere Struktur, vielleicht auch nur zwei oder drei Perspektiven. Wichtig ist: Es kommt nicht darauf an, den Standard auf das Projekt überzustülpen, sondern darauf, für das jeweilige Projekt das optimale Steuerungsinstrument zu organisieren (anders gesagt: bottom up statt top down).

> Die Entwicklung der Scorecard sollte vom Lenkungsausschuss vorgenommen werden. Sofern dessen Besetzung die unterschiedlichen Zielsetzungen des Projekts repräsentiert, kann dadurch die Berücksichtigung des Zielspektrums sichergestellt werden. Sofern kein Lenkungsausschuss gebildet wurde, muss der Projektleiter ein Team mit anderen Projektleitern und Entscheidungsträgern bilden.

Die Einbindung der Projektmitarbeiter ist einerseits vorteilhaft, da sie mit der Scorecard arbeiten müssen, andererseits aber oft ein organisatorisches Problem. Die Scorecard sollte vor dem Projektstart entwickelt werden, viele Teammitglieder sind dann aber noch nicht verfügbar. Wird sie nach dem Start erstellt, geht wertvolle Zeit für das Projekt verloren, so dass die Bereitschaft zur Mitarbeit sinkt.

Orientiert man sich zunächst an den klassischen Perspektiven, so ergibt sich etwa die in Abbildung 4.44 gezeigte „Übersetzung" für ein Projekt. Beispiele für in den jeweiligen Perspektiven einsetzbare Kennzahlen zeigt Abbildung 4.45.

Ergebnisperspektive

„Welche Ziele stehen im Mittelpunkt des Projekts?"
„Was wollen wir mit dem Projekt erreichen?"

Erfasst die zentralen Ziele des Projekts, insbesondere wirtschaftliche.
Berücksichtigt auch weitere Faktoren, die die Wirtschaftlichkeit des Projekts
beeinflussen. Vor allem kann auch die Termineinhaltung im Vordergrund
stehen.

Kundenperspektive

„Was erwarten die Auftraggeber von dem Projekt?"
„Wie kann das Projekt diese Erwartungen erfüllen?"

Beschreibt die messbaren Reaktionen der Kunden, Auftraggeber und
ggf. weiterer Interessengruppen. Gibt an, ob und inwieweit das Projekt
aus Kundensicht als Erfolg gewertet wird.

Leistungs-/Prozessperspektive

„Wie müssen wir das Projekt steuern,
um die Anerkennung durch die Kunden zu erhalten?"
„Welche Maßnahmen führen zum wirtschaftlichen Erfolg des Projekts?"

Erfasst die wesentlichen Stellgrößen der Projektsteuerung.
Beschreibt die Erfolgsfaktoren der Projektarbeit sowohl aus Management-
als auch aus fachlicher Sicht.

Lern- und Entwicklungsperspektive

„Welche Voraussetzungen müssen wir im Projekt schaffen,
um die angestrebte Leistung zu erbringen?"

Beschreibt die erforderlichen Ressourcen für die erfolgreiche Projektarbeit.
Bezieht vor allem die Mitarbeiter und ihre Motivation ein.

Abbildung 4.44: Balanced Scorecard für Projekte

Ergebnisperspektive

Im Original die Finanzperspektive. Da Projekte nicht immer (nur) rein finanzielle Zielsetzungen haben, sollten hier auch andere zentrale Ziele berücksichtigt werden, so dass der allgemeine Begriff „Ergebnisperspektive" treffender ist. Die Erlöse aus dem Projekt können im Mittelpunkt stehen, allerdings nur dann, wenn das Projektergebnis am Markt angeboten wird und kein fester Abnahmepreis zugesagt wurde. Ist dies der Fall, dann bietet es sich an, die Höhe eventueller Zugeständnisse nach Projektabnahme als Steuerungsgröße anzugeben. An dieser Stelle ergeben sich oft Probleme, weil die Profitabilität des Projekts aufgrund von Nachbesserungen oder Preisnachlässen wegen Verspätungen kippt.

Kundenperspektive

Die problematischste Perspektive, weil Kunden mal interne Auftraggeber, mal externe Geschäftspartner sind. Daraus ergeben sich ganz unterschiedliche Ansatzpunkte für die Erfolgssteuerung. Grundsätzliches Problem ist dabei die Tatsache, dass Projekte naturgemäß Einzelereignisse und somit Kennzahlen wie Kundentreue und Wiederkaufrate nur eingeschränkt einsetzbar sind. Man muss daher genau analysieren, was einen „guten Kunden" und den Erfolg bei ihm ausmacht. Anders als im reinen Warenverkaufsgeschäft spielt hier die Bedeutung des Projekts für den Kunden eine zentrale Rolle. Vergibt er einen für seine Verhältnisse großen Auftrag bzw. ist es sein einziger Projektauftrag, dann spricht dies für ein hohes Leistungspotenzial des Auftragnehmers und eine gute Vertrauensbasis. Außerdem ist mit einem hohen Maß an Unterstützung durch den Kunden zu rechnen, ggf. erforderliche Terminverschiebungen können meist durch Verschiebungen bei anderen Projekten aufgefangen werden.

Checkliste 15: Balanced Scorecard

Auf den folgenden Seiten werden zahlreiche Kennzahlen aufgeführt, die für die Erstellung einer projektbezogenen Balanced Scorecard eingesetzt werden können. Dazu müssen oft noch individuelle Kennzahlen entwickelt werden, die exakt auf die Besonderheiten des Projekts abgestimmt sind. Aufgrund der möglichen Vielfalt solcher (oftmals qualitativen) Kennzahlen können sie hier nicht berücksichtigt werden.

Perspektive	Kennzahl	Definition
Ergebnis-perspektive	Fremdkostenanteil	Anteil der Kosten für externe Dienstleister an den Gesamtkosten. Vor allem dann sinnvoll, wenn die Leistungen auch intern zu erbringen gewesen wären und die Kosten jeweils unterschiedlich hoch sind.
	Personalkosten pro Tag	Kontrolle vor allem der Honorarausgaben, erleichtert den Vergleich mehrerer Projekte miteinander.
	Gesamtkosten	Umfassende Kontrolle der Kosten, vor allem bei internen Projekten anzusetzen, für die kein Preis besteht.
	Projektrendite	Verzinsung des eingesetzten Kapitals für das Projekt (nur bei selbstständigen Großprojekten sinnvoll einsetzbar): Überschuss (Projektgewinn) : eingesetztes (zurechenbares) Gesamtkapital.
	Projekt-Deckungsbeitrag	Projektumsatz – direkt zurechenbare Kosten. Kosten, die zu den Gemeinkosten des Unternehmens gehören (z. B. Infrastruktur) werden nicht berücksichtigt. Dadurch entfällt das Problem der (un-)gerechten Schlüsselung von Kosten.
	Preisrealisierung	Abweichung des erzielten Preises vom geplanten (vereinbarten); kontrolliert den Anteil möglicher Erlösschmälerungen aufgrund von Mängeln, Verspätungen usw.
	Termineinhaltung	Abweichung des Ablieferungstermins vom zugesagten Termin; kontrolliert mögliche Schadensersatzansprüche.
	Budgeteinhaltung	Abweichung der tatsächlichen Kosten von den budgetierten; Maß der Kostendisziplin und Schätzgenauigkeit; soll manipulatives Budgetieren eingrenzen.
	Budgeteinhaltung der Kostenstellenkosten	Detailgröße der Budgeteinhaltung; Steuerungsgröße für die Kostenstellenverantwortlichen.
	Nacharbeitskosten	Höhe/Anteil der Kosten für Nachbesserungen aufgrund von berechtigten Reklamationen oder zu deren Abwehr; Teil der Fehlerkosten.
	Umsetzungsquote (Einhaltung der Leistungszusagen)	Erfasst den Anteil der tatsächlich im Projektprodukt umgesetzten Anforderungen des Auftraggebers. Vor allem dann einsetzbar, wenn objektiv prüfbare Einzelleistungen erbracht werden.
	Gesamt-Mannstunden	Misst den Personalaufwand; zum Vergleich inhaltlich gleicher Projekte.

Perspektive	Kennzahl	Definition
Kunden-perspektive	Projektnutzen	Wirtschaftliche Bedeutung des Projekts für den Auftraggeber; Indikator für die Wertschätzung des Projektteams.
	Wiederholungsauftrags-rate/-wahrscheinlichkeit	Indikator der Kundenzufriedenheit; nur bei Kunden anwendbar, die für weitere Aufträge in Frage kommen.
	Reklamationsrate	Anzahl von Reklamationen, meist bezogen auf die ausgelieferten Funktionen oder Arbeitspakete (Teilprojekte).
	Projektanteil beim Kunden	Anteil des eigenen Auftragsvolumens am Gesamtvolumen des Kunden; Indikator der Wertschätzung und Maßgröße der Abhängigkeit des Kunden.
	Anteil am Gesamt-projektvolumen	Einsetzbar nur bei Teilprojektaufträgen: Welchen Anteil des Gesamtprojekts erhalten wir?
	Kundenzufriedenheit	Umfassende Größe, allerdings schwer zu erfassen.
	Projektvolumen-steigerung	Misst den wirtschaftlichen Erfolg bei Kunden. Volumensteigerungen sprechen für wachsendes Vertrauen und sind Indikator der Kundenzufriedenheit.
Leistungs-/ Prozess-perspektive	Kapazitätsnutzung	Übereinstimmung der genutzten Kapazität (z. B. Personal) mit der geplanten (verfügbaren); Ziel ist eine optimale Kapazitätsnutzung, das heißt keine Engpässe, aber auch keine ungenutzten Kapazitäten.
	Termineinhaltung	Alternativ zur Termineinhaltung in der Ergebnisperspektive; dient der Steuerung auch auf Teilprojektebene, hier mehr auf Arbeitsdisziplin im Projektteam bezogen.
	Kundeninput (Beteiligung am Projekt)	Ausmaß der Beteiligung des Kunden am Projektverlauf (Zurverfügungstellung von Informationen, Rückmeldungen usw.); meist nur intuitiv schätzbar (als Teil von 100 % = optimal).
	Spezifikations-einhaltung (auch zwischendurch)	Ausmaß der Abweichungen realisierter Funktionen und Merkmale von den geforderten; steuert die Orientierung an den Kundenwünschen.
	Zahl der Änderungen im Projektverlauf	Wesentlicher Kostenindikator; beeinflusst durch die Qualität der Planung, aber auch die Zusammenarbeit mit dem Auftraggeber.

Perspektive	Kennzahl	Definition
Leistungs-/ Prozess- perspektive (Fortsetzung)	Anteil projektfremder Tätigkeiten (Linie, Verwaltung)	Kostenindikator; erfasst die Aufwendungen für Arbeiten, die nicht dem Projektfortschritt dienen (Abberufung in Linientätigkeit, administrative Arbeiten wie Stundenaufschreibung, Berichterstattung).
	Kalkulationsabweichung	Indikator für die Einhaltung der Kostenziele und die Qualität der Kalkulation.
	Anzahl der Fehler pro Test/Phase	Ermöglicht eine genauere Zurechnung von aufgetretenen Fehlern.
	Anzahl der Terminverschiebungen	Kontrolliert die Qualität der Zeitplanung und die Termineinhaltung; auch einsetzbar, wenn Endtermin flexibel ist.
Lern- und Entwicklungs- perspektive	Mitarbeiterqualifikation	Teilweise objektiv zu bestimmen als Anteil einschlägig qualifizierter Mitarbeiter im Projektteam; auch subjektiv als Maß der Erfahrung mit dem Thema.
	Zahl der Abstimmungs- treffen	Indikator der Koordinationsqualität; Zahl der Meetings kann im Hinblick auf Koordinationserfordernisse und Kosten optimiert werden.
	Nutzung des Dokumen- tationssystems	Einsetzbar bei vorhandenen Programmen zur Projektdokumentation; misst deren Akzeptanz und Einsatz.
	Anteil der vorgeplanten Arbeitspakete	Maßgröße des Umfangs und der Intensität der Projektplanung; Indikator der Planungsgenauigkeit mit Konsequenzen für Spezifikations-, Budget- und Termineinhaltung.
	Anteil der Wunschmitar- beiter an der Mitarbei- terzahl	Indikator für die Eignung der Projektmitarbeiter. Misst auch die Unterstützung des Projekts durch die Linieninstanzen, die Mitarbeiter abstellen.
	Zahl der Verbesserungs- vorschläge	Misst die Innovationsfähigkeit und -bereitschaft im Projekt; qualitative Komponente sollte eingebaut werden.
	termingerechte Abberu- fung aus der Linie	Indikator für die Unterstützung durch die Linieninstanzen und die Qualität der Einsatzplanung durch den Projektleiter.
	Involvement des Lenkungsausschusses	Zum Beispiel durch die Regelmäßigkeit der Teilnahme an Besprechungen messbar.
	Vollständigkeit des Pflichtenhefts	Indikator für den Umfang der Anforderungsanalyse; wichtige Grundlage für erfolgreiche Leistungen. Meist nur subjektiv zu schätzen.

Abbildung 4.45: Beispiele für Kennzahlen in Projekt-Scorecards

Leistungs-/Prozessperspektive

Diese Perspektive deckt die jeweils relevanten (Leistungs-)Steuerungsgrößen ab, die während der Projektlaufzeit angewandt werden. Je nachdem, worin die zentralen Erfolgsfaktoren des Projekts gesehen werden, stehen hier unterschiedliche Merkmale im Mittelpunkt. Bei der Auswahl der Kennzahlen ist also zu fragen: „Was macht das Projekt erfolgreich?", „An welchen Leistungsmerkmalen werden wir gemessen?" Spielt die Einhaltung des Abgabetermins eine wichtige Rolle, dann müssen hier terminbezogene Kontrollgrößen eingesetzt werden. Ist eine intensive Zusammenarbeit mit dem Auftraggeber erforderlich, dann muss auch diese kontrolliert werden, etwa durch die Häufigkeit des Kontakts oder den Umfang der bereitgestellten Informationen.

Lern- und Entwicklungsperspektive

Hier geht es nun um die internen Voraussetzungen für den Projekterfolg. Was ist zu tun, um die erfolgreiche Arbeit zu gewährleisten? Wie müssen die Mitarbeiter geführt werden, worauf muss die interne Kommunikation achten? Je nach Art des Projekts kann die Qualifikation der Mitarbeiter eine zentrale Rolle spielen, etwa bei Entwicklungsprojekten. Eine hohe Komplexität setzt geeignete Abstimmungsprozesse voraus, die sowohl persönlich (bei kreativem Schwerpunkt) als auch formal (bei technischem Schwerpunkt) ausgestaltet sein können. Hier muss entschieden werden, welche Prozesse am besten geeignet sind und wie intensiv sie eingesetzt werden müssen.

Beispiel der Schöne Produkte GmbH

Nachdem sich in dem Beispiel des Springbrunnenprojekts schon zahlreiche Probleme zeigten, stellt sich die Frage, ob die Bilanz mit Einsatz einer projektbezogenen Balanced Scorecard besser ausgesehen hätte.

1. Ziele und Forderungen an das Projekt

Mit dem Wissen über die Schwierigkeiten des Projekts im Hintergrund lassen sich folgende Ziele und Forderungen als Grundlage der Scorecardentwicklung definieren:

- Zwischen den Funktionsbereichen muss eine Abstimmung sichergestellt werden.

- Die Zusammenarbeit mit den Lieferanten muss gut vorbereitet werden.

- Die Anforderungen an das neue Produkt müssen vollständig erfasst sein.

- Der Zeitplan muss stetig überwacht und ggf. korrigiert werden.

- Es muss zwischenzeitig festgestellt werden, ob das Projekt auf dem richtigen Weg ist, das heißt das neue Produkt funktioniert und akzeptiert wird.

- Die Handelspartner sollen den Verkauf fördern.

- Das neue Produkt soll das Image des Unternehmens stärken und den Gesamtabsatz fördern.

- Die Kosten des Projekts sollten so niedrig sein, dass sich ein positiver Projekt-Deckungsbeitrag erzielen lässt.

2. Bestimmung der Perspektiven

Der nächste Schritt ist die Bestimmung der Perspektiven. Aufgrund der Individualität von Projekten können deutliche Abweichungen von dem dargestellten 4er-Schema sinnvoll sein. Die Kausalität bleibt jedoch immer erhalten. In diesem Beispiel, das recht nahe an einer typischen Unternehmensscorecard ist, können die bekannten Perspektiven eingesetzt werden:

Grundlage des Projekts sind die Zusammenarbeit der betroffenen Abteilungen und eine umfassende Informationsbasis. Diese können in der Lern- und Entwicklungsperspektive erfasst werden.

Die Prozesse des Projekts konzentrieren sich auf die Produktentwicklung. Dabei kommt es auf die Einhaltung der Zeitvorgaben, die technische Qualität und die Übereinstimmung mit den Kundenwünschen an. Hierfür ist die interne Prozessperspektive zuständig.

In diesem Projekt sind zwei Kunden zu berücksichtigen. Zum einen sind es die Produktkunden (also Händler und Verbraucher), als Auftraggeber des Projekts aber auch die Geschäftsführung. Diese Konstellation kann auf unterschiedliche Weise in die Scorecard eingehen. In diesem Fall wurde entschieden, das Projekt in Anlehnung an ein Unternehmen zu begreifen und damit die Produktkunden als Kunden zu verstehen und die Interessen des Auftraggebers zu den Ergebnissen zu zählen. In anderen Fällen werden beispielsweise auch zwei Kundenperspektiven eingeführt oder die Kunden mit zur Ergebnisperspektive gezählt. Welche Lösung geeigneter ist, ergibt sich bei der Prüfung der Kausalität.

Die vierte Perspektive ist die Ergebnisperspektive, die die Zielgrößen des Projekts umfasst. In diesem Fall ist auch zu berücksichtigen, dass das Projekt einen positiven Effekt auf das Unternehmen insgesamt haben soll. Insofern ergibt sich wieder eine gesamtunternehmerische Perspektive.

3. Auswahl der Kennzahlen

Nunmehr können die Kennzahlen ausgewählt bzw. auch erst definiert werden. Für dieses Projekt wurden folgende gewählt:

Lernen und Entwicklung

Zahl der Projektmeetings (mit umfassender Besetzung) – Damit soll sichergestellt werden, dass es zu einem regelmäßigen Informationsaustausch kommt und nicht ein Beteiligter sich darüber beschweren kann, nicht gefragt worden zu sein. Eine solche Kennzahl muss allerdings vorsichtig gehandhabt werden, denn es könnten leicht recht unsinnige Treffen anberaumt werden, nur um die Vorgabe zu erfüllen.

Vollständigkeit des Pflichtenhefts – Diese Kennzahl, deren Wert nur anhand vorhandener Checklisten zu schätzen ist, soll dazu beitragen, vollständig die Anforderungen der Kunden zu erfassen und systematisch die Vorgehensweise zu planen.

Qualität der Lieferantenselektion – Da in diesem Projekt die Leistung der Lieferanten eine besondere Rolle spielt, gleichzeitig aber ein hoher Zeitdruck existiert, soll eine umfassende Lieferantenselektion sichergestellt werden. Dabei geht es um die Prüfung der technischen und Lieferfähigkeiten. Die Kennzahl erfasst, in welchem Umfang vorhandene Bewertungsschemata aus dem Einkauf abgearbeitet wurden.

Interne Prozessperspektive

Zahl der Tests – Kontrolliert, inwieweit der Erfolg des entwickelten Produkts während des Projekts kontrolliert wird. Dabei kann die Zahl der Tests/Befragungen bei Kunden gewertet werden, was auch an die Definition entsprechender Meilensteine gebunden werden kann.

Detailliertheit der Zeitplanung – Erfasst das Ausmaß genauer Zeitplanung für die einzelnen Prozessschritte. Hierfür muss vorab klar sein, welche Aufgaben zu dem Projekt gehören. Dann kann festgestellt werden, für wie viele davon eine Zeitplanung besteht. Bei einem vollständigen Netzplan wären übrigens 100 % erreicht.

Reparaturkosten – Hierbei handelt es sich zwar auch um eine Erfolgsgröße (weil über die Kosten der Gewinn beeinflusst wird), sie ist aber hier in erster Linie ein Indikator für die entwickelte Produktqualität. Insofern lässt sch die Qualität der Prozesse über diese Kostengröße kontrollieren.

Umfang der Marketingmaßnahmen – Diese Kennzahl soll sicherstellen, dass das neue Produkt durch ausreichende Werbe- und Verkaufsförderungsaktivitäten bei der Einführung begleitet wird. Da einzelne Maßnahmen im Rahmen eines Projekts nur schwer zu erfassen sind, wird das eingesetzte Budget verwendet.

Kundenperspektive

Reklamationsrate – Sie ist ein Indikator für die Kundenzufriedenheit, wobei als bestimmender Faktor die Produktleistung/-qualität im Vordergrund steht.

Wiederkaufrate – Geht noch einen Schritt weiter als die Reklamationsrate und erfasst, in welchem Maße das Produkt wiederholt gekauft wurde. Dies setzt eine besondere Kundenzufriedenheit voraus.

Image des Anbieters beim Kunden – Hiermit können auch die weichen Faktoren erfasst werden, etwa Sympathie oder die Positionierung des Anbieters. Die Ermittlung ist allerdings umso schwieriger. Im Rahmen des Projekts verständigte man sich darauf, Rückmeldungen aus dem Vertrieb sowie subjektive Eindrücke des Managements zu werten.

Ergebnisperspektive

Termineinhaltung – Die Größe kann auf einzelne Projektphasen (Meilensteine) oder das Projekt insgesamt bezogen werden. Erfasst wird die Abweichung von den Vorgaben bzw. der Anteil der eingehaltenen Termine.

Budgeteinhaltung – Wie oben, nur dass mangels detaillierter Budgets nur die Einhaltung des Gesamtbudgets kontrolliert werden kann.

Projekt-Deckungsbeitrag – Dieser ist die zentrale Ertrags-Erfolgsgröße und bezieht die zurechenbaren Kosten und den erzielten Umsatz ein. Dabei muss der Umsatz einer abgegrenzten Periode eingesetzt werden, um die Kennzahl überhaupt einmal ermitteln zu können. Hier sollen alle Bestellungen bis zum Ende des Einführungsjahres berücksichtigt werden.

Steigerung des Gesamtumsatzes – Diese Kennzahl bezieht sich auf das gesamte Unternehmen, weil das neue Produkt das Unternehmen insgesamt attraktiver machen sollte. Hiermit kann erfasst werden, ob gleichzeitig andere Produkte verstärkt verkauft wurden (bzw. auch umgekehrt).

4. Vorgabe von Zielwerten

Die ausgewählten Kennzahlen können nun in eine Tabelle eingetragen und um die jeweiligen Zielvorgaben ergänzt werden. Es ergibt sich folgendes Bild:

Perspektive	Kennzahl	Zielgröße
Ergebnis-perspektive	Budgeteinhaltung	95 %
	Termineinhaltung	100 %
	Projekt-Deckungsbeitrag	800.000 €
	Steigerung des Gesamtumsatzes	+ 5 %
Kunden-perspektive	Reklamationsrate	< 5 %
	Wiederkaufrate	> 40 %
	Image des Anbieters beim Kunden	merkliche Verbesserung
interne Prozess-perspektive	Zahl der Tests	3
	Detailliertheit der Zeitplanung	80 %
	Reparaturkosten	< 20.000 €
	Umfang der Marketingmaßnahmen	200.000 €
Lern- und Entwicklungs-perspektive	Zahl der Projektmeetings	6
	Umfang des Pflichtenhefts	100 %
	Qualität der Lieferantenselektion	100 %

Abbildung 4.46: Balanced Scorecard für ein Produktentwicklungsprojekt

5. Prüfung auf Kausalität

Nunmehr kann mit Hilfe eines Kausaldiagramms geprüft werden, ob die Kennzahlen die kausalen Zusammenhänge im Projekt abbilden können. Stellt sich heraus, dass eine Kennzahl keinerlei Verbindung zu einer übergeordneten aufweist, dann ist sie keine sinnvolle Steuerungsgröße, sie leistet nämlich keinen Beitrag zur Zielerreichung. Ebenso müssen parallele Verbindungen vermieden werden, weil dann zwei Kennzahlen eine identische Bedeutung haben. Hier würde man sich zu viel Arbeit machen, ohne einen entsprechenden Nutzen draus zu ziehen.

Abbildung 4.47 zeigt das Kausaldiagramm für dieses Projekt. Es bestätigt die Auswahl der Kennzahlen, kann aber keinen Hinweis darauf geben, ob andere Kennzahlen vielleicht noch besser geeignet wären.

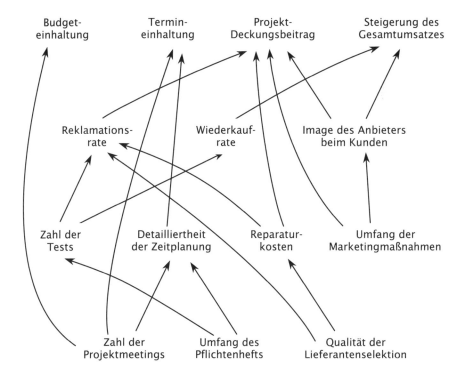

Abbildung 4.47: Kausaldiagramm zur Projekt-Balanced Scorecard

4.6 Projektkontrolle

Die Projektkontrolle kann und muss anhand der Kriterien vorgenommen werden, die auch in der Zielformulierung bzw. Planung berücksichtigt werden (siehe dazu Kapitel 1):

* inhaltlicher Fortschritt
* Zeit
* Kosten
* Umsetzung

Die Umsetzung kann allerdings im Gegensatz zu den anderen Zielgrößen erst nach dem Projektende kontrolliert werden. Insofern ergeben sich Unterschiede in der Vorgehensweise. Hier soll es in erster Linie um die laufende Kontrolle gehen, so dass die Umsetzung nicht berücksichtigt wird.

Die Definition von **Meilensteinen** spielt für die Kontrolle eine wichtige Rolle. Sie stellen jeweils einen Zwischenschritt dar, der für das Projekt von Bedeutung und auch leicht kontrollierbar ist. Beispiele für geeignete Meilensteine sind: Abschluss der Entwicklungsphase, fertiger Prototyp.

4.6.1 Vergleichsarten

Kontrolle besteht im Wesentlichen aus Vergleichen von Plan und Ist, das heißt den geplanten/budgetierten und den tatsächlich erreichten Werten. Das geht bei der Kontrolle einer kontinuierlich erbrachten Arbeitsleistung relativ einfach, weil sie weitgehend konstant und ohne Unterbrechungen erfolgt. Insofern fällt es leicht, zu bestimmten Zeitpunkten Leistungen zu zählen, Werte abzulesen oder Verbrauchsmengen zu berechnen.

Projekte funktionieren naturgemäß ganz anders. Sie zeichnen sich durch Unregelmäßigkeiten aus, weil flexibel auf Entwicklungen und Ereignisse reagiert werden muss. Sie stellen daher besondere Anforderungen an die Kontrolle. Vier prinzipielle, unterschiedliche Arten des Vergleichs von Kosten oder Zeiten werden allgemein unterschieden:

* Absoluter Plan/Ist-Vergleich
* Linearer Plan/Ist-Vergleich
* Aufwandskorrelierter Plan/Ist-Vergleich
* Plankorrelierter Plan/Ist-Vergleich

1. Absoluter Plan/Ist-Vergleich

Dieser Vergleich ist die einfachste Form der Kontrolle. Die aktuellen Ist-Werte eines Zeitpunkts werden mit den Plan-Werten für das Projekt insgesamt verglichen. Dadurch lässt sich nur feststellen, in welchem Maße das Gesamtbudget ausgeschöpft wurde. Ob sich das Projekt aktuell auf dem richtigen Weg befindet, geht nicht daraus hervor. Erst am Ende lässt sich dies feststellen, was aber für Korrekturmaßnahmen zu spät ist.

Beispiel absoluter Plan/Ist-Vergleich

In diesem Beispiel wird ein Projekt unterstellt, das über sechs Monate läuft und für das ein Budget von 2.040 Geldeinheiten geplant ist.

Monat:	1	2	3	4	5	6
Plan:	2.040	2.040	2.040	2.040	2.040	2.040
Ist:	500	600	900	1.400	1.900	2.400
Abweichung:	– 1.540	– 1.440	– 1.140	– 640	– 140	+ 360

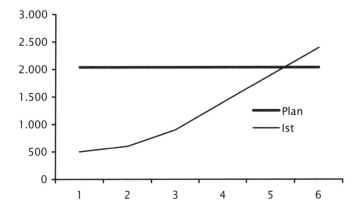

Abbildung 4.48: Absoluter Plan/Ist-Vergleich

Der absolute Plan/Ist-Vergleich ist nur selten brauchbar. Er kann ein gewisses Gefühl dafür vermitteln, ob noch die Chance für eine Budgeteinhaltung besteht. Ansonsten bietet sich sein Einsatz an, wenn das Projekt nur in geringem Maße geplant wird, vor allem, wenn keine Arbeitspakete bzw. Teilprojekte definiert werden. Dies ist etwa bei kreativen oder Marketingprojekten in gewissem Umfang angemessen.

2. Linearer Plan/Ist-Vergleich

Der lineare Plan/Ist-Vergleich bietet eine einfache Form der Kontrolle über einzelne Projektphasen, allerdings mit einer sehr einfachen Annahme. Er unterstellt nämlich, dass in jeder Periode ein gleicher Anteil der Planwerte anfällt, das heißt monatlich Kosten in gleicher Höhe anfallen sollten usw. Damit wird praktisch auch ein gleiches Zeitintervall zwischen den Kontrollpunkten unterstellt, unterschiedlich große Aufgaben sind nicht planbar. Diese Vergleichsart kann somit nur periodenweise Abweichungen berechnen.

Beispiel linearer Plan/Ist-Vergleich

Monat:	1	2	3	4	5	6
Plan:	340	680	1.020	1.360	1.700	2.040
Ist:	500	600	900	1.400	1.900	2.400
Abweichung:	+ 160	– 80	– 120	+ 40	+ 200	+ 360

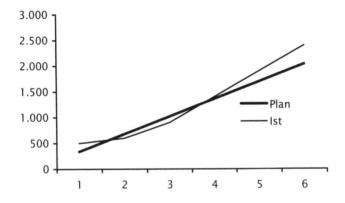

Abbildung 4.49: Linearer Plan/Ist-Vergleich

Hier werden die Plandaten in den Monaten 2 und 3 unter-, ansonsten überschritten.

Der lineare Plan/Ist-Vergleich ist nur dann ein geeignetes Mittel, wenn es keine Anhaltspunkte für unterschiedlichen Aufwand in den einzelnen Projektphasen gibt. Dies könnte etwa bei reinen Manpower-Projekten gelten (z. B. bei Konzeptentwicklung, Beratung). Sonst könnte er sogar zur Fehlsteuerung führen.

3. Aufwandskorrelierter Plan/Ist-Vergleich

Der lineare Plan/Ist-Vergleich geht noch nicht auf die realen Verhältnisse ein, die meist nicht linear sind, sondern anderen Bedingungen folgen. So ist der Aufwand für das Projekt gegen Anfang, Mitte und Ende meist unterschiedlich hoch, ein linearer Istkosten-Verlauf wäre dann zwar elegant, manchmal aber zu hoch und manchmal niedriger als erwartet. Beim aufwandskorrelierten Plan/Ist-Vergleich werden nun unterschiedlich hoch geplante Aufwendungen in den einzelnen (Teil-) Perioden berücksichtigt. Er setzt damit natürlich auch eine entsprechend detaillierte Planung voraus.

Beispiel aufwandskorrelierter Plan/Ist-Vergleich

Monat:	1	2	3	4	5	6
Plan:	400	600	900	1.200	1.700	2.040
Ist:	500	600	800	1.400	1.900	2.400
Abweichung:	+ 100	0	- 100	+ 200	+ 200	+ 360

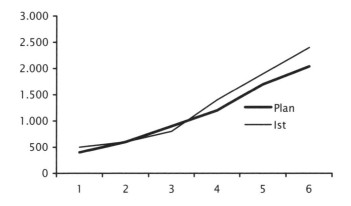

Abbildung 4.50: Aufwandskorrelierter Plan/Ist-Vergleich

Hier zeigt sich, dass die tatsächlichen Kosten im Monat 3 unter den geplanten liegen. Der Anstieg der Kosten ab dem vierten Monat ist als besonders hoch einzustufen.

Der aufwandskorrelierte Vergleich setzt ein gewisses Mindestmaß an Planung voraus. Er lässt sich meist recht gut im Zusammenhang mit der Netzplantechnik einsetzen. Zumindest ist aber eine Definition von Meilensteinen erforderlich.

4. Plankorrelierter Plan/Ist-Vergleich

Mit diesem Vergleichsverfahren ist es nunmehr auch möglich, Veränderungen während des Projektverlaufs zu berücksichtigen. Je nach Gesamtvolumen kann es nämlich sinnvoll sein, auf der Basis des jeweiligen Projektstands eine Restschätzung vorzunehmen. Diese ist zwar aufwändig, informiert aber aktuell über den noch erforderlichen Aufwand für die Fertigstellung des Projekts.

Beispiel plankorrelierter Plan/Ist-Vergleich

Monat:	1	2	3	4	5	6
Plan:	400	800	900	1.300	1.800	2.300
Ist:	500	600	800	1.400	1.900	2.400
Abweichung:	+ 100	– 200	– 100	+ 100	+ 100	+ 100

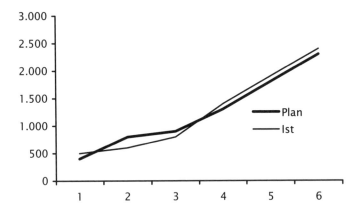

Abbildung 4.51: Plankorrelierter Plan/Ist-Vergleich

Aufgrund der ungünstigen Entwicklung wurde der Planwert für die Projektkosten nach dem fünften Monat auf 2.300 erhöht. Hier zeichnete sich ab, dass der ursprüngliche Wert von 2.040 nicht mehr zu halten wäre.

Beim plankorrelierten Vergleich nimmt der Druck zum Kostensparen ab, wenngleich es natürlich realistischere Ergebnisse bringt. Außerdem ist der laufende Planungsaufwand hoch, so dass er nur bei bedeutenden Projekten mit langer Laufzeit zum Einsatz kommt.

4.6.2 Kostenerfassung

Der erste Schritt der Kostenkontrolle ist deren **Erfassung**. Dies ist auch schon das erste Problem, denn welcher Projektmitarbeiter hat schon Lust, regelmäßig seine Arbeitsstunden aufzuschreiben oder sonst wie Bericht zu führen. Gerade die geleisteten Arbeitsstunden sind das zentrale Problem. Sie stellen meist den größten Kostenblock dar, und nicht immer lässt sich jeder Mitarbeiter genau einem Teilprojekt, teilweise nicht einmal genau einem einzelnen Projekt zuordnen.

Ursache für diese Schwierigkeiten sind manchmal ungeeignete Erfassungsmechanismen, nicht selten aber auch ein relativ geringes Interesse an einer exakten Kontrolle der Tätigkeiten durch die Projektleitung. Schließlich passiert es oft, dass Zeitvorgaben nicht eingehalten werden oder der Arbeitsaufwand wesentlich höher als geplant ist, was beides nicht immer als positiv für die Betroffenen zu interpretieren ist. Daher muss ein Verständnis für die genaue Erfassung geschaffen werden, das das Manipulationsinteresse reduziert.

a) Verantwortung für die Kostenerfassung

Grundsätzlich gilt das **Verantwortungsprinzip:** Wer für die Entstehung bzw. die Einhaltung von Kostenvorgaben verantwortlich gemacht wird, muss sich auch um deren Erfassung kümmern. Damit ist in erster Linie der Verantwortliche einer Projektkostenstelle gemeint. Da es aber passieren kann, dass hierzu die Arbeit von 15 oder 20 Projektmitarbeitern gehört, muss die Tätigkeit an die jeweiligen Mitarbeiter delegiert werden.

Die Kontrolle darüber, ob dies zuverlässig und vor allem nach gleichen Grundsätzen erfolgt, obliegt den Kostenstellenverantwortlichen. Sie sind ebenfalls für die anderen, nicht personenspezifischen Kosten in ihrem Verantwortungsbereich zuständig, etwa Raum-, Büro-, Fremd- und EDV-Kosten.

Die Mitarbeiter selbst verantworten die Erfassung ihrer geleisteten Zeiten durch Stunden- oder Tagesnachweise und ordnen sie ggf. einzelnen Aufgabenpaketen oder Projekten zu. Abbildung 4.52 zeigt eine Gliederung des Verantwortlichkeitssystems.

b) Möglichkeiten der Kostenerfassung

Durch geeignete Erfassungsinstrumente kann die Genauigkeit der Kostenerfassung wesentlich beeinflusst werden. Dabei sind zwei Ziele im Auge zu behalten: Zum einen muss die Gesamthöhe der Ausgaben unter Kontrolle bleiben, also etwa im Rahmen des Budgets, zum anderen ist mehr oder weniger beabsichtigten Manipulationen im Sinne zu niedriger, zu hoher oder geschickt verteilter Zeitangaben vorzubeugen, die z. B. vorhandene Ineffizienzen und Fehlplanungen kaschieren sollen.

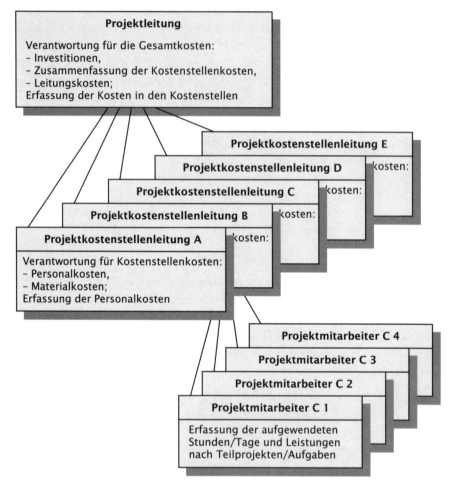

Abbildung 4.52: Kostenbezogene Verantwortlichkeiten in der Projekthierarchie

Die Kostenerfassung muss daher zwei **Grundprinzipien** berücksichtigen:

- Sie muss schnell ("zeitnah") erfolgen.
- Sie muss ein unmissverständliches Schema der Zuordnung vorgeben.

Die **Schnelligkeit** ist vor allem dadurch zu erreichen, dass auf klassische Zyklen wie die monatliche Abrechnung "aus dem Gedächtnis" verzichtet wird, sondern

eine sofortige Belegerfassung (z. B. elektronisch) bzw. eine tagesaktuelle Stundener-
fassung bei den Mitarbeitern erfolgt.

 Die **Zuordnung** der Kosten zu Teilprojekten/Aufgaben wird durch eine eindeutige Vorgabe von Kennzeichnungen erreicht. Es darf nicht mehr den großen Topf „Projekt" geben, sondern Projektkostenstellen mit entsprechenden
Nummern oder sonstigen Kennzeichen, und möglichst auch Arbeitspakete mit
solchen Bezeichnungen.

Erstellung eines Projektkontenplans

In einem Projekt existieren u. a. die drei Verantwortungsbereiche und damit Kostenstellen „Projektleitung", „Softwareentwicklung" und „Schulung". Für diese
Kostenstellen wird ein Erfassungsschema (Kontenplan) erstellt, das alle jeweils
relevanten Kostenarten umfasst, aber auch nur diejenigen, die in die Verantwortungsbereiche fallen. Die verwendeten Bezeichnungen orientieren sich

- an den Kostenstellen (erste Stelle) und
- an den Kostenarten (zweite Stelle).

Dies dient der Kennzeichnung von Belegen, hat aber nichts mit Konten im Sinne
der Buchhaltung zu tun. Wenn man sich an diesem Vergleich orientieren will,
dann übernehmen die Projektkostenstellen die Rolle der Konten.

Sinnvoll ist es, die Kennzeichnungen nach einer einheitlichen Systematik zu vergeben, z. B. X.Y. Die erste Stelle steht für die Projektkostenstelle (bzw. das Teilprojekt oder Arbeitspaket, je nach Projektgliederung – hier von 1 = Projektleitung bis
3 = Schulung), die zweite für die Kostenart. Da bei Management-(bzw. „Gemein-
kosten-" oder Verwaltungs-)Projekten immer wieder die gleichen Kostenarten auftreten, kann man sich an den in Abbildung 4.54 genannten Ziffern orientieren.
Für Projekte mit Produktions- oder Entwicklungsschwerpunkt muss aufgrund der
jeweiligen Besonderheiten ein individuelles Schema aufgestellt werden.

Problemschwerpunkt der Kostenerfassung ist, wie gesagt, die Erfassung und Zu-
rechnung der geleisteten Arbeitsstunden und -tage. Sie kann üblicherweise nur
direkt von den jeweiligen Mitarbeitern geleistet werden. Um hierbei zu zuverlässi-
gen Angaben zu kommen, muss es die Projektleitung den Mitarbeitern leicht machen, die Zeiten zu dokumentieren, aber gleichzeitig schwer, dies in manipulativer
Weise zu tun.

Projektleitung (KSt 1)		Softwareentwickl. (KSt 2)		Schulung (KSt 3)	
Gehalt	1.1	Gehalt Teilprojektleitung	2.1	Gehalt Teilprojektleitung	3.1
- Zusatzkosten	1.11	- Zusatzkosten	2.11	- Zusatzkosten	3.11
Raumkosten	1.5	Gehalt Programmierer	2.2	Honorare extern	3.4
Kommunikation	1.6	- Zusatzkosten	2.21	Raumkosten	3.5
Reisekosten	1.7	Gehalt Assistenz	2.3	Kommunikation	3.6
Büromaterial	1.8	- Zusatzkosten	2.31	Reisekosten	3.7
Büroausstattung/IT	1.9	Raumkosten/Energie	2.5	Büromaterial	3.8
Sonstiges	1.0	Kommunikation	2.6	Büroausstattung/IT	3.9
Summe	1	Reisekosten	2.7	Sonstiges	3.0
		Büromaterial	2.8	Summe	3
		Hardwarekosten	2.91		
		Softwarekosten	2.92		
		Büroausstattung	2.93		
		Sonstiges	2.0		
		Summe	2		

Abbildung 4.53: Beispiel eines Kontenplans

Kostenart	Kennziffer	Unterpunkte
Gehalt - Mitarbeiter allgemein	1	für Sozialabgaben, Zusatzkosten usw. 11, 12, 13 …
Gehalt - Mitarbeiter anderer Qualifikations-/Gehaltsstufen	2	für Sozialabgaben, Zusatzkosten usw. 21, 22, 23 …
Gehalt - Mitarbeiter anderer Qualifikations-/Gehaltsstufen	3	für Sozialabgaben, Zusatzkosten usw. 31, 32, 33 …
Fremdkosten (Honorare, Dienstleistungen)	4	bei großen Beträgen Unterteilung in 41, 42, 43 …
Raumkosten	5	
Kommunikation	6	
Reisekosten	7	
Büromaterial	8	
Büroausstattung/IT	9	bei hohen IT-Anteilen Unterteilung in Hardware/Software usw. 91, 92, 93 …
Sonstiges	0	

Abbildung 4.54: Kennzeichnung von Projektkostenarten für die Erfassung

4.6.3 Zeiterfassung

Die Zeiterfassung im Projekt ist eine der wesentlichen Grundlagen der Kostenkontrolle, da die Personalkosten oft den mit Abstand größten Kostenanteil stellen. Schon kleine Abweichungen können in erheblichem Umfang falsche Entscheidungen bei der Projektsteuerung nach sich ziehen.

Klassische Fehler bei der Zeitaufschreibung

- Es werden zu viele Stunden pro Tag und Woche aufgeschrieben, um eine hohe Arbeitsbelastung vorzutäuschen oder den rechnerischen Stundensatz zu senken.

- Die Zeiten werden erst am Monatsende aus dem Gedächtnis aufgeschrieben, so dass sie alles andere als richtig sind.

- Bei Tätigkeit eines Mitarbeiters für mehrere Projekte werden die geleisteten Stunden verschoben, um ein Projekt zugunsten eines anderen schlechter zu zeichnen.

- Es werden zu wenige Stunden für ein Teilprojekt aufgeschrieben, weil der Arbeitsfortschritt zu gering ist und diese Diskrepanz nicht auffallen soll.

- Die Zeiten werden aus Bequemlichkeit nicht den Teilprojekten bzw. Aufgabenpaketen zugeordnet, sondern dem Projekt insgesamt.

- Nach Projektabschluss werden vergessene Stundenzettel nachgereicht, die dann nicht mehr oder nur noch mit hohem Korrekturaufwand in die Endabrechnung kommen.

Abbildung 4.55 zeigt ein Beispiel für einen solchen Erfassungsbeleg. Er fragt die Zuordnung zu einer Kostenstelle und ggf. weiter untergliederte Teilprojekte ab, die Tätigkeitsart und -dauer und das Maß der Zielerreichung.

Letzterer Punkt ist natürlich eher eine subjektive Einschätzung als ein objektiver Maßstab, führt aber letztlich zu einer Selbstdisziplinierung. Schließlich steckt hinter einer Angabe wie „zu 80 % erledigt" auch der Anreiz, bald fertig zu werden. (Es ist allerdings ein weit verbreitetes Phänomen, zu glauben, man sei schon zu 80 % fertig, gleichgültig, wie weit man wirklich ist.) Wird aus Vorsichtsgründen immer nur „50 %" angegeben, sollte die Projektleitung schnell misstrauisch werden und konkreter nachfragen.

Zeiterfassungsbeleg von: _____						Zeitraum: _____		
Firma/Ort: _____			**Telefon:** _____			**Pers.nr.:** _____		
Projekt-Nr.	Projekt-KSt.	Teil-projekt	Tätig-keit	Zeit h/t	kumu-liert	von Budget	Leistung erreicht	Leistung geplant
			Summe:					
Unterschrift: _____			bearbeitet: _____			genehmigt: _____		

Abbildung 4.55: Zeiterfassungsbeleg

Abbildung 4.56 zeigt ein Beispiel für einen ausgefüllten Erfassungsbeleg. Klaus Hoffmann ist hier im Oktober 2005 für das Projekt mit der Bezeichnung 3-48 tätig. Er arbeitet für zwei verschiedene Projektkostenstellen (die Teilprojekten entsprechen, so dass sie hier nicht weiter unterteilt werden), nämlich 3 und 4. Da er nicht nur tageweise arbeitet und auch noch eine Linienfunktion im Unternehmen hat, gibt er seine Arbeitszeit stundenweise an.

Seine Tätigkeit ist jeweils Beratung, Schulung oder Dokumentation. Weiterhin gibt er an, inwieweit das Budget für diese Tätigkeit ausgeschöpft wird. Die Zeiten ergeben sich aus der Arbeitsanweisung, die im Rahmen der Projektplanung erstellt wird. Zuletzt gibt er noch an, wie der Leistungsfortschritt ist. Bei einer beratenden Tätigkeit ist dies naturgemäß nicht mehr als eine subjektive Schätzung. Bei der Schulung kann z. B. auf die Zahl der geschulten Personen zurückgegriffen werden.

Die Arbeiten für die Kostenstelle 4 waren ungeplant, deswegen wird kein Vergleich mit Budget oder Leistung vorgenommen.

Zeiterfassungsbeleg von: ___Klaus Hoffmann_____						Zeitraum: __Okt. 2005____		
Firma/Ort: _Ulm_____			Telefon: __3882-398____			Pers.nr.: _981237288_____		
Projekt-Nr.	Projekt-KSt.	Teil-projekt	Tätig-keit	Zeit t/h	kumu-liert	von Budget	Leistung erreicht	Leistung geplant
3-48	3		Berat.	4 h	4 h	10 %	10 %	10 %
	3		Berat.	16 h	20 h	50 %	50 %	50 %
	3		Schul.	8 h	8 h	16 %	20 %	15 %
	3		Schul.	8 h	16 h	32 %	40 %	30 %
	3		Berat.	2 h	22 h	55 %	80 %	60 %
	4		Doku.	8 h	8 h	-	-	-
	4		Berat.	4 h	4 h	-	-	-
	3		Schul.	34 h	50 h	100 %	100 %	100 %
	3		Doku.	8 h	8 h	133 %	100 %	100 %
-	-	-	-	-	-	-	-	-
			Summe:					
Unterschrift: _____			bearbeitet: _____			genehmigt: _____		

Abbildung 4.56: Beispiel eines Zeiterfassungsbelegs

4.6.4 Auswertung von Kostendaten

Sowohl die Leiter der Projektkostenstellen als auch die Gesamtprojektleiter müssen regelmäßig über den Stand der Budgetausschöpfung informiert werden. Dies geschieht jeweils auf unterschiedlichem Detaillierungsniveau. Während die Projektkostenstellenverantwortlichen genau über einzelne Kostenpositionen Bescheid wissen sollten, weil sie hier auch gegensteuern können, muss sich die Projektleitung nicht um die Büromaterialausgaben in den einzelnen Teilprojekten kümmern. Diese Aufgabe muss delegiert werden. Dafür sind Angaben über die Gesamtentwicklung in den Projektkostenstellen erforderlich, so dass ggf. dort Gegensteuerungsmaßnahmen eingefordert werden können.

Abbildung 4.57 zeigt eine Budgetübersicht für eine Projektkostenstelle. Dabei wird von drei abgegrenzten Perioden ausgegangen, die als Lose bezeichnet werden. Es muss sich nicht um Kalenderzeiten (Monate, Quartale) handeln, oftmals sind Meilensteine mit definierten Zwischenergebnissen bzw. wichtigen Abstimmungszeitpunkten maßgebend. Nicht zuletzt wird das Budget teilweise auch in mehreren Etappen vergeben, wobei der jeweilige Projektfortschritt das Entscheidungskriterium ist. Die Unterscheidung mehrerer Lose unterstützt eine solche Vorgehensweise.

Der obere Teil der Übersicht zeigt zunächst, welche Budgets für die einzelnen Kostenarten überhaupt vergeben wurden. Er wird vor dem Projektbeginn erstellt. Der untere Teil gibt dann für die laufende Kontrolle die Abweichungen der tatsächlichen Kosten von den Budgets an.

Budgetübersicht Projektkostenstelle Projektleitung				
Kostenart	Budget gesamt	Budget Meilenstein 1	Budget Meilenstein 2	Budget Meilenstein 3
Gehalt				
– Zusatzkosten				
Raumkosten				
Kommunikation				
Reisekosten				
Büromaterial				
Büroausstattung/IT				
Sonstiges				
Summe				

Kostenart	Ist Meilenst. 1	Abw. zu Budget	Prognose	Ist Meilenst. 2	Abw. zu Budget	Prognose	Ist Meilenst. 3	Abw. zu Budget	Ist Projekt gesamt
Gehalt									
– Zusatzkosten									
Raumkosten									
Kommunikation									
Reisekosten									
Büromaterial									
Büroausstattung/IT									
Sonstiges									
Summe									

Abbildung 4.57: Beispiel einer Budgetübersicht einer Projektkostenstelle

Projekt-kosten-stelle	Budget gesamt	Budget MS 1	Ist MS 1	Abw. zu Budget	Prog-nose	Budget MS 2	Ist MS 2	Abw. zu Budget	Prog-nose	Budget MS 3	Ist MS 3	Abw. zu Budget	Ist gesamt	Abw. zu Budget
Projekt-leitung	100	20	20	0 %	100	40	38	-5 %	97	40	47	+18 %	105	+5,0 %
- Gehalt	60	12	12	0 %	60	25	24	-4 %	59	23	24	+4 %	60	0 %
Kosten-stelle 1	150	30	27	-10 %	135	50	50	0 %	145	70	63	-10 %	140	-6,7 %
- Gehalt	50	10	9	-10 %	45	15	15	0 %	49	25	26	+4 %	50	0 %
Kosten-stelle 2	100	40	42	+5 %	105	40	44	+10 %	110	20	34	+70 %	120	+20 %
- Gehalt	40	15	10	-33 %	30	20	22	+10 %	36	5	8	+60 %	50	+25 %
Kosten-stelle 3	50	20	20	0 %	50	10	8	-20 %	47	20	12	-40 %	40	-20 %
- Gehalt	20	7	7	0 %	20	4	3	-25 %	18	9	8	-11 %	18	-10 %
Summe	400	110	109	-0,9 %	390	140	140	0 %	399	150	156	+4 %	405	+1,3 %

Abbildung 4.58: Beispiel zur Budgetkontrolle

Abbildung 4.58 zeigt das Kontrollinstrument für die Projektleitung. Die Kostenarten wurden verdichtet, bei den einzelnen Projektkostenstellen wurde nur noch die wichtigste Kategorie mit erfasst, hier sind es wie meist auch die Gehaltskosten. So lässt sich ein zentraler Einflussfaktor besonders im Blick behalten.

Für die einzelnen Projektphasen (Meilensteine [MS] 1-3) werden die Abweichungen für die einzelnen Kostenstellen ermittelt. Relevante Abweichungen führen zu einer entsprechenden Diskussion mit den Verantwortlichen, wobei neben den Kosten auch Sachinhalte und Termine beachtet werden müssen.

Komplexe Projekte können die Kontrolle für die Leitung recht unübersichtlich werden lassen, allein schon wegen der Menge Zahlen. Daher bietet sich eine grafische Aufbereitung an. Auf der Basis der Werte für den Meilenstein 1 ergibt sich für die Abweichung vom Budget die in Abbildung 4.59 gezeigte Darstellung. Die Flächen spiegeln horizontal das Maß der Abweichung und vertikal das Gesamtvolumen. Je größer die Fläche, desto stärker muss sich die Projektleitung um die Abweichung kümmern. Dies gilt auch bei positiven Abweichungen. Hier stellt sich nämlich die Frage, ob der Leistungsfortschritt geplant verläuft.

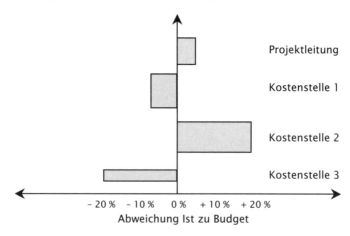

Abbildung 4.59: Grafische Darstellung von Abweichungen Ist zu Budget

4.6.5 Earned Value-Analyse

Bislang wurde die Kontrolle auf Kosten und Termine beschränkt, die erbrachte Leistung wurde ausgeklammert. Zwar kann die Balanced Scorecard hierfür als Steuerungsinstrument eingesetzt werden, das auch mit mehreren Kriterien arbeitet, doch ist sie für einen effizienten Vergleich von geplanter und erreichter Leistung, insbesondere auch im Hinblick auf die verursachten Kosten, kaum geeignet.

Der Zusammenhang der drei klassischen Steuerungsgrößen Zeit, Kosten und Leistung wird durch die Earned Value-Analyse („Erbrachte-Leistung-Analyse", häufig einfach als Zeit/Kosten/Leistungs-Analyse bezeichnet) ermittelt.

Hierbei werden neben den Ist- und Plankosten auch die Sollkosten einbezogen, die den für die erbrachte Leistung ursprünglich geplanten Kosten entsprechen. Die Earned Value-Analyse nimmt also einen Vergleich von Ist-, Soll- und Plankosten zu unterschiedlichen Zeiten vor und kann damit auch den Leistungsfortschritt kontrollieren.

Die Leistungsermittlung ist dabei so vorzunehmen, dass die zum jeweiligen Zeitpunkt erreichte Leistung mit den ursprünglichen Plankosten pro Leistungseinheit (Programmfunktionen, Seiten eines Katalogs usw.) bewertet wird. Es ist also die Frage zu beantworten: „Wie viel hätte diese Leistung entsprechend unserer Planung kosten dürfen?" Dazu ist das geplante Maß der Ressourceninanspruchnahme (Arbeitsstunden, Maschinenlaufzeiten usw.) für diese Leistung zu ermitteln und mit den geplanten Kosten (Arbeitsstundensatz, Maschinenstundensatz, Fremdkosten) zu bewerten.

Beispiel einer Earned Value-Analyse

Ein Projekt läuft über vier Monate. Es werden folgende Kosten und Leistungen erfasst (zum einfacheren Verständnis werden Plan- und Sollkosten proportional zu der Leistung angesetzt mit zwei Geldeinheiten pro Leistungseinheit):

Monat	geplante Leistung	erbrachte Leistung	Istkosten	Plankosten	Sollkosten
1	30 LE	40 LE	100	60	80
2	80 LE	60 LE	140	160	120
3	100 LE	90 LE	220	200	180
4	140 LE	140 LE	240	280	280

Istkosten = tatsächliche Kosten der erbrachten Leistung
Plankosten = geplante Kosten der geplanten Leistung
Sollkosten = geplante Kosten der erbrachten Leistung
LE = Leistungseinheiten

Zwischen den einzelnen Kostenverläufen gibt es erhebliche Abweichungen. Im zweiten Monat liegen die Istkosten unter den Plankosten, was zunächst erfreulich klingt. Ursache ist aber eine deutlich zu geringe Leistung (60 statt 80 LE), was sich in niedrigeren Sollkosten ausdrückt. Siehe Abbildung 4.60.

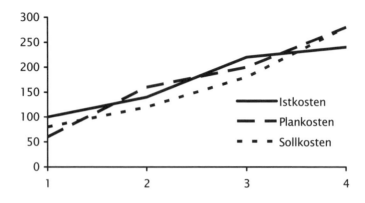

Abbildung 4.60: Soll-, Plan- und Istkosten

Für die laufende Kontrolle sind vor allem die Abweichungen zwischen den Kostenarten interessant. Werden Ist- und Sollkosten miteinander verglichen, dann ergibt sich eine Abweichung, die rein auf Kostenänderungen basiert (z. B. höhere/ niedrigere Preise für Leistungen gezahlt, mehr/weniger Material verbraucht). Abbildung 4.61 stellt diese **Kostenabweichung** dar. Die Werte werden indexiert mit Soll = 100.

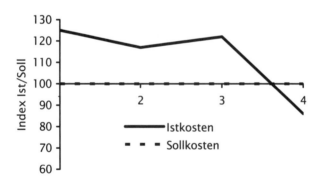

Abbildung 4.61: Kostenabweichung

Hier zeigt sich, dass die zunächst hohe Überschreitung der Sollkosten um 20 % im vierten Monat abgebaut und diese sogar noch unterschritten werden.

Werden Plan- und Sollkosten verglichen, dann ergibt sich die **Leistungsabwei-chung**. Diese Abweichung ist nämlich nicht auf reine Kostenänderungen zurückzuführen, sondern darauf, dass mehr oder weniger Leistung als geplant erreicht wurde. Die Ursache ist also eine andere, so dass sie sinnvollerweise separat ermittelt wird.

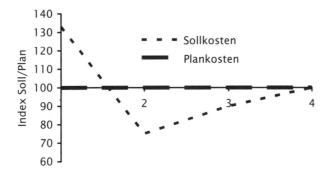

Abbildung 4.62: Leistungsabweichung

Hier zeigt sich im zweiten und dritten Monat bei den Sollkosten eine Unterschreitung der Plankosten nach einem Überschreiten von einem Drittel im ersten Monat. Zum Projektende wird aber aufgeholt, das Leistungsziel wird erreicht. Im ersten und letzten Monat wurde mehr geleistet als geplant, so dass Plan- und Sollkosten am Ende wieder übereinstimmen. Vor allem im zweiten Monat wurde ineffizient gearbeitet, was sich an der hohen Differenz von Plan- zu Sollkosten zeigt.

Neben der grafischen Darstellung, die auf Abweichungen hinweist, können auch Kennzahlen eingesetzt werden. Um die Kostenabweichung zu kontrollieren, werden dann der

- **Kostenindex** (häufig als Cost Performance Index [CPI] bezeichnet; Istkosten : Sollkosten) und der
- **Leistungsindex** (Schedule Performance Index [SPI]; Sollkosten : Plankosten) berechnet.

Im gezeigten Beispiel ergeben sich folgende Werte:

Monat	Istkosten	Plankosten	Sollkosten	Kostenindex	Leistungsindex
1	100	60	80	1,25	1,33
2	140	160	120	1,16	0,75
3	220	200	180	1,22	0,90
4	240	280	280	0,86	1,00

Ein Leistungsindex > 1 zeigt eine Mehrleistung an, ein Kostenindex > 1 einen Mehrverbrauch bzw. Mehrausgaben. Innerhalb gewisser Grenzen sind solche Abweichungen unvermeidbar. Projektleiter sollten daher geeignete Grenzen definieren und bei einem Über- oder Unterschreiten gegensteuern.

Schließlich kann auf der Basis der Kostendaten geschätzt werden, **wann das Projekt zu welchen Kosten fertig gestellt werden dürfte** (wobei keine Gegenmaßnahmen berücksichtigt werden):

- voraussichtliche Gesamtdauer = geplante Gesamtdauer · Leistungsindex
- voraussichtliche Gesamtkosten = geplante Gesamtkosten · Kostenindex

Wird nach dem zweiten Monat eine Schätzung der voraussichtlichen Gesamtkosten vorgenommen, dann ergibt sich $280 \cdot 1,16 = 324,80$.

Abbildung 4.63 zeigt noch ein **Zeit/Kosten/Leistungs-Diagramm**. Dort ist der gesamte Projektverlauf bis zum Kontrollzeitpunkt t_1 inklusive einer Prognose für das Projektende dargestellt. Zum Zeitpunkt t_1, der durch den Meilenstein auf der Zeitachse gekennzeichnet ist, liegen eine Termin- und eine Kostenabweichung vor. Die tatsächlich entstandenen Kosten (Istkosten: k_1, auf der gepunkteten Linie) liegen über den geplanten (Plankosten: k_2, auf der durchgezogenen Linie), die erreichte Arbeitsleistung (symbolisiert durch die Sollkosten: gestrichelte Linie) hätte nach der ursprünglichen Planung (durchgezogene Linie) früher erreicht sein sollen. Daraus ergibt sich die Terminabweichung (Terminunterschied bei geplanten Kosten k_2).

Beide Abweichungen zusammen führen zu einer Verspätung des Projekts sowie zu höheren Kosten. Diese werden durch eine Restkosten- und -aufwandsschätzung zum Zeitpunkt t_1 (Meilenstein) ermittelt. Beide Abweichungen werden durch den schattierten Bereich rechts und oben dargestellt.

Die Darstellung ist zwar kompliziert, enthält aber alle wichtigen Informationen in einem Bild.

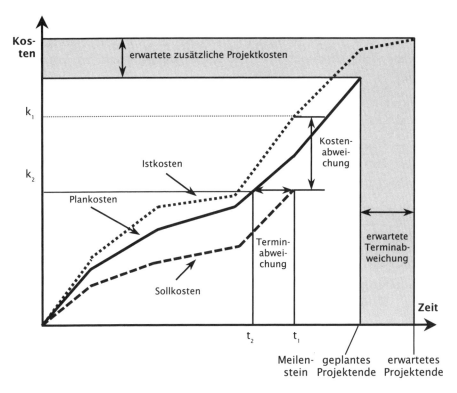

Abbildung 4.63: Zeit/Kosten/Leistungs-Diagramm

4.7 Ermittlung der Kundenzufriedenheit

Wesentlicher Bestandteil eines Qualitätsmanagementsystems ist die Ermittlung der Kundenzufriedenheit. Sie soll die Information darüber sicherstellen, ob bzw. dass der Kunde das bekommen hat, was er wollte, und Kritikpunkte und Anregungen für die Verbesserung der Prozesse aufgreifen. Im Rahmen des Projektmanagements bestehen besondere Anforderungen, denn durch die Individualität der Leistung ist auch dem Auftraggeber nicht immer klar, was er erwarten durfte. Die Möglichkeit, es beim nächsten Mal besser zu machen, wie es etwa bei der Herstellung von Verbrauchsgütern mit langfristig angelegten Produktionsprozessen der Fall ist, gibt es in der Regel nicht.

Zudem stellt sich die Frage der Implementierung von Maßnahmen. Da das nächste Projekt möglicherweise andere Anforderungen zu erfüllen hat, müssen die Erkenntnisse der Kundenzufriedenheitsanalyse erst auf die neue Aufgabenstellung

übertragen werden. Von besonderer Bedeutung ist die Erhebung der Kundenzufriedenheit während der Projektlaufzeit, so dass noch vor dem Projektabschluss
eventuelle Störfaktoren und damit Quellen für Reklamationen beseitigt werden
können.

Zwei zentrale Fragen sind im Zusammenhang mit der **Erhebung der Kundenzufriedenheit** zu stellen:

1. Mit welchen Methoden kann die Projektleitung die Zufriedenheit des Kunden/
   Auftraggebers erheben?
2. Wonach sollte der Kunde/Auftraggeber gefragt werden?

Techniken der Kundenbefragung

Die zur Verfügung stehenden Techniken stellt Abbildung 4.64 dar.

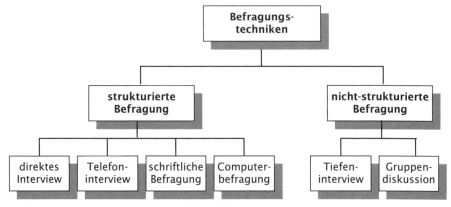

Abbildung 4.64: Befragungstechniken

Die Techniken der „strukturierten Befragung" setzen einen fertigen Fragebogen
voraus. Dies ist aber nicht selten ein Problem, weil erst einmal geklärt werden
muss, wonach zu fragen ist. Dies kann durch den Einsatz einer nicht-strukturier-
ten Befragung geschehen. Hierbei werden keine inhaltlichen Vorgaben gemacht
und man kann herausfinden, was den Teilnehmern wichtig ist.

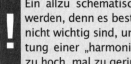 Ein allzu schematischer Einsatz vorgefertigter Fragebögen sollte vermieden
werden, denn es besteht die Gefahr, nach Faktoren zu fragen, die dem Kunden
nicht wichtig sind, und dafür andere wichtige zu vergessen. So wird die Bedeutung einer „harmonischen Zusammenarbeit" häufig falsch eingeschätzt, mal
zu hoch, mal zu gering.

a) Direktes Interview

Beim direkten Interview stehen sich Befragender und Auskunftsperson gegenüber. Es wird stark vom Interviewereinfluss geprägt. Das Erscheinungsbild des Interviewers und sein Befragungsstil beeinflussen die Auskunftsbereitschaft und die Qualität der Antworten. Vor allem dann, wenn der Projektleiter oder ein Teammitglied die Befragung durchführt, ist die Wahrscheinlichkeit, auf diesem Weg eine verlässliche Antwort über die Zufriedenheit gegenüber dem Projektteam und seiner Leistung zu erhalten, gering. Nicht selten kommt es zu einer Gefälligkeitsantwort oder der Befragte lässt einem möglicherweise vorhandenen Unmut freien Lauf. Das direkte Interview eignet sich daher meist nur, wenn es von einer neutralen Person (z. B. Interviewer eines Marktforschungsinstituts) durchgeführt wird.

b) Telefonbefragung

Telefonbefragungen werden besonders gerne wegen der Kosten- und Zeitvorteile gegenüber dem direkten Interview eingesetzt. Ruft eine dem Interviewten bekannte Person an, besteht das o. g. Risiko. Ist es eine dritte Person, dann besteht ein gewisses Misstrauen und es wird selten offen geantwortet. Zudem können regelmäßig nur kurze und einfache Fragen gestellt werden.

c) Schriftliche Befragung

Schriftliche Befragungen bieten die Möglichkeit, beim Antworten intensiver nachzudenken. Dies kommt der eher komplexen Fragestellung meist zugute. Dafür besteht die Gefahr, dass der Fragebogen im alltäglichen Geschäft übersehen oder erst mit Verspätung beantwortet wird.

d) Computergestützte Befragung

Aus technischer Sicht bieten computergestützte Befragungen zahlreiche Vorteile. So ist es leicht möglich, die Befragung so aufzubauen, dass je nach Befragtem bestimmte Fragen (Auftraggeber, Anwender) vorgelegt werden oder die Fragenreihenfolge variiert wird. Fraglich ist allerdings die Akzeptanz des Verfahrens, das möglicherweise als dem Vertragsvolumen nicht angemessen angesehen wird.

e) Tiefeninterview

Das Tiefeninterview ist eigentlich ein Verfahren der Konsumentenpsychologie, um an versteckte Motive heranzukommen, die für Kaufentscheidungen relevant sind. Der Interviewer setzt sich dabei mehrere Stunden mit einer Einzelperson auseinander und lässt sich von deren Antworten leiten. Dies eignet sich auch, um den Gründen für Zufriedenheit mit einem Projekt auf die Spur zu kommen. Dabei wird allerdings weniger eine „psychologische" Situation aufgebaut als vielmehr im

Rahmen eines tiefer gehenden Gesprächs ermittelt, welche (auch verborgenen) Vorstellungen der Auftraggeber von dem Projekt hat. Diese Themen können dann in einen Fragebogen umgesetzt werden.

f) Gruppendiskussion

Gruppendiskussionen (auch: Focus Groups) verfolgen keinen vorgegebenen Plan, sondern lassen sich von den Antworten der Teilnehmer leiten. Sie sind im Konsumgüterbereich inzwischen ein etabliertes Instrument der Befragung, werden aber auch im Bereich der geschäftlichen Kontakte stärker eingesetzt. Sie eignen sich vor allem dann, wenn die möglichen Kriterien der Kundenzufriedenheit noch nicht bekannt sind, sondern erst den Kunden „entlockt" werden müssen.

Im Rahmen einer Gruppendiskussion werden Personen aus dem auftraggebenden Unternehmen sowie nach Möglichkeit Anwender des jeweiligen Projektprodukts befragt. Dabei handelt es sich um Gruppen von bis zu acht Personen, die sich bis zu mehreren Stunden mit dem Thema auseinander setzen. Das Verfahren kann übrigens auch im Zusammenhang mit der Erhebung der Projektanforderungen eingesetzt werden. Ergebnis ist eine Liste mit wichtigen Zufriedenheitsfaktoren, die dann für die Fragebogengestaltung eingesetzt werden können.

Fragearten

Die Auswahl einer Befragungstechnik ist nur der erste Schritt der Kundenbefragung. Im Anschluss ist nun festzulegen, *wie* gefragt wird. Dabei sind, unabhängig von konkreten Frageinhalten, einige Grundtypen der Frage zu unterscheiden.

a) Offene und geschlossene Fragen

Während die offene Frage keine Antworten vorgibt, muss bei der geschlossenen Frage unter den vorgegebenen Antworten eine (oder mehrere) ausgewählt werden.

Beispiel

Offen:

    Welche Leistungsmerkmale des _____ sind Ihnen wichtig?

Geschlossen:

    Welche Leistungsmerkmale des _____ sind Ihnen wichtig?
    (Kreuzen Sie die drei wichtigsten an.)

schnelle Auslieferung	O	einfache Bedienung	O
umfangreiche Dokumentation	O	günstiger Preis	O
geringer Schulungsaufwand	O	viele Funktionen	O

Offene Fragen sind schwerer auszuwerten, weil die Antworten erst codiert, d. h. Kategorien zugeordnet werden müssen. Dafür gehen keine Informationen verloren, weil keine Antwort vergessen werden kann. Bei der geschlossenen Frage gilt dies genau umgekehrt. In der Regel wird daher eine geschlossene Frage mit einer offenen Antwortmöglichkeit versehen: „Sonstige: _____". Für den Fall, dass eine Möglichkeit ausgelassen wurde, kann diese hier ergänzt werden. Die Bereitschaft seitens der Befragten, dies auch zu tun, ist allerdings oft recht gering.

b) Direkte und indirekte Fragen

Bei dieser Unterscheidung geht es darum, ob der Zweck der Frage für die Befragten erkennbar ist. Nicht selten führt eine Frage nämlich nicht zu einer wahrheitsgemäßen Antwort, wenn es den Befragten unangenehm ist, zu antworten. Beispiele finden sich etwa bei Besitzfragen (Haben Sie ein Qualitätsmanagementsystem?) oder umweltbezogenen (Bereiten Sie Ihre Abfälle auf?) usw. Die Frage muss in einem solchen Fall so umformuliert werden, dass der Zweck verschleiert wird.

Beispiel

Direkt:
Waren die Projektanforderungen vollständig (zweifelsfrei …) definiert?

Indirekt:
Welche Projektanforderungen würden Sie aus heutiger Sicht noch ergänzen?

c) Projektive Fragen

Projektive Fragen dienen dazu, die Auskunftsbereitschaft zu erhöhen, und zwar, indem die Antwort auf eine dritte Person projiziert wird. Die Befragten antworten damit nicht für sich, sondern für andere. Es wird aber davon ausgegangen, dass die eigenen Meinungen und Einstellungen auf diesen Dritten übertragen werden.

Eine einfache Form der Projektion ist die Frage danach, wie jemand Ähnlicher denkt oder sich verhalten würde. Es wird eine dritte Person gesucht, die etwa der befragten Person entspricht. Zu fragen ist also nicht: „Würden Sie … kaufen?" sondern: „Was meinen Sie: Würde sich ein Einkäufer/Entwickler für … entscheiden?" oder „Ist ein solches Produkt Ihrer Ansicht nach für mittelständische Unternehmen interessant?"

Da es bei Projekten oft zu einer sehr engen Zusammenarbeit zwischen Auftraggeber und -nehmer kommt, ist die Bereitschaft zu einer klaren Kritik, etwa auch an persönlichen Merkmalen der Projektmitglieder, recht gering. (Es sei denn, es ist zu einem wirklich schlechten Ergebnis gekommen, und man möchte die Schuld daran wirklich nur beim Partner sehen.) Die Antwortbereitschaft kann dadurch gesteigert werden, dass die Antwort auf einen imaginären Auftraggeber oder ein imaginäres Projektteam übertragen wird.

Beispiele

> Worauf sollte ein Projektleiter besonderen Wert legen?
> Welche Fehler machen Auftraggeber häufig bei der Projektdefinition?

Skalierung von Fragen

Die Qualität der Antworten hängt bei geschlossenen Fragen wesentlich von der Skalierung ab. Der Fragende gibt dabei Antwortmöglichkeiten mit Abstufungen vor, so dass der Befragte seine Antwort gewichten bzw. abwägen kann. Drei grundsätzliche Möglichkeiten lassen sich unterscheiden:

a) 5er-Skala (auch als 6er-, 7er- usw. Skala):

Bitte beurteilen Sie die Freundlichkeit Ihrer Gesprächspartner:

sehr unfreundlich		mittel		sehr freundlich
1	2	3	4	5
O	O	O	O	O

b) Verwortete 5er-Skala:

Wie schätzen Sie die Freundlichkeit Ihrer Gesprächspartner ein?

O stets freundliche Ansprechpartner: 5 Punkte

O weit überwiegend freundliche Ansprechpartner: 4 Punkte

O überwiegend freundliche Ansprechpartner: 3 Punkte

O relativ freundliche Ansprechpartner: 2 Punkte

O relativ neutraler Kontakt: 1 Punkt

c) Zustimmungsfragen:

Stimmen Sie den folgenden Aussagen zu?

	stimme zu	teils, teils	stimme nicht zu
Wenn ich wegen eines Problems anrufe, habe ich immer einen kompetenten Gesprächspartner.	O	O	O
Gelegentlich habe ich den Eindruck, zu stören.	O	O	O
Wenn mein Ansprechpartner nicht da ist, wird mir immer ein Rückruf angeboten.	O	O	O
Ich habe den Eindruck, man macht mehr, als ich eigentlich verlangen kann.	O	O	O

Die erste Variante (5er-Skala) ist sicher am unproblematischsten zu erstellen und auch leicht zu beantworten. Problematisch ist nur, dass möglicherweise für jeden Befragten die Definition von 2 oder 3 oder 4 anders ist. Abstufungen lassen sich nicht so leicht vornehmen, weil Erläuterungen fehlen. In dieser Hinsicht ist die zweite Variante besser. Die Verwortung der Antwortmöglichkeiten hilft bei der Interpretation. Letztlich ist aber noch zu befürchten, dass „freundlich" unterschiedlich interpretiert wird. So ist die europäische Interpretation eine andere als die amerikanische. Was für den einen gerade noch so als alltäglich akzeptiert wird, ist für den anderen schon eine Frechheit. Die dritte Variante kommt diesen Bedenken entgegen, hat aber ihrerseits Nachteile. So ist die Erstellung des Fragebogens auf dieser Basis aufwändiger und kostspieliger und schließlich muss mit einer höheren Verweigerungsquote gerechnet werden, weil schon das Lesen der Fragen länger dauert.

Inhalte der Kundenzufriedenheitsbefragung

Zunächst kann man feststellen, dass eine einfache Frage nach der Zufriedenheit („Sind Sie mit dem Projekt zufrieden?") nicht den Intentionen dieser Phase des Qualitätsmanagements entspricht. Vielmehr sollte genau herausgearbeitet werden, welche Merkmale zu Zufriedenheit oder Unzufriedenheit führen. Nur dann ist es möglich, Vorkehrungen zu treffen, die beim nächsten Projekt ein besseres bzw. gleich gutes Ergebnis erzielen lassen.

Die Inhalte der Befragung lassen sich aus zwei Themenkreisen rekrutieren: zum einen aus den Zielsetzungen des Projekts, zum anderen aus dessen Management, insbesondere auch, was die Zusammenarbeit mit dem Auftraggeber/Kunden angeht.

Die Projektziele sind in den Anforderungen an das Projekt (z. B. im Pflichtenheft) im Einzelnen aufgeführt. Sie können als Leitlinie für die inhaltliche Gestaltung eines Fragebogens (bzw. eines Interviewerleitfadens) verwendet werden. Eine allgemeine Vorgabe, wie wonach zu fragen ist, kann nicht gemacht werden, weil die individuelle Situation maßgebend ist. Bei einem Softwareprojekt lassen sich Leistungen auf eine ganz andere Weise beurteilen als bei der Entwicklung einer Werbekampagne. Allgemein geht es um die folgenden **Fragenkomplexe**:

a) Wurde die gewünschte Leistung erreicht? Sind die definierten Anforderungen erfüllt worden?
b) Wurden die Zeitvorgaben eingehalten bzw. waren zeitliche Überschreitungen tolerabel?
c) Wurden die Kostenziele/die vereinbarten Budgets eingehalten?

d) War/ist die Umsetzung des Projektprodukts (z. B. bei den Mitarbeitern) wie
   erwartet möglich?

Der zweite Fragenbereich lässt sich in mehr oder weniger unveränderter Form auf
alle Arten von Projekten anwenden. Dabei geht es um die Zufriedenheit mit dem
Projektmanagement, der Verhaltensweise von Projektleiter und -mitgliedern sowie
vor allem dem Informationsfluss. Hierbei spielen aber auch die vertraglichen Regelungen eine Rolle, die in unterschiedlichem Maße Abstimmungen und Mitbe-
stimmung vorsehen können.

Checkliste 16: Kundenzufriedenheitsbefragung

Diese Checkliste (auf der nächsten Seite) führt zahlreiche Fragen auf, die
in einer Kundenzufriedenheitsbefragung zur Beurteilung des Projektmanagements eingesetzt werden können. Es sind natürlich nie alle wirklich
einsetzbar, weil teilweise keine entsprechenden Vereinbarungen getroffen wurden oder keine einschlägigen Informationen vorhanden sind.

Sie ergänzen die Fragen zur eigentlichen Projektleistung, die sich an den
definierten Projektzielen orientieren. Die Formulierung kann durchaus
variiert werden. So können die Fragen beispielsweise dahingehend umformuliert werden, dass jeweils gefragt wird, wie zufrieden der Befragte
mit ... war.

Abbildung 4.65 gibt noch einen zusammenhängenden Überblick über die Themen, die bei einer Kundenzufriedenheitsbefragung anzusprechen sind, und weist
auf einige Problembereiche hin.

> **!** Bei der Abfrage der Zielerreichung ist zu berücksichtigen, dass in der Regel
> (bei externen Auftraggebern) eine vertragliche Regelung vorliegt. Die Frage
> nach der Zufriedenheit mit der Zielerreichung könnte mit den ursprünglich
> formulierten Anforderungen des Auftraggebers kollidieren. Werden die Anfor-
> derungen vollständig erfüllt, dann bezieht sich eine ermittelte Unzufriedenheit
> nicht auf das Projektteam, sondern auf den Auftraggeber.
>
> Wird nun eine Unzufriedenheit dem Projekt gegenüber geäußert, dann mani-
> festiert sich möglicherweise ein ungerechtfertigter Negativeindruck. Wichtiger
> ist vielmehr die Erzielung einer unerwarteten Zufriedenheit, die etwa durch
> höhere Leistungen oder geringere Kosten entsteht.

Frage	Relevant?
Wurden Sie rechtzeitig über relevante Änderungen in der Zeitplanung informiert?	
Wurden Sie im vereinbarten Maße über den Projektstand informiert?	
Sind Sie mit dem Umfang der gegebenen Informationen über den Projektfortschritt zufrieden?	
Haben Sie bei Fragen zum Projekt immer kompetente Ansprechpartner gefunden?	
Wie beurteilen Sie die Erreichbarkeit des Projektleiters?	
Wurde die Übereinstimmung des Projektprodukts mit den Anforderungen zwischendurch mit Ihnen abgestimmt?	
Sind Ihrer Ansicht nach die Lieferanten des Projektteams angemessen ausgewählt und kontrolliert worden?	
Wie beurteilen Sie die Qualifikation der Projektmitarbeiter?	
Ist das Projektergebnis ausreichend dokumentiert worden?	
Sind die Abrechnungen transparent?	
Wurden zwischenzeitliche Anregungen oder Reklamationen Ihrerseits angemessen bearbeitet und umgesetzt?	
Sind die Informationen über das Projekt verständlich?	
Wie empfanden Sie die Atmosphäre während der Zusammenarbeit?	
Sind Sie frühzeitig über die für das Projekt relevanten Risiken informiert worden?	
Wurden Sie zwischendurch über neu entstandene/erkannte Risiken und ihre Auswirkungen informiert?	
Wurden gewünschte und zugesicherte Nachbesserungen erfolgreich umgesetzt?	
Wurden Sie über Meilensteinbesprechungen informiert bzw. haben Sie daran teilgenommen?	
Haben Ihnen Informationen zum Projekt gefehlt?	
Welche Aktivitäten des Projektteams haben Sie vermisst?	
Waren die Schwerpunktsetzungen des Projektleiters bei kurzfristigen Änderungen des Projektablaufs angemessen?	

Die Kundenzufriedenheitsbefragung wird in erster Linie nach Abschluss des Projekts durchgeführt. Bei langfristigen Projekten, bei denen auch zwischendurch schon Teilleistungen erstellt werden, ist eine kurze Befragung etwa zur Projektmitte sinnvoll. Dan besteht nämlich die Möglichkeit, auf eventuelle Fehlentwicklungen zu reagieren und diese rechtzeitig vor dem Projektabschluss zu korrigieren.

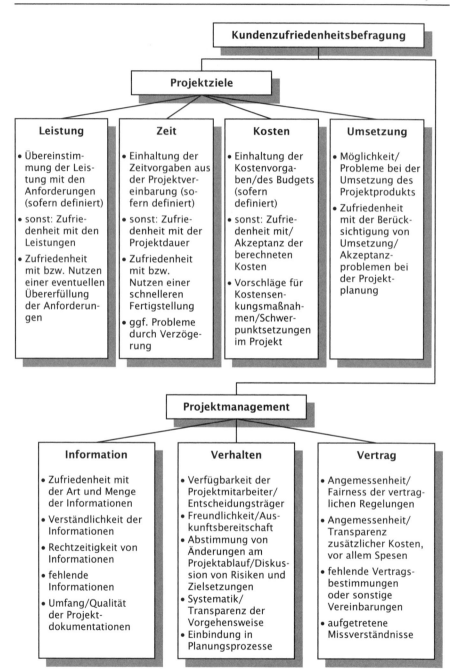

Abbildung 4.65: Themen der Kundenzufriedenheitsbefragung

4.8 Projektdokumentation

Die Erstellung der Projektdokumentation ist die letzte Aktivität im Rahmen des Projekts. Dabei ist sie keineswegs die beliebteste und wird gerne ausgelassen, weil sie dem abgeschlossenen Projekt keinen Nutzen mehr bringt. Andererseits ist der Nutzen für Folgeprojekte umso größer, weil die Projektleiter von den gemachten Erfahrungen profitieren können. Eine umfassende und objektive Projektdokumentation führt also zu effektiven Lernprozessen und stellt damit einen wesentlichen Bestandteil des Qualitätsmanagements dar.

Die Projektdokumentation sollte das **Projekthandbuch** ergänzen, so dass später eine vollständige Projektbeschreibung von der ursprünglichen Planung bis zum Abschluss vorliegt. Sie sollte dem Projektbüro (sofern vorhanden) und/oder dem Lenkungsausschuss vorgelegt werden. Im Wesentlichen sollten die folgenden Inhalte in der Dokumentation vorgesehen werden:

* **Berichte über die Meilensteinbesprechungen/-ergebnisse** – Wurden die Planungen zu den Meilensteinen erreicht? Welche Probleme wurden festgestellt? Welche Planänderungen wurden vorgenommen?

* **Zeitpläne (Netzpläne usw.)** – Dokumentieren die geplanten Arbeitspakete, die Kapazitätsauslastung und die Zuordnung zu den Projektmitgliedern. Konnten die Zeitvorgaben eingehalten werden? Welche Störereignisse gab es?

* **Ergebnis der Abschlussbesprechung** – Welche Probleme wurden nach Projektabschluss festgestellt? Wurden die Projektziele erreicht? Welche Anregungen haben die Mitarbeiter gegeben? Wie wurden die Arbeitsbedingungen eingeschätzt? Mit Einschränkung: Wie wurde die Führung durch den Projektleiter beurteilt?

* **Abnahmeprotokoll** – Hat der Kunde/Auftraggeber das Projekt abgenommen? Wurden Mängel festgestellt? Waren Nachbesserungen erforderlich? Welche Kritikpunkte wurden genannt?

* **Trainingsmaßnahmen** – Welche Trainings- und Bildungsmaßnahmen wurden während des Projekts durchgeführt? Welche Know-how-Defizite wurden festgestellt? Wie wurde der Erfolg der Maßnahmen beurteilt?

* **Kundenzufriedenheitsbefragung** – Welche Ergebnisse ergab die Kundenzufriedenheitsbefragung? Wie wurde sie durchgeführt? Welche Anregungen sei-

tens des Kunden/Auftraggebers sind zukünftig zu berücksichtigen? Welche Fehler wurden gemacht?

- **Risikomanagement** – Welche Störereignisse sind aufgetreten? Wurden diese Risiken vorher ermittelt? Wurden Gegenmaßnahmen durchgeführt und mit welchem Erfolg? Welche Anregungen ergeben sich für ein zukünftiges Risikomanagement?

- **Kosten** – Welche Kosten sind insgesamt angefallen? In welchen Bereichen gab es deutliche Abweichungen gegenüber der Planung, welche Ursachen konnten dafür festgestellt werden? Welche Honorare/Preise wurden für Leistungen Externer gezahlt?

4.9 Projektaudit

Das Projektaudit ist in der chronologischen Folge zwar der letzte Schritt in der Qualitätsmanagementkonzeption, aber im Hinblick auf die Nutzung von Erfahrungen für die Weiterentwicklung des Projektmanagements der wichtigste. Nur durch eine umfassende Bewertung des Projektablaufs und seiner Ergebnisse ist es möglich, Fehlerquellen zu identifizieren und die Prozesse in zukünftigen Projekten zu verbessern.

Audits sind auch ein latentes Druckmittel, um eine systematische Vorgehensweise durchzusetzen. Erfolgt keine nachträgliche Bewertung der Entscheidungen und Aktivitäten, entsteht ein Anreiz, das Projekt auch mit Hilfe von Improvisation und Reparaturarbeiten „irgendwie durchzubringen", anstatt systematisch zu planen und die Entscheidungen abzuwägen. Dass ein einzelnes Projekt davon durchaus profitieren kann, steht außer Zweifel. Eine Verbesserung der Situation ist dabei aber nicht zu erwarten.

Die **Durchführung eines Projektaudits** sollte weitgehend unabhängigen Personen übertragen werden. Diese müssen nicht Unternehmensexterne sein, sollten aber in keiner direkten Beziehung zu den Projektleitern und -mitarbeitern stehen. Entscheidend ist dabei auch, in welchem Umfang Projekte in einem Unternehmen (oder einer Behörde) durchgeführt werden. Erstreckt sich ein wesentlicher Teil der Aktivitäten auf Projektarbeit, dann bietet sich die Einrichtung eines Auditorenteams innerhalb der internen Revision oder des Projektbüros/-managements an. Werden nur selten und vor allem kleinere Projekte durchgeführt, dann kommt auch ein Mitarbeiter des Controlling als Auditor in Frage.

Die Durchführung des Projektaudits muss sich, um seinerseits nachprüfbar zu sein und Objektivitätsansprüchen zu genügen, an einem formalen Prozedere orientieren. Eine zentrale Aufgabe des Auditors ist es, diesen standardisierten formalen Ablauf auf die individuelle Situation eines einzelnen Projekts zu übertragen. Dies schließt ein, einzelne Fragestellungen stärker oder schwächer anzuwenden und ggf. auch zusätzliche Überlegungen anzustellen. Werden einzelne Aspekte des Audits ausgelassen, muss dies begründet werden.

Nicht unwichtig und auch nicht ohne Brisanz ist die Frage, wann das Audit durchgeführt werden sollte. Einerseits werden Lernprozesse am besten unterstützt, wenn schnellstmöglich beurteilt wird, andererseits lassen sich einzelne Kriterien erst nach einer gewissen Zeit bewerten. Dazu gehört z. B. die Umsetzung des Projektergebnisses, aber auch die Vollständigkeit des Projekthandbuchs. Sofern Projekte Laufzeiten von mehreren Jahren haben, bietet sich ein regelmäßiges Audit zu festgelegten Terminen während der Laufzeit an. Dabei können z. B. Fehler aufgedeckt werden, die noch im Laufe dieses Projekts beseitigt werden können.

Die folgenden Checklisten dienen der Unterstützung eines Projektaudits. Sie sind anhand der einzelnen Qualitätsfaktoren aufgebaut und fragen jeweils relevante Aspekte ab. Wie fast alle anderen Checklisten auch können sie nicht alle denkbaren Fragen berücksichtigen, die sich in Projekten unterschiedlichster Branchen ergeben. Daher sollte vorab geprüft werden, ob Ergänzungen erforderlich sind. Auditoren müssen selbstständig entscheiden, ob die Ergebnisse der Analyse im zulässigen Bereich liegen oder ob sie Anlass zu Verbesserungsmaßnahmen geben. In diesem Zusammenhang ist eine gewisse Subjektivität nicht auszuschließen, die jedoch mit zunehmender Erfahrung abgebaut wird.

Das Audit erfordert mindestens die Mitwirkung des Projektleiters. Anhand einer vollständigen Dokumentation und von Protokollen von Lenkungsausschusssitzungen lassen sich zwar einige Themen abarbeiten, es sind aber auch detailliertere Informationen über einzelne Problemfelder erforderlich, die nicht schriftlich erfasst wurden. Bei den einzelnen Themen wird daher auf solche Mitwirkenden hingewiesen.

Checkliste 17: Projektaudit

Die folgenden Checklisten helfen bei der Durchführung eines Projektaudits. Sie decken die Fragenkomplexe Vorbereitung des Projekts, Ressourcenmanagement, Projektsteuerung, Kundenbeziehung, Dokumentation und Personalmanagement ab. Bei bestimmten Projektarten können auch andere Auditbereiche hinzukommen, etwa wenn verstärkt mit externen Lieferanten gearbeitet wird.

Projektaudit I

Vorbereitung des Projekts

Die Bewertung der Vorbereitung setzt die Kenntnis des Genehmigungsverfahrens sowie Einsicht in die schriftlichen Unterlagen voraus, die vorab erstellt wurden. Der Auditor sollte den Projektleiter und die anderen Mitglieder des Lenkungsausschusses bzw. anderer Genehmigungsinstanzen befragen. Ebenfalls sind eventuelle Vorgaben für den Projektantrag zu bewerten (z. B. Formulare).

Nr.	Prüffrage	Relevant?	Erledigt?
I-1	Wurden die Stakeholder des Projekts identifiziert?		
I-2	Wurden spezifische Anforderungen der Stakeholder an das Projekt ermittelt?		
I-3	Wurde die Eignung der Projektorganisation für die Aufgabenstellung geprüft? Wurden alternative Organisationsformen in Betracht gezogen?		
I-4	Erfolgte die Auswahl des Projektleiters systematisch anhand vorgegebener Kriterien oder wurde das Projekt an den Projektleiter freihändig vergeben?		
I-5	Wurden eventuelle Schulungserfordernisse für den Projektleiter geprüft und ggf. durchgeführt?		
I-6	Waren alle relevanten Entscheidungsträger im Lenkungsausschuss vertreten?		
I-7	Wurden die Entscheidungen des Lenkungsausschusses dokumentiert?		
I-8	Wurde das vorgesehene Prozedere für das Antrags- und Genehmigungsverfahren eingehalten?		
I-9	Wurde die Angemessenheit des Antrags- und Genehmigungsverfahrens geprüft (z. B. Umfang und Tiefe in Relation zum Projektvolumen)?		
I-10	War das Genehmigungsverfahren für den Antragsteller transparent?		
I-11	Wurde für das Projekt ein Zeit- und Finanzplan vorgelegt, dessen Einhaltung nachprüfbar ist?		
I-12	Ist im Unternehmen eine systematische Bewertung der Projektidee erfolgt? Insbesondere: Wurde die Profitabilität des Projekts geprüft?		
I-13	Falls mehrere Projekte gleichzeitig ablaufen: Wurde ein Konzept zur Bewertung und Steuerung einer Mehrzahl von Projekten entwickelt?		
I-14	Wurde ggf. eine Stelle eingerichtet, die diese Bewertung und Steuerung übernimmt?		

Projektaudit II

Ressourcenmanagement

Zu den Projektressourcen zählt in erster Linie das Personal (interne und externe Projektmitarbeiter), aber auch finanzielle Mittel, Zeit und alle Arten technischer Hilfsmittel und Materialien. Der Auditor muss hierzu die vorhandenen Planungs- und Abrechnungsunterlagen prüfen und den Projektleiter befragen. Zusätzlich können Gespräche mit Abteilungen wie Einkauf, Personal und Buchhaltung in Frage kommen und nicht zuletzt mit dem Lenkungsausschuss.

Nr.	Prüffrage	Relevant?	Erledigt?
II-1	Wurde eine umfassende Personalkapazitätsplanung vorgenommen und während des Projekts laufend aktualisiert?		
II-2	Wurde die Besetzung des Projektteams anhand konkreter Anforderungsprofile vorgenommen?		
II-3	Wurde während des Projekts geprüft, ob die Mitarbeiter die fachlichen Anforderungen erfüllen und ob Schulungsmaßnahmen erforderlich sind?		
II-4	Wurden Anregungen/Einwendungen der Mitarbeiter während des Projekts berücksichtigt?		
II-5	Wurde eine transparente Zeitplanung vorgenommen? Wurden Balkendiagramme und/oder Netzpläne erstellt?		
II-6	Wurden geeignete Meilensteine definiert? Wurden dabei jeweils Kontrollen vorgenommen?		
II-7	Wurde eine eindeutige Zuordnung von Mitarbeitern zu Aufgabenpakten vorgenommen?		
II-8	Wurden Zeitpläne laufend aktualisiert? Wurden diese Aktualisierungen intern und extern kommuniziert?		
II-9	Wurde die Verfügbarkeit von Projektmitarbeitern aus der Linie mit den jeweiligen Abteilungsleitern geklärt?		
II-10	Wurden in angemessenem Umfang Zeitpuffer eingeplant?		
II-11	Wurde eine Budgetplanung für einzelne Teilprojekte/Aufgabenpakete vorgenommen?		
II-12	Wurden Projektkostenstellen eingerichtet? Wurden Zuständigkeiten für diese Kostenstellen festgelegt?		
II-13	Wurde die Einhaltung der Budgets kontrolliert? Wurden geeignete Gegenmaßnahmen bei Überschreitungen ergriffen?		
II-14	Wurden einzelne Kostenpositionen (Tagessätze, Beschaffungspreise usw.) realistisch kalkuliert?		
II-15	Wurde die Beschaffung von Ressourcen angemessen geplant? Sind ggf. Vergleichsangebote eingeholt worden? Sind Verträge geschlossen worden?		
II-16	Wurde eine Bewertung von Lieferanten, externen Dienstleistern und Mitarbeitern vorgenommen?		

Projektaudit III

Projektsteuerung

Die Projektsteuerung ist im Wesentlichen Sache des Projektleiters, so dass dieser hierzu befragt werden muss. Darüber hinaus sind Aufzeichnungen über den Projektfortschritt, Kontrollmaßnahmen usw. einzusehen. Diese sollten im Projekthandbuch vorhanden sein.

Nr.	Prüffrage	Relevant?	Erledigt?
III-1	Wurde eine regelmäßige Bewertung der Mitarbeiterleistung vorgenommen? Welche Kriterien wurden dabei verwendet? Wie wurde auf ungünstige Ergebnisse reagiert?		
III-2	Wurde die Zufriedenheit der Mitarbeiter erfasst? Wenn ja, wie?		
III-3	Wurde der Zeitaufwand pro Aufgabenpaket/Projektphase o. Ä. erfasst? In welchen Zeiträumen wurde er kontrolliert?		
III-4	Wurde kontrolliert, ob die Leistungsvorgaben eingehalten wurden? Wurde der Projektfortschritt gemessen? Wurden entsprechende Angaben der Mitarbeiter kritisch hinterfragt?		
III-5	Wurden geeignete Testzeitpunkte für das Projektprodukt definiert? Wurden sie genutzt?		
III-6	Wurden Kostengrößen zur Steuerung des Projekts definiert (z. B. Personalkosten pro Tag)?		
III-7	Wurden Änderungen an den Projektanforderungen angemessen kommuniziert, dokumentiert und in Planänderungen umgesetzt?		
III-8	Wurden in regelmäßigen Abständen Schätzungen für den Gesamt-Zeitbedarf und die Gesamt-Kosten vorgenommen?		
III-9	Wurde die Intensität der internen Kommunikation überwacht? Wurde festgestellt, ob interne Abstimmungen in ausreichendem Maße stattgefunden haben?		
III-10	Wurden Verbesserungsvorschläge gezielt gefördert?		
III-11	Wurden die Abweichungen einzelner Kostenpositionen von den Kalkulationen erfasst?		
III-12	Wurde eine Balanced Scorecard (bzw. ein anderes Steuerungssystem) entwickelt und eingesetzt?		
III-13	Wurden relevante Risiken systematisch erfasst?		
III-14	Wurden Strategien und Maßnahmen konzipiert, um Risiken zu verringern?		
III-15	Wurde die Wirksamkeit risikomindernder Maßnahmen überwacht?		

Projektaudit IV

Kundenbeziehung

Zum Themenbereich Kundenbeziehung gehören die Erhebung der Anforderungen, die Ermittlung der Kundenzufriedenheit, Verhandlungen über die Auftragserteilung und die laufende Interaktion mit dem Kunden bzw. auch einem internen Auftraggeber. Der Auditor muss dazu die vorhandenen Dokumente, etwa Verträge und Protokolle, prüfen und mit dem Projektleiter über die Maßnahmen sprechen. Externe Kunden können über die Befragung zur Kundenzufriedenheit hinaus kaum für Auditzwecke angesprochen werden. Bei internen Projekten kommt aber der Auftraggeber (Projektbüro, Geschäftsführung) in Frage.

Nr.	Prüffrage	Relevant?	Erledigt?
IV-1	Wurden die Anforderungen des Kunden an das Projekt rechtzeitig erhoben?		
IV-2	Wurden die Ausgangssituation und das Umfeld des Kunden dabei berücksichtigt?		
IV-3	Wurde der Kunde bei der Definition von Anforderungen unterstützt?		
IV-4	Wurde ein Lastenheft geliefert/angefordert?		
IV-5	Wurde das Lastenheft in ein Pflichtenheft umgesetzt?		
IV-6	Wurde mit dem Kunden ein Vertrag geschlossen, der eine Definition der Projektleistung, Regelungen für Abweichungen und ggf. die Mitarbeit des Kunden enthält?		
IV-7	Wurde der Kunde vorab über wesentliche Risiken des Projekts informiert?		
IV-8	Wurde ein Verständnis für die Bedingungen einer erfolgreichen Umsetzung des Projektergebnisses geschaffen?		
IV-9	Wurden während der Projektlaufzeit Tests bzw. Rücksprachen mit dem Kunden vorgesehen?		
IV-10	Wurde der Kunde über wesentliche Veränderungen im Projektablauf informiert? Wurde ggf. seine Zustimmung		
IV-11	Wurde die Kundenzufriedenheit nach Projektabschluss erhoben?		
IV-12	Wurden die Ergebnisse der Kundenzufriedenheitsbefragung ausgewertet und ggf. in Maßnahmen zur Verbesserung umgesetzt?		
IV-13	Wurden Reklamationen des Kunden erfolgreich bearbeitet?		
IV-14	Wurde die Arbeit mit dem Projektprodukt/seine Integration in bestehende Prozesse usw. beim Kunden geprüft?		

Projektaudit V

Dokumentation

Zur Dokumentation gehören alle Aktivitäten, die der Rechenschaftslegung und der Unterstützung von Lernprozessen für folgende Projekte dienen. Dazu ist in erster Linie das Projekthandbuch inkl. der Projektdokumentation zu prüfen. Diese sowie ggf. ergänzende Dokumente werden vom Projektleiter zur Verfügung gestellt.

Nr.	Prüffrage	Relevant?	Erledigt?
V-1	Wurde die Einhaltung von Leistungs- und Zeitzielen für einzelne Projektphasen/Arbeitspakete dokumentiert?		
V-2	Wurden die Verantwortungsbereiche der einzelnen Mitarbeiter/ Teilprojektleiter dokumentiert?		
V-3	Wurde das Pflichtenheft erstellt, auf Vollständigkeit geprüft und seine Umsetzung kontrolliert?		
V-4	Wurden nachträgliche Absprachen mit dem Kunden und Änderungswünsche des Kunden dokumentiert?		
V-5	Liegen Dokumentationen über die Anforderungen an externe Dienstleister/Lieferanten vor?		
V-6	Wurden Meilensteinbesprechungen dokumentiert? Wurde dokumentiert, ob auf eventuelle Abweichungen und Probleme angemessen reagiert wurde?		
V-7	Wurden technische Vorgaben/Anleitungen/Normen usw. während des Projekts verfügbar gehalten?		
V-8	Wurde die Abnahme des Projektprodukts durch den Kunden dokumentiert? Wurden eventuelle Reklamationen erfasst?		
V-9	Wurde das Ergebnis der Kundenzufriedenheitsbefragung verfügbar gemacht?		
V-10	Wurden eingesetzte Trainings- und Schulungsmaßnahmen dokumentiert? Wurde ihre Wirksamkeit erfasst?		
V-11	Wurde die Wirksamkeit von Maßnahmen des Risikomanagements erfasst?		
V-12	Wurde eine Abschlussdokumentation erstellt inkl. eines Überblicks über die angefallenen Kosten?		

Projektaudit VI

Personalmanagement

Auch in Projekten spielt die Leistungsfähigkeit und -bereitschaft der Mitarbeiter eine zentrale Rolle. Das Audit soll feststellen, ob die Motivation der Mitarbeiter gefördert und eine möglichst hohe Zufriedenheit erzielt wurde. Verantwortlich dafür ist der Projektleiter. Der Erfolg des Personalmanagements ist aber in erster Linie bei den betroffenen Mitarbeitern selbst festzustellen. Der Auditor sollte daher Mitglieder des Projektteams ansprechen, um das Personalmanagement zu beurteilen.

Nr.	Prüffrage	Relevant?	Erledigt?
VI-1	Wurde die Besetzung des Projektteams anhand von Anforderungsprofilen vorgenommen?		
VI-2	Wurde die Besetzung des Projektteams vorab mit den Linienverantwortlichen abgesprochen?		
VI-3	Wurden die Projektmitglieder zum Projektstart über die Projektziele, mögliche Risiken und Problembereiche informiert?		
VI-4	Wurden Formierungsprozesse im Projektteam unterstützt?		
VI-5	Wurde der Einsatz von Trainingsmaßnahmen geprüft und falls erforderlich auch durchgeführt?		
VI-6	Wurden die Teammitglieder in ihrer Arbeit durch eine entsprechende Projektinfrastruktur unterstützt?		
VI-7	Wurde die Mitarbeiterzufriedenheit während des Projekts beobachtet bzw. systematisch erfasst?		
VI-8	Wurde der Projektleiter durch die Projektmitglieder abschließend bewertet?		

Zum Schluss

Was Sie als Projektleiter tun können, um ein Projekt ziemlich sicher in eine Schieflage zu bringen:

1. Planen Sie Ihr Projekt von Anfang an sehr ambitioniert, setzen Sie Erlöse eher zu hoch und Kosten eher zu niedrig an. Wichtig ist, dass die Entscheider beeindruckt sind und das Projekt unbedingt wollen. Sie werden genügend Gründe finden, warum Sie nicht mit einem Fehlschlagen dieser Planung rechnen konnten, und können sich darauf verlassen, dass man es Ihnen nicht nachträgt.

2. Engagieren Sie nur Mitarbeiter, die Ihnen problemlos aus den Linien zur Verfügung gestellt werden, fangen Sie nicht an, zu verhandeln. So haben Sie die Gewissheit, diejenigen zu bekommen, die die Linienmanager gerne mal los sind.

3. Geben Sie keine allzu engen Zeitziele vor. Dies schafft nur unnötigen Stress und stellt die Qualität in Frage. Lassen Sie dem Team Zeit und Muße, schließlich wollen Sie doch so lange wie möglich ein schönes Projekt leiten.

4. Fragen Sie den Auftraggeber intensiv nach den Projektanforderungen. Verwenden Sie dabei keine Einwände wie den, dass man die Kosten im Auge behalten oder an die technischen Möglichkeiten denken müsse. Je mehr Wünsche er hat, desto mehr können Sie ihm auch erfüllen.

5. Informieren Sie den Lenkungsausschuss nicht über jede Kleinigkeit. Er wird froh sein, nicht dauernd mit Ihren alltäglichen Problemmeldungen belästigt zu werden. Er wird es Ihnen danken, indem er Sie als Letzten über die Einstellung des Projekts informiert.

6. Fördern Sie das Konkurrenzdenken unter den Projektmitarbeitern. Heben Sie Einzelleistungen hervor, stacheln Sie dazu an, besser zu sein als die anderen. Loben Sie besondere Prämien aus. Dies motiviert zu individuellen Höchstleistungen und verhindert zuverlässig, dass ein Projektteil zum anderen passt. Aber das ist ja nicht Ihre Schuld.

7. Verschwenden Sie Ihre Arbeitszeit nicht mit Projekthandbüchern, Protokollen und Dokumentationen. Wer das liest, wird nur vom Arbeiten abgehalten, und das kann nicht der Sinn der Sache sein. Im Projekt muss man nach vorne schauen und nicht in die Ablageordner.

8. Nehmen Sie mindestens einen Externen in das Projektteam auf. Wenn etwas schief geht, können Sie die Schuld auf ihn schieben. Wenn er seine Arbeit gut macht, dann lag es an Ihnen, weil Sie ihn ausgewählt haben.

5 Glossar

Analogiemethode – Verfahren der Kostenschätzung, bei der auf andere Projekte mit ähnlicher Struktur zurückgegriffen wird.

Arbeitspaket – Bündel von zusammengehörigen Tätigkeiten. Stellt in der Projektplanung als Bestandteil des Projektstrukturplans ein Planungsobjekt dar, für das Anfangs- und Endzeitpunkt bestimmt werden können. In der Regel mit Zuständigkeitsregelung verbunden (z. B. durch Teilprojektleiter). Beispiele: Erstellung der Gebrauchsanleitung, Durchführung eines Tests.

Auftraggeber – Initiator und Financier eines Projekts. Kann sowohl eine Leitungsinstanz im Unternehmen (Geschäftsführung, Abteilungsleitung, Projektbüro) als auch ein externer Kunde sein.

Balanced Scorecard – Ausgewogener Berichtsbogen. Kennzahlengestütztes Führungskonzept, das unterschiedliche Zielsetzungen an und Erfolgsfaktoren von Unternehmen und Projekten unterscheidet und damit einen dauerhaften Weg zum Erfolg zeichnet. Wesentliches Merkmal ist die Kausalität der eingesetzten Steuerungsgrößen (Kennzahlen).

Barwert – Gegenwartswert einer Zahlungsreihe. Beantwortet die Frage: Wie viel ist eine Reihe von Zahlungen/Zahlungsüberschüssen unter Berücksichtigung von Zinsen heute wert? Besondere Form des Kapitalwerts.

Cost Performance Index – Kostenindex, berechnet aus: Istkosten : Sollkosten. Gibt an, ob und wie weit die aktuellen Kosten eines Projekts über oder unter den Kosten liegen, die bei der aktuell erbrachten Leistung hätten anfallen dürfen. Maß der Ausgabendisziplin und Kosteneffizienz im Projekt.

Delphi-Methode – Verfahren zur Generierung und Bewertung von Ideen und Prognosen, das die Beiträge von meist räumlich verteilten Experten abfragt. Dabei wird eine in der Regel schriftliche Befragung vorgenommen.

Earned Value-Analyse – Kosten/Zeit/Leistungs-Analyse, ermittelt laufende Kosten- und Leistungsabweichungen im Projekt. Damit ist eine Kontrolle in Bezug auf die erbrachte Leistung und die entstandenen Kosten möglich. Bei ermittelten Kostenabweichungen wird jeweils das Niveau der erbrachten Leistung deutlich, so dass die Ursache transparent wird. Schätzungen für die Gesamtkosten und den Zeitbedarf zum Projektende werden möglich.

Einfluss-Projektorganisation – Organisationsform für Projekte, bei der eine Stabsstelle für die Projektleitung bei der Geschäftsführung angesiedelt wird. Diese arbeitet dann mit den jeweils erforderlichen Mitarbeitern aus den Linienabteilungen auf das Projekt begrenzt beschränkt zusammen.

Entscheidungspunkt – Zeitpunkt, zu dem eine projektbezogene Entscheidung gefällt werden muss und zu dem in der Regel bestimmte Vorarbeiten geleistet werden müssen. Wird im V-Modell verwendet. Sonst werden solche Zeitpunkte oft zu den Meilensteinen gezählt.

Kapitalwert – Wert einer Zahlungsreihe zu einem bestimmten Zeitpunkt (meist heute oder Ende des Zeitraums). Beantwortet die Frage: Wie viel ist eine Reihe von Zahlungen/Zahlungsüberschüssen unter Berücksichtigung von Zinsen an einem bestimmten Zeitpunkt wert?

Kostenartenrechnung – Teilbereich der Kostenrechnung, in dem Kosten erfasst und verschiedenen Kategorien zugeordnet werden.

Kostenstellenrechnung – Teilbereich der Kostenrechnung, in dem die Kosten nach dem Ort ihrer Entstehung (in den Kostenstellen) erfasst werden.

Kostenträgerrechnung – Teilbereich der Kostenrechnung, in dem die Kosten einem Kostenträger (Produkt, Projekt) zugerechnet werden.

Lastenheft – Zusammenfassung der Anforderungen des Auftraggebers an die Leistungen des Auftragnehmers. Soll vom Auftraggeber erstellt werden, oft ist aber die Mitarbeit des Auftragnehmers erforderlich, weil diesem nicht alle möglichen Spezifikationen bekannt oder bewusst sind. Inhalte: Anforderungen an das zu erstellende Projektprodukt; zu berücksichtigende Normen, Vorgaben, Rechtsvorschriften usw.; späterer Einsatzbereich; im Projekt einzusetzende Verfahren, Techniken, Materialien und Geräte; Dokumentations- und Steuerungserfordernisse. Das Lastenheft ist Grundlage für die Erstellung des Pflichtenhefts.

Lenkungsausschuss – Personenkreis, der den Projektablauf überwacht, über den Projektstart und sein Ende entscheidet. Meist zusammengesetzt aus Vertretern des Projekts (insbesondere Projektleiter), Entscheidern des Projektunternehmens (Mitglieder der Geschäftsführung, Mitarbeiter des Projektbüros o. Ä.), Fachleuten aus den Linienbereichen, Auftraggeber bzw. seinen Mitarbeitern und ggf. beratenden Fachleuten. Der Lenkungsausschuss wird regelmäßig vom Projektleiter über den Verlauf informiert und kann sich bestimmte Entscheidungen vorbehalten, z. B. Vergabe weiterer finanzieller Mittel, Erweiterung des Budgets, Verlängerung des Zeitziels.

Machtpromotor – Unterstützer des Projekts mit gehobener Stellung im Unternehmen. Kann die Genehmigung und Fortführung des Projekts aufgrund seiner hierarchischen Position sicherstellen. Hat in der Regel ein spezielles Interesse am Projekt, das inhaltlich, persönlich, wirtschaftlich oder politisch begründet sein kann.

Magisches Dreieck – Bezeichnung für die drei klassischen Ziele eines Projekts: Leistung, Zeit und Kosten. Alle Ziele sollen erfüllt werden, es existiert jedoch eine Konkurrenzbeziehung. Schnelligkeit verursacht höhere Kosten, höhere Qualität kostet Zeit usw. Die Zielerreichung kann daher nicht in alle Richtungen maximiert werden, es sind jeweils (bei der Projektdefinition und der laufenden Steuerung) Kompromisse erforderlich. Daher: „magisch".

Magisches Viereck – Erweiterung des magischen Dreiecks um die Zielsetzung Umsetzung bzw. Akzeptanz. Diese berücksichtigt die Problematik der Einführung des Projektprodukts in einem möglicherweise feindlichen Umfeld (Ablehnung durch Nutzer, ergonomische Probleme, fehlende Rahmenbedingungen usw.).

Matrix-Projektorganisation – Organisationsform für Projekte, bei der Projektleiter eine Querschnittskoordination von Mitarbeitern der Linienabteilungen vornehmen. Diese sind meist dauerhaft an unterschiedlichen Projekten beteiligt.

Meilenstein – Besonderes Element der Zeitplanung. Meist als Kontrollzeitpunkt eingesetzt, zu dem bestimmte Arbeiten erledigt sein müssen und das bisherige Ergebnis geprüft/getestet werden kann (z. B. Test einer Software mit Nutzern, Präsentation eines Konzepts vor Entscheidern). Oft sind weiter gehende Entscheidungen an die Ergebnisse dieser Prüfungen gebunden. Als Meilensteine eignen sich Zwischenstationen eines Projekts, zu denen etwas „Greifbares" vorhanden ist, z. B. ein Muster, ein fertiges Element/Bauteil, ein Prototyp.

Netzplantechnik – Gruppe von Verfahren der Projektplanung. Meist für die Zeitplanung in Form der Kritischer-Pfad-Methode (Critical Path Method, CPM) eingesetzt. Ermöglicht die Planung komplexer Abläufe mit mehreren Aktivitäten und Beteiligten. Ergebnis ist ein Plan, der einen geringstmöglichen Zeitbedarf erfordert. Ermittelt wird auch der kritische Pfad, eine Kette von Aktivitäten, bei der keine Zeitreserven bestehen.

Pflichtenheft – Gegenstück zum Lastenheft auf der Seite des Auftragnehmers. Enthält die Vorgaben für die Umsetzung der Projektanforderungen des Auftraggebers. Wesentliche Bestandteile sollten die Zeitplanung (z. B. Projektstrukturplan), die Planung der Ressourcen und die vertraglichen Rahmenbedingungen sein. Das Pflichtenheft sollte mit dem Lastenheft zu den Vertragsunterlagen eines Projekts gehören.

Phasenkonzept – Vorgehensmodell, nach dem Teile eines komplexen Projektprodukts unabhängig voneinander entwickelt und am Ende zusammengefügt werden. Die Schnittstellen müssen vorher definiert werden.

Programm-Management – In Unternehmen mit umfangreicher Projekttätigkeit zu finden. Das Programm-Management koordiniert die Projekte innerhalb eines bestimmten Bereichs (z. B. Entwicklungsprojekte in einem Technologiebereich) und kann in diesem Rahmen Vorgaben machen. Die Projekte sind in der Regel einem bestimmten Programmbereich zugeordnet.

Projektabschlussbericht – Wesentlicher Bestandteil der Projektdokumentation. Auch als Projektbilanz bezeichnet. Fasst die Anforderungen an und Ergebnisse des Projekts zusammen. Dabei wird auch eine Nachkalkulation auf der Basis der tatsächlichen Kosten und Zeiten vorgenommen.

Projektantrag – Formaler Akt vor dem Projektstart mit dem Ziel der Genehmigung und Budgetzuweisung, vor allem bei internen Projekten. Der Projektantrag muss in der Regel alle Unterlagen und Informationen enthalten, die für die Genehmigungsentscheidung notwendig sind. Dazu gehören z. B. Finanzplanung, Zeitplanung, Beschreibung des Projektnutzens und wichtiger Risiken. Häufig existieren in den Unternehmen Formulare, die vom Antragsteller ausgefüllt werden müssen.

Projektaudit – Das Projektaudit umfasst Prozesse der Prüfung der Projektabläufe, nicht des Ergebnisses selbst. Ziel ist es, die Effizienz der Vorgehensweise, die Qualitätsgerechtigkeit der Verfahren und die Angemessenheit der Entscheidungsprozesse zu durchleuchten, um mögliche Schwachstellen zu finden. Ergebnisse des Projektaudits fließen in Vorgaben für das Management weiterer Projekte ein. Audits werden von unabhängigen Personen (Auditoren, Controller, Qualitätsmanager usw.) im Auftrag der Geschäftsführung oder des Lenkungsausschusses durchgeführt, nicht von den Projektleitern selbst.

Projektbudget – Finanzielle Mittel, die für ein Projekt insgesamt von der Geschäftsleitung oder dem Kunden zur Verfügung gestellt werden. Wird z. B. in Form eines Kontos in der Buchhaltung eingerichtet, über das der Projektleiter verfügen kann.

Projektbüro – Spezielle Abteilung in Unternehmen mit umfangreicher Projekttätigkeit, die die Projekte koordiniert, den Einsatz von Projektleitern und -mitarbeitern plant und den Projektteams Unterstützung bietet. Das Projektbüro ist meist den Fachbereichen gleichgeordnet.

Projektdeckungsbeitrag – Profitabilitätsgröße eines Projekts. Berechnet aus der Differenz von Erlösen des Projektprodukts und dem Projekt direkt zurechenbaren Kosten (Personal, Raummiete, Kommunikation usw.).

Projektdokumentation – Beschreibung aller wichtigen Fakten und Vorgänge über ein Projekt. Enthält den Projektabschlussbericht und ergänzende Dokumente, auch Berichte, die während des Projekts angefertigt wurden. Wird am Ende des Projekts erstellt und dient zur Klärung von Zweifelsfragen, etwa bei Reklamationen des Auftraggebers, dem Nachweis erbrachter Leistungen und der Information anderer Projektleiter.

Projektergebnis – Leistung des Projektteams. Das Projektergebnis kann in einer Dienstleistung bestehen (z. B. Entwicklung eines Konzepts) oder in der Herstellung eines Produkts (z. B. neu entwickeltes Gerät, Software).

Projekthandbuch – Zusammenfassung aller wichtigen Informationen und Dokumente, die im Rahmen des Projekts benötigt werden. Bestandteile sind Pflichtenheft, zu beachtende Vorschriften, Gestaltungsrichtlinien, Zeitpläne, zugewiesene Verantwortungsbereiche usw. Wird zum Beginn des Projekts erstellt.

Projektkostenstelle – Verantwortungsbereich innerhalb eines Projekts, dem Kosten zugeordnet werden können. Ermöglicht eine detaillierte Kostenkontrolle und -schätzung. In der Regel mit entsprechender Zuweisung von Kostenverantwortung verbunden. Projektkostenstellen werden meist so definiert, dass sie einem organisatorisch abgegrenzten Teilprojekt/Arbeitspaket entsprechen.

Projektleiter – Verantwortliche Führungskraft für ein Projekt. Übernimmt die Leitung und Verantwortung für das Projekt, ist den Projektmitarbeitern gegenüber weisungsbefugt. Für den Auftraggeber ist er zentraler Ansprechpartner. Mitglied im Lenkungsausschuss (soweit vorhanden).

Projektmanagement – Wenn nicht das Management von Projekten (als Aufgabe des Projektleiters) gemeint ist, dann: Abteilung/Stelle in einem Unternehmen oder einer Behörde, die die einzelnen Projekte koordiniert und überwacht.

Projektorganisation – Organisatorische Einbindung des Projekts/Projektteams in die Unternehmensorganisation. Abhängig von der Bedeutung und Häufigkeit von Projekten im Unternehmen. Als Grundformen werden unterschieden: reine Projektorganisation (fest installierte Projektleitung in der Organisation), Einfluss-Projektorganisation (Projektleitung als Stabsstelle) und Matrix-Projektorganisation (Projektleitung als Querschnittskoordination).

Projektportal – Elektronisches Informations- und Kommunikationszentrum des Projekts auf Internet- oder Intranetbasis. Stellt alle relevanten Informationen und Dokumente (Projekthandbuch) für den dezentralen Abruf zur Verfügung. Darüber hinaus bietet es Kommunikationsfunktionen, wie sie für das Projekt erforderlich sind.

Projektportfolio – Gesamtheit der Projekte, die in einem Unternehmen laufen. Mit Hilfe des Nutzen/Risiko-Projektportfolios ist eine grafische Darstellung der Projekte anhand einer Nutzen- und Risikobewertung möglich. Hilft bei der Entscheidung, ob Projekte weitergeführt oder eher abgebrochen werden sollten.

Projektprodukt – Siehe unter Projektergebnis.

Projektsekretariat – Bei größeren Projekten anzutreffen, meist in das Projektteam integriert. Übernimmt administrative Aufgaben wie Korrespondenz, Erfassung von

Belegen, Erstellung von Berichten, Aktualisierung des Projekthandbuchs, Führen von Protokollen. Stellt eine Entlastung für die Projektleitung dar.

Projektstrukturplan – Darstellung der Aktivitäten/Arbeitspakete eines Projekts im Zusammenhang. Grundlage für die Zeitplanung, z. B. Erstellung des Netzplans. Der Projektstrukturplan soll die logische Struktur des Projekts und inhaltliche Abhängigkeiten wiedergeben. Er dient der vollständigen Erfassung aller relevanten Projektaufgaben.

Prototyping – Vorgehensmodell, nach dem im Laufe des Projekts mehrere anwendbare Systeme entwickelt werden, die jeweils getestet und dann weiterentwickelt werden können, bis der gewünschte Endzustand erreicht ist.

Qualität – Neben unzähligen anderen Definitionen wird Qualität einfach kundenorientiert definiert als Übereinstimmung mit den Anforderungen des Kunden. Maßgebend sind die Festlegungen und Wünsche des Kunden, nicht die technologischen Möglichkeiten.

Risikomanagement – Risiken sind mögliche Störereignisse, die anhand ihrer Eintrittswahrscheinlichkeit und ihres Schadensausmaßes bewertet werden. Risikomanagement beschreibt den Umgang mit solchen (möglichen) Ereignissen, der das Verfehlen der Projektziele durch Eintritt der Risiken vermeiden soll. Dabei werden unterschieden: Risikoidentifikation, Risikoanalyse, Risikosteuerung, Risikoüberwachung.

Schwaches Signal – Indikator für eine sich abzeichnende Entwicklung. Hier: Indikator für eine Störung der Projektzielerreichung in einem frühen Projektstadium.

Stakeholder – Personen und Institutionen aus dem Umfeld des Projekts, deren Interessen berücksichtigt werden sollten. Stakeholder stellen Ansprüche an ein Projekt und können z. B. auch Widerstände verursachen. Beispiele sind Mitarbeiter des eigenen Unternehmens, Anwender, Auftraggeber, Anwohner, Behörden.

Stellenbeschreibung – Beschreibung der Aufgaben und Qualifikationsanforderungen eines Stelleninhabers, hier: eines Projektmitarbeiters.

Versionenkonzept – Vorgehensmodell, nach dem Projektprodukte schnell entwickelt und eingesetzt werden. Aufgrund der Erfahrungen im Betrieb werden dann verbesserte Versionen erstellt und wiederum eingesetzt.

Vorgehensmodell – Logisches Schema, nach dem das Projektprodukt entwickelt wird. Legt grob fest, wie einzelne Projektphasen definiert werden. Es werden unterschieden: Prototyping, Phasen- und Versionenkonzept.

Literatur

Asendorpf, D.: Absturz von Amts wegen, in: DIE ZEIT 30/2004

Baldrige National Quality Program (Hg.): 2005 Criteria for Performance Excellence, Washington 2005

Bartsch-Beuerlein, S.: Qualitätsmanagement in IT-Projekten, München 2000

Baumgärtner, Th.: Das Ende von Covisint kam still und leise, S. 80, in: Industrieanzeiger 20/2004

Bergmann, J.: Operation Saubermann, in: brand eins 5/2003

Bittner, J.; Niejahr, E.: Die Berater-Republik. In der Politik geht nichts mehr ohne Beistand von außen, in: DIE ZEIT 7/2004

Brauer, J.-P.: DIN EN ISO 9000:2000 ff. umsetzen, 3. Aufl., München 2002

Bullinger, H.-J.; Kiss-Preußinger, E.; Spath, D. (Hg.): Automobilentwicklung in Deutschland – wie sicher in die Zukunft?, Stuttgart 2003

Bund der Steuerzahler (Hg.): Die öffentliche Verschwendung, Bonn 2004

Bundesrepublik Deutschland (Hg.): V-Modell XT, Berlin 2004

Burghardt, M.: Einführung in Projektmanagement, 2. Aufl., Erlangen 1999

Engel, C.; Holm, Chr.: Ergebnisse der Projektmanagement-Studie 2004, hrsg. von PA Consulting Group und GPM Deutsche Gesellschaft für Projektmanagement Frankfurt/Nürnberg 2004

Engeser, M.; Delhaes, D.: Genaues Bild, S. 160–162, in: Wirtschaftswoche vom 25. 3. 2005

European Foundation for Quality Management (Hg.): Excellence einführen, Brüssel 2003

ders.: Die Grundkonzepte der Excellence, Brüssel 2003

Fiedler, R.: Controlling von Projekten, 3. Aufl., München 2005

Gehrke, Th.: Das „Wunder" Chipfabrik wird zu den Akten gelegt, c't aktuell vom 27. 11. 2003, www.heise.de

Gloger, A.: Wer länger sucht, hat meist mehr davon, in: Financial Times Deutschland vom 24. 6. 2004

GPM Deutsche Gesellschaft für Projektmanagement (Hg.): Der Deutsche Projektmanagement-Award, Nürnberg 2004

Gröger, M.: Projektmanagement: Abenteuer Wertvernichtung, hrsg. von der MBA Unternehmensberatung, München 2004

International Project Management Association (Hg.): ICB – IPMA Competence Baseline, Version 2.0, Bremen 1999

Kamiske, G. F.; Malorny, Chr.: Total Quality Management, S. 274–278, in: Zeitschrift Führung und Organisation 5/1992

Kersting, S.; Nonnast, T.; Wiede, T.: Neue Verhandlungsrunde für das Bundeswehr-Projekt „Herkules", in: Handelsblatt vom 20. 5. 2005

Kerzner, H.: Projektmanagement, Bonn 2003

Koreimann, D. S.: Project Controlling – eine vergessene Disziplin?, S. 18–24, in: Projekt-
    management 3/2003

KPMG (Hg.): Trends im Handel 2005, Köln 2003

Krempl, St.: Das Casino-Prinzip, S. 218–228, in: c't 23/2004

Landau Media (Hg.): Die Deutsche Bahn AG und ihr Medienimage, Berlin 2003

Litke, H.-D.: Projektmanagement, 4. Aufl., München 2004

Niggemeier, St.: Das üben wir noch mal!, in: Frankfurter Allgemeine Sonntagszeitung vom
    5. 12. 2004

o. V.: Berater-Ranking: Reden ist Silber, Umsetzen ist Gold, www.manager-magazin.de vom
    23. 4. 2004

o. V.: Outsourcing birgt noch Probleme, in: Handelsblatt vom 1. 3. 2005

Pfeifer, T.: Qualitätsmanagement, 3. Aufl., München 2001

Pohl, M.: 120 Milliarden Euro für „Unsinnsprojekte", www.spiegel.de vom 4. 4. 2004

Preißner, A.: Praxiswissen Controlling, 4. Aufl., München 2005

ders.: Projekte budgetieren und planen, München 2003

ders.: Projektmanagement mit externen Mitarbeitern, München 2004

Prellberg, M.; Ehren, H.: Berater-Ranking: Zwei Sieger und der Rest, www.ftd.de
    vom 23. 4. 2004

Rechnungshof Baden-Württemberg (Hg.): Vergabe von Gutachten durch die Ministerien,
    Beratende Äußerung vom Januar 2005, www.rechnungshof.baden-wuerttemberg.de

Rinza, P.: Projektmanagement, 4. Aufl., Berlin 1998

Roth, R.: Bürgernetzwerke gegen Rechts, hrsg. von der Friedrich-Ebert-Stiftung, Bonn 2003

Schelle, H.: Projekte zum Erfolg führen, 4. Aufl., München 2004

Scholz, D.: Gründe für das Scheitern von Software-Projekten, www.cio.de vom 2. 11. 2004

Schumacher, H.: Hoffen auf IKEA, S. 18–20, in: Wirtschaftswoche vom 27. 5. 2004

Standish Group, The (Hg.): Extreme Chaos, o. O. 2001

Versteegen, G. (Hg.): Risikomanagement in IT-Projekten, Berlin 2003

Weiss, O.: Viele SAP-Projekte scheitern an fehlendem Risiko-Management,
    www.computerwelt.at vom 8. 4. 2005

Wolter, O.: TQM Sorecard, 2. Aufl., München 2002

Zink, K. J.: TQM als integratives Managementkonzept, 2. Aufl., München 2004

Register